VIDA ONÍRICA

CONSELHO EDITORIAL
André Costa e Silva
Cecilia Consolo
Dijon de Moraes
Jarbas Vargas Nascimento
Luis Barbosa Cortez
Marco Aurélio Cremasco
Rogerio Lerner

Blucher

VIDA ONÍRICA

Uma revisão da teoria e da técnica psicanalítica

Donald Meltzer

Tradução
Valter Lellis Siqueira

Revisão técnica
Marisa Pelella Mélega

Dream life: a re-examination of the psychoanalytic theory and technique
Donald Meltzer
© 1984 Clunie Press for The Roland Harris Educational Trust
© 2018 The Harris Meltzer Trust
© 2018 Meg Harris Williams for Foreword

Vida onírica: uma revisão da teoria e da técnica psicanalítica
Donald Meltzer
© 2022 Editora Edgard Blücher Ltda.

Publisher Edgard Blücher
Editor Eduardo Blücher
Coordenação editorial Jonatas Eliakim
Produção editorial Thais Costa
Preparação de texto Tampopo Editorial
Diagramação Felipe Gigek
Revisão de texto MPMP
Capa Leandro Cunha
Imagem de Capa I.C.
Fotografia Aline Anguely

Blucher

Rua Pedroso Alvarenga, 1245, 4º andar
04531-934 – São Paulo – SP – Brasil
Tel.: 55 11 3078-5366
contato@blucher.com.br
www.blucher.com.br

Segundo o Novo Acordo Ortográfico, conforme
5. ed. do *Vocabulário Ortográfico da Língua
Portuguesa*, Academia Brasileira de Letras, março
de 2009.
É proibida a reprodução total ou parcial por
quaisquer meios sem autorização escrita da
editora.

Todos os direitos reservados pela Editora Edgard
Blücher Ltda.

Dados Internacionais de Catalogação na Publicação (CIP)
Angélica Ilacqua CRB-8/7057

Meltzer, Donald
Vida onírica: uma revisão da teoria e da técnica
psicanalítica / Donald Meltzer ; tradução de Valter
Lellis Siqueira ; revisão técnica de Marisa Pelella
Mélega. - São Paulo : Blucher, 2022.
280 p.
Bibliografia
ISBN 978-65-5506-538-1 (impresso)
ISBN 978-65-5506-534-3 (digital)
Título original: Dream life: a re-examination of
the Psychoanalytical theory and techinique
1. Psicanálise 2. Interpretação de sonhos –
Psicanálise I. Título II. Siqueira, Valter Lellis III.
Mélega, Marisa Pelella
22-1412   CDD 150.195

Índice para catálogo sistemático:
1. Psicanálise

Agradecimentos

Em primeiro lugar, o autor gostaria de agradecer aos que tiveram a gentileza, e também a coragem, de permitir que seus materiais clínicos fossem apresentados neste livro: a doutora Assunta Tondini, do Instituto Neuropsiciatria Infantile, Calambrone di Pisa; a senhorita Cleo Athenassieu, de Paris; o senhor George Crawford, Londres; a senhora Marja Schulman, Helsinque; o senhor Richard Emmanuel, Londres; a senhora Catherine Mack Smith, Oxford. A senhora Francesa Bion leu a versão digitada e me ofereceu seus mais variados conselhos.

O incentivo das senhoras Martha Harris, Margaret Williams e Morag Majo, em todos os estágios desta obra, agilizou o meu relutante ritmo de produção.

Que todos os teus sonhos e outras fantasias

Sejam deixados ao encargo do esquecimento,

Já que são produtos de tuas melancolias,

As que trazem à tua saúde atroz tormento.

Não vale nada o sentido que tu gostarias

Dos sonhos extrair! Todos são vento a soprar,

E nenhum homem pode neles senso encontrar.

Nos templos, os sacerdotes por vezes nos dizem

Que os sonhos são, vindas dos deuses, revelações;

Outras vezes, contudo, assim se contradizem:

Do inferno, nos contam, são falsas maquinações.

E os médicos nos dizem que são complicações

Do jejum, da glutonia ou de outra mentira,

Pois quem deles, com certeza, um sentido tira?

E outros dizem que, por meio de profundas impressões,

Como quando há um propósito firme em nossas mentes,

Nossos sonos vão se povoar dessas visões;

E outros dizem que velhos livros são continentes

Dos sonhos, que todas as idades os têm frementes,

Dependendo das fases da Lua sazonais;

Mas toda essa gente não passa de irracionais!

Os sonhos só são bons para velhas curandeiras,

Sempre um sentido nas vozes dos animais lendo,

E ameaçando os homens com vidas passageiras,

No crocitar de uma coruja ou de um corvo horrendo!

Mas do que podem ser essas aves mensageiras?

Ai, e dizer que o homem tão nobre ainda acredita

E sempre persegue essa nefasta desdita!

Chaucer, Troilo e Créssida, V: 358-385[1]

---

1 Traduzido metricamente do original em Middle English [N. T.].

Conteúdo

Agradecimentos   5

Prefácio   11

Prefácio da edição brasileira   15

Parte 1: Fundamentos teóricos   19

1. A visão freudiana do sonho como guardião do sono   21

2. O problema epistemológico na teoria dos sonhos   43

3. A ampliação da metapsicologia de Freud por Klein e Bion   61

Parte 2: Uma teoria revisada da vida onírica   79

4. O sonho como pensamento inconsciente   81

5. Símbolo, signo, epítome e quintessência   111

6. A vida onírica: o teatro gerador do significado   135

10 VIDA ONÍRICA

7. A interação da linguagem visual e da linguagem verbal nos sonhos 149

8. A fronteira entre os sonhos e as alucinações 177

Parte 3: A prática da investigação dos sonhos **193**

9. A fronteira entre os sonhos e as ações 195

10. Exploração e análise dos sonhos 205

11. Narrativa e continuidade nos sonhos 229

12. Resistência à análise dos sonhos no paciente e no analista 241

13. O sonhar para aprender da experiência no paciente e no analista 253

14. A recuperação pela análise e o método autoanalítico 263

Referências Bibliográficas 275

Sobre o autor 279

Prefácio

Vida onírica é a primeira, e talvez a única, tentativa de desenvolver as primeiras abordagens (meados do século XX) psicanalíticas da formação de símbolos por meio de sua integração com as ideias contemporâneas a respeito das origens e do desenvolvimento da linguagem, derivadas da linguística e da filosofia estética. Meltzer adota o conceito de "dicção poética" em um sonho, graças ao potencial que este tem de se constituir em uma "ponte para o campo da estética" em geral, e além de sua visão estética do processo psicanalítico, articula a dicção onírica com as conclusões de filósofos como Cassirer e Langer. Ele também investiga as modernas filosofias da linguagem que procuram alinhar a "gramática profunda" das formas simbólicas com a evolução da mentalidade humana, como a "gramática gerativa universal" de Chomsky. Estas áreas de investigação, consideradas em conjunto, dão suporte a uma psicologia da vida onírica mais complexa e realista que a teoria psicanalítica primeva, aqui situada em seu contexto histórico. Elas também possibilitam que o modelo psicanalítico moderno se integre com as tradicionais ideias artísticas e

12 VIDA ONÍRICA

literárias a respeito da formação dos símbolos, embora estes não constituam o enfoque principal deste livro.

Meltzer considera a vida onírica como um continuum na personalidade de cada um, do qual é oferecida ao psicanalista uma amostragem privilegiada, assim como o analista de crianças é presenteado, por meio do brincar, com um quadro da vida de fantasia inconsciente. A vida onírica, portanto, insere-se no contexto da dedicada busca da personalidade pelo significado de suas experiências emocionais por meio da formação de símbolos. A mente constrói-se, gradativa e logicamente, por meio de sua capacidade de receber os pensamentos concernentes aos seus próprios conflitos emocionais. E no modelo epistemológico-espacial pós--kleiniano, a vida onírica é o local em que esses pensamentos incipientes são anotados e processados, assim possibilitando que a personalidade venha a se conhecer ("tornar-se"). É o "teatro para a geração do significado" que comanda nossa visão dos mundos em que vivemos. As relações íntimas e as formas artísticas são exemplos paralelos do processamento da vida onírica, e subsequentemente à obra de Bion, todas estas áreas íntimas podem ser vistas como em contraste com as formas protomentais e adaptacionais da existência que representam o equivalente da gramática lexical, ou superficial, da linguagem, em vez de sua poética gramática "profunda". A linguagem, como modo simbólico, possui duas funções e duas raízes: uma concernente à comunicação da informação, e outra concernente à comunicação dos estados mentais.

No final dos anos 1960, Meltzer trabalhou com meu pai, Roland J. Harris (que, na época, lecionava psicolinguística na Universidade Brunel), em um artigo a respeito das novas ideias sobre a gramática profunda e seu lugar potencial no pensamento psicanalítico. A pesquisa não se completou devido ao falecimento de Harris, mas esse artigo deixou seus vestígios em toda a obra, particularmente nos capítulos referentes à "interação da linguagem verbal e visual" e aos "signos e símbolos" que descrevem os dois níveis da aquisição da linguagem – de uma forma também presente em Dr. Johnson, quando este observou que, uma vez que o homem tem a ideia da linguagem, torna-se possível fazer infinitas modificações e variações, mas que essa ideia deve ter vindo, primeiramente, "pela inspiração", ou seja (em termos psicanalíticos), por meio das relações do objeto interno. Pois os símbolos, como continentes das ideias, não são apenas maneiras de se comunicar, os meios do crescimento mental; e sua origem no inconsciente está ligada a toda a rede dessas relações do objeto. Contrariamente a qualquer outro tipo de associação, os sonhos nos dizem a verdade a respeito de nossas experiências emocionais, mesmo quando seu conteúdo retrata a negação da realidade emocional; e a partir de Bion, também se pode ver como eles retratam os processos do pensamento ou os processos do antipensamento.

Meltzer, certa vez, afirmou que o único talento que descobrira nele era a capacidade ler sonhos. Transformar o visual em verbal envolve problemas especiais e desafios epistemológicos. E talvez a leitura dos sonhos não possa ser ensinada quando não houver um talento inato, da mesma forma que a poesia ou a música. Mas, muito mais relevante, na visão de Meltzer, é que os analistas tenham consciência das dificuldades emocionais com que se deparam em sua resposta contratransferencial aos sonhos dos pacientes. Pois a amostragem da vida onírica do paciente é uma questão íntima e, portanto, perturbadora, exigindo reciprocidade do analista, que, por sua vez, fica exposto a aspectos até então desconhecidos da autoanálise. Em vez de uma interpretação, ele propõe uma "formulação" que cobre e contém as imagens do sonho. Entretanto, acima de tudo, enfatiza a "exploração" do sonho e descreve o interesse intensificador à medida que a noção de estar na presença de um objeto estético torna-se mais poderosa.

Talvez seja difícil que uma análise dos sonhos se mostre interminável; ou ela será interrompida devido a um recuo do conflito estético, ou avançará em direção a um "desmame" e uma internalização do processo analítico, algo que Meltzer descreve no final do livro.

Acima de tudo, *Vida onírica* é uma apaixonada apologia da natureza dos sonhos como característica fundamental de nossa humanidade. É o sonho – e não a fala, a organização política, ou o caminhar sobre duas pernas – que faz de nós o que somos. Endossado pelo "vinho mergulhado na água" de Emily Bronte,[1] Meltzer afirma: "Depois que um desses sonhos visitou nossa alma dormente, como poderemos tornar a duvidar de que eles constituem 'eventos' de nossas vidas?"

Meg Harris Williams

---

1   No Capítulo IX de seu romance *O morro dos ventos uivantes*, a personagem Catherine faz a seguinte afirmativa: "Ao longo de minha vida, tive sonhos que permaneceram comigo para sempre e mudaram minhas ideias: eles mergulharam dentro mim como o vinho mergulhado na água, alterando a cor da minha mente" [N. T.].

Prefácio da edição brasileira

Neste livro tão inovador, Meltzer nos convida a "redescobrir" a importância dos sonhos no trabalho de análise.

A descoberta dos sonhos, sem dúvida se deve à Freud, que os descreveu como "a via régia para o inconsciente". No entanto, Meltzer constata e nos demonstra que, o modelo de mente usado na época, não deu meios para que Freud avançasse até chegar a perceber a experiencia emocional no trabalho dos sonhos.

A leitura dessa obra nos convida a acompanhar a criatividade do autor ao investigar os sonhos com seus pacientes, usando o modelo pós-kleiniano de mente e seu talento imaginativo para ir construindo, a partir das imagens do relato do paciente, um "teatro gerador de significado" da vida psíquica do paciente.

Meltzer inicia o livro apresentando um estudo crítico da teoria dos sonhos de Freud (1900) e coloca lado a lado a rica e fascinante coleção de observações e conjecturas do fundador e da sua menos interessante teoria. O autor conclui neste capítulo inicial, que a teoria dos sonhos de Freud foi construída sobre um modelo de mente neurofisiológico e energético que contempla suas hipóteses como se fossem fatos comprovados. Fundamenta ainda sua crítica nos fazendo lembrar que a filosofia vigente na época atribuía à linguagem o veículo do pensamento "tudo que pode ser pensado pode ser enunciado". O autor entende que tal postura levou a uma divisão entre o mundo do pensamento racional e o mundo da emoção e do conhecimento intuitivo, e acredita que Freud adotou esta filosofia para os sonhos já que para ele as palavras que descrevem emoções são apenas ruídos evocadores, "sintomas" de sentimentos e não nomes de sentimentos, desse modo privando-as de sua condição de símbolos.

O ponto de vista de Meltzer é que todas as formas de comunicação, a linguagem e outras formas simbólicas, são entendidas como modos de falar da vivência emocional central.

As limitações do modelo freudiano mostram a transcendência da obra de Melanie Klein, que em sua simplicidade, ao escutar o que as crianças diziam do interior de seus corpos e do corpo da mãe, deu uma contribuição revolucionária ao modelo de mente: que vivemos em dois mundos, o externo e o interno, o que deu novo significado ao conceito de fantasia. Fantasias inconscientes são transações que tem lugar no mundo interno, decorrendo daí um novo sentido aos sonhos. No entanto, tais contribuições não foram abertamente reconhecidas. Klein descreveu uma mente que se ocupa do significado, dos valores, e é no mundo interno que se geram significados.

Finalmente, a contribuição de W. Bion colocou a emoção no centro do significado, e para ele a experiência emocional da relação íntima tem que ser compreendida para que a mente cresça e se desenvolva. Meltzer conclui esta revisão dos modelos de mente dos três mestres afirmando que se relacionam entre si formando uma linha contínua de desenvolvimento.

A partir do Capítulo IV vamos ouvir Meltzer falando de sua nova teoria da vida onírica e neste há uma interessante descrição de um caso clínico que põe em evidência como o sonho é um pensamento inconsciente, enquanto no Capítulo 5, o autor estuda as repercussões que o modelo de mente de Bion teve para a compreensão da formação de símbolos e de seus defeitos.

No Capítulo 6, Meltzer descreve os sonhos se apresentando com seus dramas internos, como um teatro interno que busca dar significado a experiências emocionais do sonhador e que ele denomina o teatro gerador de significados. Exemplifica por meio de observações clínicas como se dá a formação de símbolos na área visual.

A leitura do Capítulo VII impressiona pela profundidade de conhecimentos que Meltzer tem e utiliza para mostrar ao leitor como se desenvolve a formação de símbolos na área verbal e como acontece a interação da linguagem visual e verbal nos sonhos. O autor espera mostrar por meio de material clínico como se entretecem a música, os significados e as imagens visuais dos sonhos. E ainda examina a relação da linguagem com a imagem nos sonhos.

Ao tratar da fronteira entre os sonhos e as alucinações (Capítulo VIII) o autor pretende demonstrar por meio de exemplos clínicos o processo onírico e sua patologia, usando como referência a teoria do pensar de Bion com seu conceito da reversibilidade das funções sensoriais principalmente visuais e auditivas.

O autor finaliza ocupando-se da prática da investigação dos sonhos, e de mostrar a necessidade de explorar os sonhos com o paciente para chegar a alguma compreensão, assim como poder reconhecer durante o trabalho analítico o fenômeno da continuidade dos sonhos.

Marisa Pelella Mélega

PARTE 1
Fundamentos teóricos

1. A visão freudiana do sonho como guardião do sono

A menos que parta de uma base sólida, calcada na obra pioneira de Freud, nenhuma empreitada que se disponha a examinar os sonhos e a vida onírica do ponto de vista psicanalítico pode ter um avanço considerável nessa questão sem criar mais confusão que clareza. Uma visão efetivamente crítica, e não meramente apreciativa, da obra de Freud flui quase imediatamente para o escopo do problema, abordado em grande parte nos primeiros dias de sua carreira como psicólogo, de uma desconcertante divisão entre sua tendência à forma e à prova de teorias rígidas, e sua extraordinária capacidade de observação e especulação imaginativa.

Antes de procedermos a um exame de sua rica e fascinante variedade de observações e conjecturas, é necessário expor e examinar a teoria menos interessante, com o principal propósito de descartá-la em nossa futura exposição. A brevidade pode parecer depreciativa, mas isso seria injusto. Não pode haver a menor dúvida da importância histórica da teoria e da base que ela ofereceu

22 VIDA ONÍRICA

para a evolução da prática clínica. E muito pode ser recuperado que seja duradouro e interessante, como os conceitos de censura e de trabalho onírico. Contudo, a base da teoria está tão profundamente enraizada num modelo neurofisiológico da mente, com sua equação mente-cérebro, que não suporta o peso das investigações do significado dos sonhos.

A. O guardião do sono

Nenhuma das evidências propostas por Freud é mais contundentemente argumentativa que a tese de que os sonhos são os guardiões do sono, e não seus destruidores. A hipótese estava tão completamente ligada ao pressuposto de que o sono é um processo puramente fisiológico que despertar e dormir estão, em relação ao cérebro, como o catabolismo e o anabolismo em relação ao corpo como um todo. Nenhum outro propósito poderia ser assinalado, se visualizasse os sonhos como valiosos para o organismo no sentido darwiniano.

Consequentemente, Freud só teve duas opções: ver o sonho como protetor ou como perturbador do evento fisiológico. O mesmo problema parece ter sido encarado pelos fisiologistas com relação à dor física. Numa época anterior à descoberta de que a dor é transmitida por determinadas fibras para determinados pontos do sistema nervoso central, era bastante natural pressupor uma base quantitativa para a diferenciação entre os estímulos prazerosos e os dolorosos. E Freud adotou essa mesma visão com relação à dor mental. Todo o modelo da mente era desfavorável para a consideração dos processos de um ponto de vista qualitativo, e a larga experiência de Freud no laboratório de neurofisiologia naturalmente o predispôs a uma visão quantitativa. O fato de ser uma das visões mais respeitáveis da profissão médica não poderia ter deixado de o impressionar, como muitos de seus próprios sonhos em *Traumdeutung* enfaticamente confirmam. No mundo da literatura e da arte românticas, no entanto, uma visão muito diferente era igualmente respeitada. No mundo da "agonia romântica", os personagens eram repetidamente apresentados como seres atormentados por seus sonhos, temorosos de que no sono pudesse se repetir.

B. O sonho como realização do desejo

Não é possível extrair da obra de Freud nenhuma conceituação do que ele quer dizer por "desejo". Intenção, motivo, plano, desejo, impulso, expectativa? Considerando-o como algo relacionado ao desejo, ele só é temporariamente irrealizado ou existe alguma possibilidade, oposição ou conflito? Considerando-o como intenção, existe algum plano de ação com relação ao qual se poderia, razoavelmente, esperar que o conduza à realização? Como desejo ou motivo, ele é necessariamente positivo ou pode ser igualmente negativo, de modo que algum evento não possa ocorrer? Suspeita-se de que Freud estivesse trabalhando sem um conceito de onipotência e queria dizer mais ou menos o seguinte: um desejo é algo que vislumbra sua realização sem levar em consideração os meios necessários para essa realização. Se esse for o caso, a diferenciação entre sonho noturno e sonho diurno é eliminada com relação ao funcionamento mental como um todo. Na verdade, a impressão final que se tem da atitude de Freud com relação aos sonhos é que eles são de pouco interesse para o sonhador, exceto que lançam luz sobre a vida mental inconsciente, da mesma forma que são de interesse para o psicanalista. Os sonhos devem vistos como de interesse evidente, mas não como fatos da vida. Podemos deixar passar a impressão, digamos, de que "o sonho da injeção de Irma" foi

24 VIDA ONÍRICA

um evento na vida de Freud que o perturbou profundamente, não apenas pela luz que lançou sobre seu caráter, mas também porque aconteceu?

C. Conteúdo manifesto e conteúdo latente do sonho

A grande empreitada de demonstrar que os sonhos não eram sem sentido parece ter levado Freud a um tipo de erro lógico, ou seja, de confundir a obscuridade do significado com o significado enigmático ou oculto. Ele afirma claramente:

> Os pensamentos oníricos e os conteúdos oníricos são apresentados como duas versões do mesmo assunto em duas linguagens diferentes. Ou, mais adequadamente, o conteúdo onírico parece uma transcrição dos pensamentos oníricos em outro modo de expressão, cujos caracteres e leis sintáticas cabem a nós descobrir, pela comparação do original com a tradução. (Freud, SE, IV, p. 277)

É claro que a grande dificuldade é de se obter "o original", que para ele significa os pensamentos representados pelo conteúdo manifesto. Na medida em que ele segue esse modo de procedimento, é capaz de fazer um progresso com relação à elucidação do trabalho onírico, exceto quando insiste em sua intenção criptográfica. Podemos ver claramente que suas duas intenções, a de entender e a de resolver (como quebra-cabeça ou mesmo como crime), conflitam seriamente entre si e levam a todos os tipos de truques para desfazer a suposta astúcia do sonhador face ao censor de sonhos.

D. O censor de sonhos

É difícil lembrar que os modos imensamente sutis e complexos do pensamento que foram expressos em palavras a partir de "Luto e melancolia" ainda não faziam parte do caráter de Freud, então com 44 anos de idade e lutando com suas próprias neuroses, isolado por seus interesses, aferrado a um homem, Fliess, ao qual, frequente e singularmente, nesses volumes, ele se refere como "meu amigo", enquanto os outros são chamados apenas de "amigos" ou "colegas". O homem de *Traumdeutung* é um judeu vitoriano lutando por um lugar ao sol, tomando como garantidos os modos e valores de sua comunidade. A ideia do conflito ainda não encontrava lugar em suas teorias, pois que não havia nenhuma base neurofisiológica para essa ideia. Assim, a ideia de um censor dos sonhos era muito radical e sugeria uma estrutura mental para a qual nenhuma possível base anatômica podia ser imaginada. Não se deve achar que ele se referisse a algo como a estrutura mental mais tarde chamada de "superego". Considere-se que uma diferença de estrutura conceitual é indicada pela adição (entre parênteses), feita onze anos depois da seguinte sentença:

> Assim, o desejo de dormir (no qual se concentra o ego consciente e que, juntamente com o censor dos sonhos e a "revisão secundária que mencionarei posteriormente, constituem a participação no sonhar do ego consciente) deve ser, em todo caso, considerado como um dos motivos da formação dos sonhos, e qualquer sonho bem-sucedido é uma realização desse desejo. (p. 234)

Um "desejo de dormir" e um "ego consciente que se concentra num desejo de dormir" pertencem a tipos muito diferentes de mente. Um desejo não é mais, em 1911, uma tendência fisiológica cuja

26 VIDA ONÍRICA

realização é buscada; agora é algo em que "está concentrado" um ego. Além disso, ele pode ser visto em operação conjunta com um censor dos sonhos, e não apenas como usando dispositivos para dele se evadir.

Mas isso é em 1911; em 1900 o censor dos sonhos é mais um termo fantasioso para os excessos de estímulo que podiam interromper o sono, como nos sonhos malsucedidos. Em outras palavras, o argumento é relativamente tautológico. Se o sonhador permanece adormecido, o sonho foi bem-sucedido, o que significa que a censura dos sonhos foi evitada. Se o ladrão entra e o cachorro não late no nº 45, como aconteceu no nº 35, o ladrão foi mais silencioso... Ou talvez não haja nenhum cachorro no nº 45. Isso, porém, não é possível num modelo neurofisiológico; toda casa precisa ter um cachorro.

Essa é, na essência, a teoria enquanto teoria, a estrutura conceitual em torno da qual a riqueza das observações e conjecturas imaginativas desse livro que marcou época se entrelaçam. Mas, como no caso de *Três ensaios sobre a sexualidade*, os editores da Edição Standard introduziram uma confusão histórica ao unirem as várias edições por meio da interpolação, embora normalmente indicassem as datas de edições anteriores entre colchetes ou, por vezes, em notas de rodapé. Estas últimas são sempre localizadas no final do parágrafo ou da seção adicionada, de modo que não fica claro onde se iniciam na página. Isso cria uma grande confusão conceitual, pois o Freud que fez adições (e possivelmente eliminações – isso não foi esclarecido) em 1908, 1911 ou 1914 é um homem muito diferente em mais aspectos que teorias. É um enigma da história psicanalítica que a teoria dos sonhos, tão fundamentalmente não psicanalítica, tenha sido preservada ao longo dos anos em palavras, enquanto era desacreditada em ações em toda sessão na qual um sonho fazia parte. Pois hoje em dia não existe nenhum "freudiano", como se sentia em 1900, de tão grande que tem sido o desenvolvimento da estrutura conceitual, iniciada pelo próprio Freud, a transformação em Teoria Estrutural.

Ao se pôr de lado a "teoria dos sonhos" como essencialmente desinteressante para a prática do psicanalista, parece válido citar um único exemplo das visões que negam a teoria com veemência:

> *O conteúdo de todos os sonhos que ocorrem durante a mesma noite faz parte do mesmo todo; o fato de estarem divididos em diversas seções, bem como o agrupamento e o número dessas seções, tudo isso tem um significado e pode ser visto como uma informação que surge dos pensamentos oníricos latentes. (p. 333)*

Esse conceito da continuidade onírica (ver Capítulo 11 deste livro) não pode se alinhar com a função momentânea da preservação do sono atribuída ao sonhar na "teoria". É importante lembrar que o que Freud quer dizer com "pensamentos oníricos" são os pensamentos dos "restos diurnos" da vida em vigília que, em virtude de sua ligação com os inícios do desenvolvimento, têm um efeito particularmente perturbador sobre o estado inconsciente do sonhador. Dessa forma, os pensamentos oníricos são vistos como anteriores, em termos de existência, ao próprio sonho. Isso é coerente com um conceito estático do inconsciente, pois a memória, como função mental, passa a significar algo como "memória", no sentido moderno da computação (armazenamento). Contudo, o próprio Freud tinha descoberto, à época do colapso da "teoria da sedução" da histeria, que a memória, ao contrário do recordar, é dinâmica e reconstrutiva, sujeita a todo tipo de incompletude, distorção, incorporação e adição.

28 VIDA ONÍRICA

Talvez não seja demais citar outro fator do pensamento de Freud que pode nos ajudar a entender sua atitude com relação aos sonhos em 1900:

> ...*o sonho não dispõe de nenhum meio para figurar essas relações lógicas entre os pensamentos oníricos (se, porque, assim como, ou bem... sem as quais não podemos compreender sentenças) uma restrição semelhante encontramos nas artes figurativas, a pintura e a escultura. (p. 312)*

Ele também poderia ter acrescentado a música, se achasse que toda música era "programática", pois parece ter visto as artes plásticas como algo que narra uma história. Podemos ver que o pensamento e a linguagem lhe eram bastante indistinguíveis, e que o pensamento verbal se colocava como a forma simbólica primária da representação do significado. De fato, no texto, ele prontamente ilustra as muitas maneiras pelas quais os sonhos efetivamente representam as relações lógicas entre os pensamentos individuais.

Em suma, a pobreza essencial da estrutura teórica do livro deve-se principalmente ao preconceito e parece contrastar com a surpreendente riqueza das observações e das ideias construídas em torno delas. Lembramos da história dos filhos indolentes cujo pai, ao lhes deixar suas terras, disse-lhes que seu ouro estava enterrado em algum lugar a trinta centímetros do chão. Freud, em sua busca por "segurança, riqueza e fama duradoura", parece ter se comportado como esses filhos. Os verdadeiros frutos da *Traumdeutung* devem ser encontrados no Capítulo VI, sobre o "trabalho onírico", para o qual podemos agora voltar nossa atenção com prazer e alívio.

O trabalho onírico

O Capítulo VI do livro dos sonhos é de um fascínio infindável devido à sua riqueza de observação e pensamento perspicaz, apenas comprometido pela mixórdia editorial e talvez pela distribuição paternalista de honrarias aos admiradores e aos detratores do pobre Stekel. Mas a-pessoa-Freud se impõe da maneira mais perturbadora pela apresentação de seus próprios sonhos e das associações com eles. Somos sempre inclinados a apontar esse aspecto da *Traumdeutung* como exemplo da intrepidez de Freud na busca da verdade e de talvez situá-lo analogicamente entre os grandes pioneiros da medicina a fazer experiências em si mesmos, assim colocando em risco suas próprias vidas. Sem dúvida, existe uma verdade nisso e não o deprecia o fato de considerar outros aspectos para sugerir que um certo conflito depressivo operou em Koch e Pasteur. Pois também nos surpreende a ingenuidade de Freud ao revelar tanto de sua vida mental privada. É verdade que ele nunca menciona algum evento que o coloque em descrédito, mas revela fraqueza, ansiedades, motivos e emoções de que ninguém poderia se orgulhar. Com que objetivo? Ele tinha amplos suprimentos de sonhos e de suas respectivas análises para preencher seu livro. Com certeza, não havia nenhuma validade especial a se reivindicar da investigação de seus próprios sonhos; na verdade, pelo contrário, eles estavam abertos ao ataque que todas as forças da censura poriam em ação sob a forma de resistência no Freud desperto. Realmente, a impressão é, com muita frequência, bastante distinta:

> *Deve-se observar que foi permitido ao sonho ridicularizar meu pai, pois nos pensamentos oníricos ele se fixou numa inqualificável admiração como modelo para outras pessoas. Está na própria natureza de toda*

censura que, das coisas proibidas, ela permita que as que não são verdadeiras sejam ditas, em detrimento das que são verdadeiras. (p. 437)

Como, portanto, devemos entender essas incursões autobiográficas? Elas não são tão surpreendentes numa pessoa idosa e abalizada escrevendo suas memórias, em que essas revelações de fraqueza só enfatizam as muitas virtudes reticentemente sugeridas. Mas, nesse homem isolado e solitário de 1900, parecem incompreensíveis. Seu caráter já estava consideravelmente sob o ataque das figuras do *establishment*, e até seu mentor, Breuer, havia se afastado, como o sonho que acabamos de mencionar acima claramente nos lembra, pois Breuer é a figura do ridículo exibida pelo pai admirado sem reservas. Uma resposta para esse enigma é sugerida acima, ou seja, a de que Freud tinha a ideia de que os sonhos nunca podiam falar a verdade diretamente – apenas indiretamente, como um jornal sob um regime tirânico. Mas, provavelmente, a resposta mais importante é a de que ele não acreditava que os sonhos pudessem dizer alguma coisa.

É por essa razão que a discussão do trabalho onírico no Capítulo VI amiúde parece paradoxal em seu desenvolvimento. Em quase toda seção da afirmativa teórica que introduz a subseção é então refutada pelos exemplos que se seguem. Num certo sentido, quase poderia ser denominada pelo termo "absurdo", já que Freud o usa para descrever os aparentes paradoxos e aspectos absurdos do conteúdo manifesto de certos sonhos, como o que se refere à "embriaguez de seu pai em 1851", do qual foi extraída a citação acima. Assim, do ponto de vista da "teoria dos sonhos", o capítulo sobre o trabalho onírico é uma investigação do processo ilógico, em que o significado é, se quisermos que seja algo, destruído e não criado ou argumentado.

Talvez esse enigma, o da insistência de Freud de que todas as atividades intelectuais presentes no conteúdo manifesto dos sonhos derivam de fragmentos dos pensamentos de vigília que estão por trás dele, seja o mais surpreendente da análise do sonho da "dissecação de suas próprias pernas" (p. 453). O uso de material autobiográfico em sua obra, ou seja, sua autoanálise, bem como os fragmentos revelados em seus escritos, aqui é representado com ele tendo que dissecar suas próprias pernas por ordem de Brücke, seu chefe de laboratório quando estudava neurofisiologia. Sua amargura devida a essa invasão de privacidade e à exposição ao ridículo a que se via por suas teorias encontra uma expressão violenta na análise desse sonho. Ele também traça a raiz infantil do ódio dos pais por excluir a criança pequena de sua intimidade sexual. Isso talvez sugira a continuada submissão ao pai-da-neurofisiologia, cuja tirania ainda estava ativa no Freud dos 46 anos de idade? O fato de que esse sonho tenha ocorrido durante uma viagem de trem liga-o à fobia pelas viagens a que ele faz referência em muitas ocasiões. De qualquer modo, podemos conjeturar que isso lhe custou uma considerável luta íntima para se libertar dos preconceitos neurofisiológicos do período de Fliess e do *Projeto para uma psicologia científica* para eventualmente emergir como psicólogo fenomenológico que conseguia reconhecer que o passado estava presente na estrutura da personalidade, e não meramente enterrado como "lembranças" no inconsciente reprimido.

A Seção H do capítulo sobre o trabalho onírico, "Os afetos nos sonhos", chega ao cerne da questão e esclarece a posição teórica de Freud sobre os afetos melhor que qualquer outra expressa em seus escritos. Fica claro que ele via os afetos como *manifestações* do sentido, e não como *continentes* do sentido. Com respeito a isso, ele seguia a linha darwiniana que rastreia as emoções do homem na expressão das emoções nos animais mais primitivos, assim confundindo seriamente a *experiência* da emoção com sua *comunicação*:

32 VIDA ONÍRICA

> *Nossos sentimentos nos dizem que uma experiência afetiva num sonho não é, de nenhum modo, inferior a uma de igual intensidade experimentada na vigília, e os sonhos insistem com maior energia em seu direito de serem incluídos entre nossas experiências mentais reais, com relação a seu conteúdo afetivo, que com seu conteúdo ideacional. Em nossa vida desperta, contudo, não podemos incluí-los dessa forma, pois não podemos fazer nenhuma avaliação física de um afeto, a menos que esteja ligado a certo material ideacional ou representativo. Se o afeto e a ideia são incompatíveis em seu caráter e intensidade, nosso julgamento desperto fica prejudicado. (p. 460, itálicos nossos)*

Está claro que "nossos sentimentos nos contam" alguma coisa muito diferente do nosso "julgamento desperto", e o problema está na decisão quanto à prioridade mental em funcionamento entre "os sentimentos" e "julgamento desperto". Freud priva os sentimentos do significado do julgamento e, portanto, não pode permitir aos afetos, seja referente ao sonho ou à vigília, a posição de "experiências mentais" em si mesmas, mas apenas como derivativos do "material ideacional". Portanto, para ele é natural lidar com os afetos como algo que pode ser separado de seu conteúdo ideacional apropriado, estando sujeito a deslocamentos e distorções, assim criando as conjunções paradoxais dos dois: *"A análise mostra-nos que o material ideacional sofreu deslocamentos e substituições, enquanto os afetos permaneceram inalterados"* (p. 463, itálicos de Freud).

Vamos examinar essa ideia em ação na brilhante análise do sonho "da privada ao ar livre". Ei-la:

"Uma colina, sobre a qual havia algo semelhante a uma privada ao ar livre: um assento muito longo, com um buraco na extremidade. Seu encosto estava todo coberto com pequenos montes de fezes de todos os tamanhos e graus de frescor. Havia arbustos atrás do assento. Eu urinei no assento; uma longa corrente de urina lavou tudo; os montes de fezes foram facilmente varridos e caíram na abertura. No final, contudo, parecia que alguns deles ficaram" (p. 468).

Suas associações e interpretações levam à megalomania quanto às suas descobertas da etiologia infantil das neuroses, assim se comparando com Hércules nos estábulos de Áugias[1], com Gulliver em Lilliput etc. Ele também vê o tema gigantesco da vingança sobre a audiência às suas palavras no dia anterior como representando as forças que determinaram o seu "cavar na sujeira humana", sintetizado por um bajulador que realmente o havia comparado a Hércules – para a profunda indignação de Freud:

> *O conteúdo do sonho teve que encontrar uma forma que o capacitasse a expressar as desilusões da inferioridade e também a megalomania no mesmo material. O compromisso entre elas produziu um conteúdo onírico ambíguo; mas também resultou em tom de sentimento indiferente devido à inibição mútua desses impulsos contrários. (p. 470)*

---

1 Referência a um dos doze trabalhos do mitológico semideus grego Hércules. Os estábulos de Áugias, rei de Élis, estavam repletos de esterco jamais removido. O herói deveria limpá-los sozinho e num só dia. Os estábulos ficavam entre o Alfeu e o Peneus, os maiores rios de todo o Peloponeso. Hércules, então, represou os dois rios e fez com que suas águas corressem pelos estábulos, limpando-os totalmente em pouquíssimo tempo [N. T.].

34 VIDA ONÍRICA

A apresentação dessa pequena gema é precedida pela qualificação de "um sonho breve, que vai deixar todo leitor com asco". Ao afirmar isso, Freud imediatamente confunde o leitor com o sonhador, mas também o Freud desperto com o homem dormente tendo uma "real experiência mental". O que ele chama de "tom de sentimento indiferente" é, com certeza, consequência de sua comparação da urina no sonho com a resposta emocional à imagem no homem desperto. Afinal, que homem não notou em si mesmo a complacência de um garoto que há nele enquanto lava uma tampa suja de privada? O homem adulto do dia anterior tinha notado em si mesmo a interação da megalomania quanto às suas realizações e a repulsa da qual ela derivava. O que ele não tinha observado, e o sonho revelava, no entanto, era a complacência infantil de remover com sucesso todo o lixo que tinha sido escrito sobre o assunto pelas "grandes" figuras da ciência. Bem, quase todo, "pois ainda restava um pouco". Afinal, a complacência é o principal afeto que se faz presente na correspondência de comiseração mútua entre ele e Fliess nesse período.

Assim, poderíamos sugerir que Freud ocupou-se do problema errado ao apresentar esse sonho. Não se trata de "por que eu não senti nojo durante esse sonho" (p. 468), mas de "como o trabalho onírico encontrou uma representação eficaz para o afeto da complacência?". Para fazer essa pergunta o examinador desperto do sonho precisaria começar com duas ideias que, na verdade, eram estranhas a Freud. Uma seria o reconhecimento de que o sonhar é efetivamente uma "experiência real" de vida, e a outra teria que ser a aceitação dos afetos como geneticamente anteriores ao conteúdo ideal. Nenhuma delas estava à disposição dele, pois seu preconceito com a origem do despertar de todos os pensamentos oníricos: "Sempre que há um afeto no sonho, ele também deve ser encontrado nos pensamentos oníricos. Mas a recíproca não é verdadeira. Em geral, um sonho é mais pobre em afetos que o material psíquico da *'manipulação de que ele procedeu'* (p. 467, itálicos nossos). Essa é sua tese primeira, a de que os sonhos apenas manipulam material psíquico anterior, e a conclusão referente aos afetos segue-se com força lógica: "A inibição dos afetos, por conseguinte, deve ser considerada como a segunda consequência da censura dos sonhos, da mesma força que a distorção do sonho é sua primeira consequência" (p. 468). Aqui, poder-se-ia sugerir, está a mais clara revelação da natureza tautológica da "teoria dos sonhos" de Freud, bem como a mais contundente explicação da ausência de uma teoria substancial dos afetos ao longo de sua obra.

Antes de encerrarmos a discussão do conceito de trabalho onírico, com suas quatro categorias – deslocamento, condensação, formação do símbolo e elaboração secundária – é necessário recuar àqueles aspectos de que nos desviamos para considerar o tema central do papel dos afetos. Tendo feito isso, e considerado a visão que Freud tinha dos afetos e sua incapacidade virtual de formar uma teoria das emoções, podemos fazer um exame para trás e para diante, unindo as ideias de deslocamento, condensação e elaboração secundária de um modo mais coerente. O aspecto mais decepcionante do pensamento de Freud está nessa esfera: "As coisas que estão simbolicamente conectadas hoje provavelmente estavam unidas em tempos pré-históricos pela identidade conceitual e linguística" (p. 352). De maneira clara, os símbolos têm recebido o mesmo tratamento paleontológico recebido pelos afetos, ou seja, devem ser tratados como meros substitutos de A por B, com base no não-pensamento anacrônico, uma espécie de apêndice mental, um truque de codificação para escapar à censura: "Via de regra, a técnica da interpretação de acordo com as associações do sonhador deixa-nos numa enrascada quando chegamos ao elemento simbólico do conteúdo do sonho" (p. 353). O motivo é que "elas frequentemente têm mais que um, ou mesmo vários, significados,

36 VIDA ONÍRICA

como acontece com a escrita chinesa, chegando-se à correta interpretação apenas em cada ocasião do contexto".

Uma situação similar ocorre com o conceito de condensação. Os itens do pensamento onírico são condensados, na opinião de Freud, apenas por um processo semimecânico de superposição com base na similaridade geral ou identidade dos itens. Não existe preocupação com o significado nessa condensação, mas apenas com a forma e a representatividade:

> *Contudo, a despeito de toda essa ambiguidade, é justo afirmar que as produções do trabalho onírico, que, deve-se lembrar, não são feitas com a intenção de serem compreendidas não apresentam maiores dificuldades para seus tradutores que as antigas escritas hieroglíficas para os que buscam lê-las. (p. 341, itálicos de Freud)*

Isso parece estranho quando nos lembramos como eram incompreensíveis os hieróglifos egípcios antes da descoberta da Pedra de Roseta. As duas imagens, a escrita pictográfica chinesa e os hieróglifos, contudo, deixam claro que as visões que Freud tinha do problema da compreensão dos símbolos como uma retradução, já que a formação do símbolo é vista como um processo de tradução, uma mudança da forma, sem alteração ou incremento do significado: "Realmente, quando examinamos o assunto mais atentamente, devemos reconhecer o fato de que o trabalho onírico desse tipo [simbolização] não está operando nada de original ao fazer *substituições* desse tipo" (p. 345, itálicos nossos).

Tendo assim imposto uma teoria flutuante sobre um material resistente, tão flutuante pelo fato de as observações penetrantes estarem tão frequentemente atreladas a brilhantes intuições clínicas, Freud é forçado a calafetar toda a estrutura gotejante com um

conceito descaradamente artificioso, o da "elaboração secundária".
Poder-se-ia dizer que transforma em virtude sua própria pretensão, o tipo de hipocrisia inteligentemente chamada "pregar o que se pratica":

> *O que a [elaboração secundária] distingue e, ao mesmo tempo, revela essa parte do trabalho onírico é seu objetivo. Essa função se comporta da maneira pela qual o poeta atribui algo ao filósofo: ela preenche os lapsos da estrutura onírica com remendos e trapos. (p. 490, itálicos de Freud)*

E aqui ele se encontra repentinamente em águas profundas, tendo que considerar o sonho desperto (*day dream*, os sonhos despertos inconscientes, o pensamento inconsciente junto com a evidência da incrível velocidade com que o conteúdo do sonho se desdobra. O modelo neurofisiológico, tendo em suas raízes a bem conhecida taxa lenta de neurotransmissão, não consegue superar essa velocidade. É claro que nesta nossa era, a adesão ao modelo neurofisiológico e à equação mente-cérebro tem o recurso do computador para contornar essa questão, esquecendo esse conhecimento de que os nervos não transmitem, à maneira dos fios elétricos, à velocidade da luz. A solução ardilosa de Freud encara, com relação ao famoso "sonho da guilhotina" de Maury:

> *...uma fantasia que havia sido armazenada em sua memória por muitos anos e que foi despertada – eu deveria dizer "aludida" – no momento em que ele se tornou cônscio do estímulo que o despertou [o pedaço de madeira que caiu em seu pescoço]. A frase-chave serve como porta de entrada através da qual toda a rede é simultaneamente posta em estado de excitação. (p. 496)*

Não podemos deixar o Freud de 1900 sem examinar a revisão de suas ideias que ocorreu mais tarde em vida, e, ao fazê-lo, remeter-nos ao famoso Capítulo VII. Talvez o período transição por volta do ano de 1914 ilustre o dilema em que ele se encontrou com relação à sua teoria original. A irritabilidade com que resistiu a reconhecer a necessidade de revisão realça o problema central. O adendo de 1915 ao Capítulo VI inclui uma discussão do trabalho de Silberer sobre "o próprio ato da transformação dos pensamentos oníricos em imagens" em que esse autor dividiu o fenômeno por ele observado em duas categorias, a "funcional" e a "material", com a primeira expressando o estado mental do sonhador, e a segunda, seus posteriores pensamentos oníricos no sentido de restos diúrnos.

Freud escreve, depois de citar alguns exemplos, que "O 'fenômeno funcional', 'a representação de um estado, em vez de um objeto' foi observado por Silberer principalmente nas duas condições de cair no sono e de despertar. É óbvio que a interpretação do sonho só se aplica ao segundo caso". Ou seja, é óbvio, se começamos com a premissa de que a função dos sonhos é impedir o dormente de despertar. Vale a pena citar em sua totalidade a irritável refutação do apelo de Silberer à atenção:

> Silberer forneceu exemplos que mostram, de maneira convincente, que em muitos sonhos as últimas peças do conteúdo manifesto, que são imediatamente seguidas pelo despertar, não apresentam, nem mais nem menos, que uma intenção de despertar ou o processo de despertar. A representação pode ser em termos dessas imagens como cruzando um limiar ("simbolismo do limiar"), deixando um quarto e entrando em outro, partida, chegada, compartilha com uma companhia, mergulhando na água etc. Não posso, contudo, deixar

de observar que me deparei com elementos oníricos que podem ser relacionados ao simbolismo do limiar, em meus próprios sonhos ou das pessoas que tenho analisado, com muito menos frequência do que a comunicação de Silberer poderia nos fazer esperar.

De nenhuma forma é inconcebível ou improvável que esse simbolismo do limiar possa lançar luz sobre alguns elementos do meio da textura dos sonhos ... em locais, por exemplo, onde existe uma questão de oscilação da profundeza do sono e de uma inclinação a interromper o sonho. Contudo, exemplos convincentes disso não foram apresentados. O que parece ocorrer mais frequentemente são os casos de supradeterminação, em que parte do sonho que derivou seu material do nexo dos pensamentos oníricos é empregada para representar e acrescentar certo estado da atividade mental.

Esse interessante fenômeno funcional de Silberer tem levado (embora sem nenhuma falha de seu descobridor) a muitos abusos; pois tem sido visto emprestando apoio à velha inclinação de atribuir interpretação abstrata e simbólica aos sonhos. A preferência pela "categoria funcional" é levada tão longe por algumas pessoas que elas falam do fenômeno funcional sempre que as atividades intelectuais ou os processos emocionais ocorrem nos pensamentos oníricos, embora esse material não tenha mais nem menos direito [sic!] que quaisquer outros a entrar no sonho como restos diurnos.

Silberer tem dado exemplos que mostram convincentemente que em muitos casos partes do conteúdo manifesto, que são imediatamente seguidos pelo acordar, tem a intenção de acordar ou estão no processo de acordar.

40 VIDA ONÍRICA

> *Estamos prontos a reconhecer o fato de que o fenômeno de Silberer constitui uma segunda contribuição, por parte dos pensamentos em vigília, à construção dos sonhos; embora se faça menos regularmente presente e menos significativo que o primeiro, que já foi introduzido sob o nome de "elaboração secundária". (p. 504)*

Freud, então, tenta incluir todo o fenômeno sob a rubrica da auto-observação e dos conceitos que recentemente havia apresentado no trabalho "Sobre o narcisismo", assim contornando o problema central da representação simbólica dos estados da mente no dormente como atividade onírica que possivelmente não poderia ser atribuída à simples descoberta de uma representação pictórica para os restos diurnos. Sem dúvida a evidência de Silberer de que o dormente tinha um estado mental e que encontrava a representação simbólica no processo onírico ameaçava toda a estrutura da teoria de Freud de que o "trabalho onírico não está fazendo nada de original".

Parece razoavelmente certo, a julgar pelo fato de que ele continuou a revisar a *Traumdeutung* até 1925, que Freud nunca abriu mão completamente das preconcepções sobre as quais sua teoria do processo onírico se fundamentava. Embora elas surjam repetidas vezes em notas de rodapé e escritos posteriores, como logo veremos, boa parte de seu modelo da mente se fundamentava na referência cruzada entre os sonhos e as psiconeuroses, de modo que ele não podia abrir mão de um sem que o outro desmoronasse por falta de apoio. A tese básica dos "dois princípios do funcionamento mental" (como ele a chamou posteriormente), ou seja, os princípios econômicos do prazer e da realidade, mais a distinção essencial entre o processo primário no inconsciente (o inconsciente sistemático distinto do inconsciente dinâmico ou descritivo) e o processo secundário no consciente e no pré-consciente, encontrou uma expressão bem definida no Capítulo VII, que ele nunca abandonaria.

Tendo habilmente "sido capaz de encontrar um lugar em nossa estrutura para as mais variadas e contraditórias descobertas dos primeiros escritos" (p. 592), Freud, na seção sobre "O processo primário e o secundário", defende sua opinião de que "tudo o que temos descrito como 'trabalho onírico' parece partir de maneira muito ampla do que reconhecemos como os processos do pensamento racional", base para a caracterização da mentalidade do inconsciente. Ao assim proceder, é como se ele tivesse esquecido que a base para essa convicção é fundamentalmente dupla. No primeiro caso, baseia-se na hipótese de um censor (invisível) dos sonhos, para cuja existência ele, na verdade, não apresentou nenhuma prova, e no segundo, na hipótese igualmente não comprovada de que os sonhos são os guardiões do sono, contra a qual ele mesmo reconhece o grande número de evidências. Acrescente-se a essas duas hipóteses a forte evidência dos restos diurnos da vigília e das memórias infantis, e temos uma receita perfeita para o argumento tautológico. Seria mais ou menos isto: de uma vez que descobrimos que o conteúdo manifesto dos sonhos tem ligações discerníveis com alguns eventos do dia anterior e com a infância, como demonstram as associações do paciente, segue-se que esses restos diurnos e memórias estão criando uma tensão no sistema que deve ser mitigada por alguns meios se o sono, que presumimos ser um estado da tranquilidade e o afastamento de estímulos externos, deve ser preservado. Como isso deve ser feito sem ação, a menos que algum artifício seja usado para enganar o sistema em tensão fazendo-o crer que seu esforço foi satisfeito? Como existe um censor que sequer permitiria essa gratificação estimulada, esta, por sua vez, deve ser disfarçada para parecer absurda. Isso, contudo, não satisfaria as necessidades do órgão da consciência em sua busca por uma estrutura narrativa lógica, de modo que uma revisão secundária se faz necessária para tornar os sonhos aceitáveis por todas as partes envolvidas.

Podemos afirmar, portanto, que se trata de uma teoria construída a partir de um modelo energético neurofisiológico da mente, que essa teoria trata suas hipóteses como se fossem fatos observados e se apega a sua posição insustentável com todos seus artifícios, que atribui ao trabalho onírico. Não é uma teoria dos sonhos, é uma teoria da personalidade funcionando como uma complexa situação social e mais tarde será reafirmada como a teoria estrutural em *O Ego e o Id*.

2. O problema epistemológico na teoria dos sonhos

Enquanto a literatura psicanalítica, quase sem exceção, seguiu a direção marcada por Freud na teoria geral dos sonhos, tanto em relação à sua função na mente quanto no modo de sua gênese, a literatura filosofica tem se ocupado, na medida em que se voltou para o fenômeno dos sonhos, do aspecto epistemológico. Isso parece assumir a forma de dois tipos diferentes de questões: podemos saber o que estamos sonhando? E os sonhos, como nossa principal evidência de um mundo de atividade mental intuitiva, podem gerar conhecimento?

Em geral, o interesse pela linguística entre os filósofos centrou-se na definição dos limites da linguagem, na suposição de que a linguagem é a única capacidade diferenciadora entre a mentalidade humana da animal, e a suposição paralela de que qualquer coisa que pode ser pensada também pode ser dita, e que qualquer coisa que pode ser enunciada pode ser enunciada com clareza (Wittgenstein, em *Tractatus*). Essa atitude separou o mundo do pensamento racional a respeito dos fatos observáveis

44 VIDA ONÍRICA

do mundo da emoção e da compreensão intuitiva ao atribuir sentido exclusivamente ao primeiro deles. Isso não quer dizer que o segundo mundo não tinha nenhuma importância para as relações humanas, mas que não se ocupava do conhecimento e, portanto, era destituído de significado no sentido epistemológico. Adequadamente, num certo sentido, relegava os sonhos à vizinhança dos mitos, das religiões e das artes, como reino do inefável – no qual esse termo, significando o inexpressível em palavras, equiparava essa deficiência da linguagem com o limite entre a experiência real e a mística. Mas, de maneira equivocada, confundiu a posição solipsística de que não podemos ter o conhecimento de outras mentes com a premissa paralela de que uma mente não pode ter conhecimento direto de si mesma.

A inequívoca ligação entre essa posição filosófica e a atitude de Freud com relação aos sonhos é evidente em sua visão comum das emoções. A ideia de que as palavras que devem descrever as emoções não são, de fato, melhores que os ruídos evocativos e, portanto, "sintomas" de sentimentos em vez de nomes para os sentimentos, priva-as da condição tanto de signos como de símbolos. Certamente é verdadeiro que nossa linguagem é muito pobre nessa área, e que todo o mundo das artes acabou por incrementar essa deficiência. Mas seria ingênua supersimplificação pensar que a poesia lírica se limita apenas a pintar quadros com palavras ou fazer música com palavras sem sentido, assim negando às várias formas artísticas sua estatura de formas simbólicas não discursivas. Isso também deixa o problema da geração de sentido no ar, a ser resolvido pelos psicólogos gestaltistas como função cerebral da percepção padrão. Na medida em que o desenvolvimento da linguagem é visto como a nomeação de padrões perceptíveis e, portanto, de formas sensíveis no mundo exterior, só se toca superficialmente o aspecto léxico da linguagem. O aspecto sintático permaneceria um completo mistério e nos levaria a esperar que os povos primitivos tenham linguagens proporcionalmente gramaticais a seu estágio de desenvolvimento cultural. Este, na verdade, não parece ser o caso. Entre as tribos indígenas norte-americanas, a divergência linguística era tão considerável que uma linguagem de sinais para a comunicação entre as tribos foi desenvolvida, sendo, em todos os aspetos, adequada para a descrição do mundo externo como elas os conheciam, um mundo de objetos, ações e relações padrões entre os objetos. Ela utilizava a técnica do epítome, ou seja, a representação de traços diferenciadores, uma base linguística sem nenhuma similaridade com a linguagem verbal e sua gênese, com a rara exceção da onomatopeia. A denotação pode ser usada no ensino da linguagem, mas não é um elemento intrínseco de sua gênese.

A observação do desenvolvimento da linguagem em crianças é uma tarefa muito complicada, pois a compulsão da criança à formação e ao uso da linguagem recebe seus elementos formais pelos processos de identificação e pelo ensino denotativo dos pais. Não obstante, a relação da criança com o mundo, um mundo de objetos externos, é claramente de interesse secundário para sua preocupação com relações emocionais, particularmente com os pais, como objetos de significado emotivo. Sem dúvida, a criança emite certos ruídos sintomáticos de seu estado mental, e eles podem ser intuídos pelos pais, mas esse processo está fora de sua compulsão pela comunicação. É um fenômeno inequívoco que a criança pequena começa a fazer a música da fala discursiva muito antes de conseguir pronunciar palavras individuais além daquelas poucas tentativas de produzir vocábulos primevos como "mamã" e "papá". O processo de balbuciar ou brincar com os processos vocais tem uma notória ligação com outros processos do brincar, e estes, como certamente sabemos, ligam-se às suas relações emocionais e tentativas de pensar sobre eles. De maneira similar, suas primeiras comunicações do tipo discursivo têm a clara intenção de comunicar complicados estados mentais, de modo que a função

46   VIDA ONÍRICA

denotativa pode ser reservada para os gestos, muito antes de uma considerável habilidade linguística ter sido obtida. "Não aponte com o dedo, querido; diga à mamãe o que você quer." A música da ordem, da inquirição, do triunfo, da acusação e dos tipos restantes é ouvida pela casa muito antes de as palavras individuais se fazerem claras. Não é ousado demais inferir da gênese da fala nas crianças algo da lógica interna do desenvolvimento que deve ter se tornado verdadeira para as espécies, a de que a linguagem foi originalmente desenvolvida a partir do canto e da dança para a comunicação de estados emocionais da mente que mais tarde passaram a abraçar a descrição do meio não humano, na medida em que esse mundo de formas perceptíveis, no sentido gestáltico, passou a ser englobado pelo significado emotivo das relações humanas. Talvez precisemos ser lembrados, nesta era da ciência e do materialismo, que o interesse pelo mundo externo como fenômeno é um evento histórico extremamente recente, que data da decadência do fervor religioso e sua visão antropomórfica do universo. Talvez mesmo "antropomórfico" seja uma descrição sofisticada demais; é melhor dizer visão etnocêntrica do universo, o universo da mentalidade de grupo.

Nos últimos anos, os filósofos se voltaram para uma direção que altera a visão de falta de sentido dos aspectos emotivos da mentalidade humana. O Wittgenstein tardio das *Investigações filosóficas*, o Cassirer das *Formas simbólicas*, a Susanne Langer de *Filosofia em nova chave*, entre outros, partiram da equação da palavra e símbolo numa direção que visualiza a formação dos símbolos como o cerne da questão, e suas diversas formas como o principal objeto de estudo. Isso significa que o problema do significado tem sido ampliado de uma visão que o situa como fato da realidade externa que precisou ser apreendida, para uma posição mais interna como algo a ser gerado e implantado, numa visão neoplatônica. Esse deslocamento acompanhou a tendência que se afasta da visão de que a mente é o cérebro, em favor de uma visão que situa a mentalidade humana num nível fenomenológico diferente da neurofisiologia animal, com a formação dos símbolos e a geração do significado e, assim, a possibilidade de descoberta da significância como objetivo central do estudo epistemológico.

Essa nova tendência da filosofia, juntamente com atitudes unificadas com relação à mentalidade humana como a que está subjacente à moderna antropologia ou a busca de Noam Chomsky por uma gramática gerativa universal, ressalta a natureza essencialmente misteriosa que a separa da coleta e seleção de informação que as ciências da computação e da cibernética desenvolveram em um nível tão alto, com as ferramentas da matemática moderna. Mas ela também enfraqueceu a distinção entre os processos mentais conscientes e inconscientes. A visão tradicional da filosofia, fortalecida pela visão freudiana do processo primário e do secundário, pressupôs uma equação entre o consciente e a racionalidade. Não é coincidência que Wittgenstein tenha descoberto tantas coisas em Freud que estavam de acordo com suas atitudes básicas quando se considera a disposição de Freud de pensar o sonhar como destituído de pensamento, julgamentos e funções intrínsecas da linguagem. A chave para essa área de concordância está não apenas na atitude com relação aos sonhos, mas também na visão de que as emoções são apenas sintomas dos estados mentais, e não o núcleo significativo da experiência que requer a transformação em forma simbólica para ser pensada e comunicada às criaturas semelhantes. Talvez o único psicanalista a escrever extensamente sobre os sonhos com uma visão discretamente diferente da de Freud tenha sido Ella Sharpe. Com certeza, isso foi aconteceu de forma tão discreta em seu livro sobre a *Análise dos sonhos*, que quase ninguém tenha advertido sua divergência. Sua contribuição criativa mais importante para a teoria dos sonhos foi mostrar as montanhas de evidência que os sonhos utilizam, o que ela chamou de "dicção poética" da poesia lírica. Com isso, ela quis dizer que os sonhos empregam os muitos recursos do símile, da metáfora, da aliteração, da onomatopeia etc., pelos quais a linguagem da poesia obtém sua capacidade evocativa. Ela acrescentou à sua lista as qualidades da ambiguidade definidas por William Empson, os atributos musicais descritos por Susanne Langer, o reverso da perspectiva de Wilfred Bion e muitos outros recursos dos quais ainda pouco sabemos com relação aos sonhos, mas que foram identificados como recursos estéticos em várias manifestações artísticas.

Isso nos leva de volta aos problemas epistemológicos que não apenas incluem a pergunta "eu posso saber que estou sonhando?", mas também "posso saber o que outra pessoa sonhou?". Freud talvez tenha dado pouquíssima atenção à distinção entre o sonhar e o relembrar um sonho, e quase nenhuma atenção ao problema de ouvir alguém relatando seu sonho. No livro dos sonhos, exemplos dos sonhos de pacientes recebem exatamente o mesmo *status* para fins de exposição como exemplos dos próprios sonhos do autor. A pouca atenção que ele deu aos "fenômenos de transição" de Silberer também mostra que foi incapaz de se preocupar com a questão do sono como um fenômeno de profundidade variável ou absoluta. Quando alguém está "completamente", ou "profundamente", adormecido, em comparação com "cochilando" ou "meio-adormecido"? Se ele tivesse dado mais atenção à sua própria definição de consciente como "órgão da percepção das qualidades psíquicas", teria tido muito pouca dificuldade em estruturar uma definição direcional com relação à orientação desse órgão com relação aos fenômenos externos e internos, embora não tivesse chegado a adotar uma visão tão concreta da realidade psíquica como a assumida por Melanie Klein. Certos filósofos (Norman Malcolm, por exemplo) parecem perturbados pela possibilidade de uma pessoa dormente ser capaz de responder à pergunta "Você está acordada?" com uma resposta negativa. Evidentemente, onde a vigília e o consciente se equiparam, isso seria tão paradoxal que pareceria uma simples piada. Mas concluir que uma pessoa não consegue saber se está dormindo e, portanto, que nada de racional pode estar em ação nesse estado é, epistemologicamente falando, uma questão tautológica de definição, e não de observação. É claro que "sabemos" que estamos dormindo, e muitos dormentes afirmam que a incipiente ansiedade em um sonho por vezes é acalmada ao se assegurarem de que estão dormindo e sonhando. Claro que o significado de estar sendo atacado em um sonho é diferente do significado de ser atacado no mundo exterior, de modo que esse assegurar-se de que se trata "apenas" de um sonho marca essa distinção, mas não implica que o ataque seja sem sentido, sem significado ou sem consequências para o sonhador. Podemos estar semidespertos e em dúvida quanto a esse aspecto direcional de nossa experiência, ou podemos estar tão surpresos por uma experiência do mundo externo que questionamos momentaneamente sua validade, especialmente se sua configuração toca muito de perto algum padrão familiar de nossa vida onírica. Mas isso não é a mesma coisa que o problema que surge do impacto extremo, e por vezes assustador, que certos sonhos podem ter. As consequências evolutivas do sonho com o lobo para o nobre russo atendido por Freud não foram produzidas por nenhuma incerteza quanto à realidade externa da imagem daqueles lobos na árvore.

Mesmo se considerarmos a visão de Freud como negação de que temos "experiências" em nossos sonhos, e que só admite que elaboramos, enquanto dormimos, as experiências da vida em vigília, teremos que dizer que se trata de uma concepção que nega a realidade psíquica de nossa vida onírica e a significância dos objetos para as personagens do mundo dos nossos sonhos. Essa visão poderia corresponder, por exemplo, à "emoção relembrada

50 VIDA ONÍRICA

na tranquilidade" de Wordsworth,[1] assim atribuindo uma função contemplativa aos sonhos. A definição freudiana do pensamento como ação experimental se encaixaria muito bem nisso e outorgaria à vida onírica o que a ordem de "bater em retirada e reagrupar-se" outorga à vida militar. Mas, se admitirmos que o "significado" vai além da percepção das formas (*gestalten*) e que a vida mental vai além de qualquer coisa que possamos imaginar como propriedade dos computadores, teremos que abraçar o conceito "místico" em um nível que, em nenhum sentido, o considera como propriedade peculiar da minoria, uma fração diminuta daqueles que provocaram certo impacto na história humana, já que os demais foram loucos demais. Precisaríamos levar esse conceito muito a sério, pois implicaria a possibilidade de que a atividade mental não seja sensorial em seu início, que ela se refira aos objetos para os quais é preciso inventar formas ou emprestá-las da realidade externa, que seu fenômeno principal é a emoção e suas leis não são as da lógica ou da matemática, mas as da "progressão" em qualidades formais (Langer) ou de "transformação" (Bion).

Ao escrever isso, fico cada vez mais ciente da magnitude da tarefa empreendida neste livro e, com ela, a impossibilidade de fazer mais do que esboçar as bases de uma nova teoria dos sonhos. Fica evidente que estou tentando formular uma teoria estética dos sonhos tendo por fundo o quadro filosófico formulado acima e como base a linha de pensamento psicanalítico apresentada em *O desenvolvimento kleiniano*, que menciona uma progressão no modelo da mente a partir de Freud, passando por Klein e chegando a Bion. A palavra "estética" pode parecer surpreendente e ser confundida com aspiração pela formulação de uma teoria que tem a beleza em sua integração. Não é esse o meu objetivo; pretendo delinear uma

---

1 Definição dada à poesia pelo poeta romântico inglês William Wordsworth (1770-1850), no prefácio de suas *Baladas líricas*, considerado como manifesto do Romantismo literário inglês [N. T.].

teoria dos sonhos que tenha por base o fato de eles constituírem, na essência, a função da mente que se ocupa de nossa experiência estética do mundo em que "a beleza é a verdade, e a verdade, beleza". A descrição que Melanie Klein faz do desenvolvimento em termos de uma primeira posição esquizoparanoide gradativamente cedendo lugar a uma orientação depressiva não foi confirmada a partir da observação de crianças, da terapia psicanalítica ou dos estudos com crianças autistas. Em vez disso, esses estudos sugerem firmemente que a experiência emocional é essencialmente estética e que os processos da posição esquizoparanoide se instalam a partir da *splitting* e da idealização, pela necessidade de se defender das dores da experiência estética da beleza do mundo, um mundo a princípio limitado pela mente e o corpo da mãe.

Se voltarmos por um instante à questão da linguagem e outras formas simbólicas pelas quais os seres humanos tentam comunicar suas experiências do mundo uns aos outros, nossa visão será a de que todos esses modos de comunicação devem ser entendidos como maneiras de falar "a respeito" da experiência emocional central. Estaremos supondo que a atenção se volta para essas vivências ou delas se afastam, e que a atenção é o leme com o qual comandamos o órgão da consciência no mundo fervilhante das qualidades psíquicas. Estaremos elegendo como nosso primeiro objeto de estudo o que Wittgenstein chamou de "ver como", num sentido que vai muito além dos esquemas gestálticos das formas de apresentação e concentra nossa atenção numa área cujas qualidades não são meramente processos inefáveis da formação do símbolo no sentido atribuído por Susanne Langer às "formas de apresentação", opostas às discursivas, ou no da "dicção poética" de Ella Sharpe, como contrária aos conceitos freudianos de "representação", "condensação" e "deslocamento".

Exemplo clínico: Giovanni

Talvez a melhor maneira de tornar mais vívida essa ideia enganosamente simples de "ver como" seja apresentar um material clínico. Em julho de 1980, Martha Harris e eu tivemos a sorte de ouvir algumas extraordinárias observações feitas durante um tratamento terapêutico de uma criança de 18 meses. Esse garoto de aspecto encantador estava despertando certa preocupação, com a possibilidade de desenvolver autismo, devido à sua falta de desejo de se comunicar, movimentos estereotipados das mãos, insônia, crises de asma e cólicas, além de uma persistente incapacidade de se colocar em pé sem ajuda. Uma vez em pé, Giovanni tinha a tendência a estar em constante movimento, andando para trás e para a frente numa linha reta, só parando ocasionalmente para examinar um ponto não existente na parede. Ele nunca sorria, segundo seus pais, mas tampouco sua mãe o fazia, pois se encontrava claramente num profundo estado de depressão desde a morte pós-operatória de sua primeira filha, que portava uma doença cardíaca congênita. Giovanni foi concebido dois meses depois dessa perda. A gravidez e o parto correram normalmente, e ele mamou no peito por três meses, alimentando-se bem, mas não fazendo nenhum contato emocional com a mãe. Durante o primeiro ano, teve grande dificuldade para dormir e padeceu, a partir dos três meses, do que parecia ser um sofrimento inconsolável, talvez uma dolorosa cólica abdominal ou algum tipo de angústia.

Descrevo as quatro primeiras sessões que a terapeuta teve com este garotinho, utilizando uma técnica baseada na psicodinâmica ampliada que incluía modos de percepções gestálticas da forma. Vou citar o material, em sua maior parte, tal como me foi apresentado.

Primeira sessão

O menino fica andando para a frente e para trás pela sala, de um lado para o outro ou de uma extremidade à outra. Ele começa a andar rapidamente, como se fosse caminhar uma longa distância, mas de repente para, dá meia volta e retorna ao ponto de partida. Não olha à sua volta, mas de vez em quando se detém, como se alguém o chamasse, inclina a cabeça para o lado como se estivesse procurando localizar a voz, semicerra os olhos e então continua a caminhar. De repente para, faz uma série de movimentos sem sentido com as mãos e vai até a parede para fixar seu olhar num ponto inexistente.

Tento me aproximar dele, mas ele me vê como um obstáculo a ser evitado. Eu o chamo, assim como sua mãe e seu pai, mas ele não nos dá a menor atenção. Tento tocá-lo, acariciá-lo. Quando assim procedo, consigo ouvir sua respiração acelerada e ele então faz ruídos assoprados com a boca e os modula como um salivar ruidoso. Está com a chupeta na boca, mas não a chupa.

Segunda sessão

Os pais chegam acompanhados pelo irmão de 10 anos, trazem Giovanni para a sala e o colocam em meus braços, contando-me que ele se sentira enjoado no carro. O resto da família sai da sala sem que o menino aparentemente o note. Ele está com a chupeta na boca. Quando me sento ao lado do quadrado de areia com ele em meus braços e toco a areia, ele vomita leite e começa a chorar. Eu o limpo, o abraço com força e ele se acalma, começando a chupar a chupeta, tirando-a da boca e a recolocando. A família volta e parecem incomodados quando lhes conto do vômito. A mãe pega Giovanni e diz: "Ele quer a mamãe". Quando finalmente recolocado no chão, ele começa a perambular para a frente e para atrás, mas quando faço vários ruídos, como se estivesse batendo à porta, ele se detém. Quando abro a porta que dá para o longo corredor, ele imediatamente sai, embora esteja bem escuro. Ele prossegue com sua marcha, indo cada vez um pouco mais longe, até atingir o fim do corredor.

Quando o chamo, ele para imediatamente, tenta erguer a cabeça para me olhar, mas parece não conseguir fazer isso. Então, eu me ajoelho. Ele olha para mim, aproxima-se e, pela primeira vez, sorri. Os pais ficam surpresos e dizem: "É a primeira vez que ele sorri para uma pessoa estranha". Eu volto do corredor e me sento no tapete do chão. Giovanni entra, parece avaliar o espaço com o olhar e se aproxima. Eu o acaricio e chamo seu nome baixinho, mas a cada vez que ele é tocado, a aceleração de sua respiração fica evidente. Eu o coloco suavemente no tapete e me inclino para ele. Ele me olha de cima abaixo. Quando lhe tiro a chupeta da boca e sussurro seu nome e os de sua família, ele me olha intensamente e movimenta a boca como se me imitasse. Ele parece muito tranquilo, mas quando me movo, tenta se levantar, rola no tapete, ficando de joelhos, mas não consegue se levantar. Então, ofereço-lhe meu dedo, que ele toca, mas depois rejeita, soprando e babando. Continuo a lhe oferecer meu dedo, e Giovanni o toca várias vezes, mas parece não conseguir segurá-lo para poder se levantar. Então, fecho sua mão em torno de meu dedo e o ajudo a se levantar. Isso parece evocar os primeiros sons que ele já produziu, como se estivesse balbuciando "ma-ma-ma".

Terceira sessão

Depois de ter sido posto no chão junto à entrada, Giovanni entra sozinho. Quando me aproximo e lhe ofereço meu dedo para que me conduza, ele o olha, toca-o e tenta segurá-lo, mas o solta em seguida. Então, coloco meu dedo na palma de sua mão e a fecho sobre ele, sentindo que ele a aperta com força. Ele parece muito calmo enquanto andamos, com a chupeta pendendo de sua correntinha de ouro, e não da boca. Quando paro, Giovanni também para e assopra, parecendo um pouco desapontado, mas então me conduz para dentro da sala, onde imediatamente nos sentamos no tapete. Logo rolo uma bola suavemente em direção a ele, mas Giovanni não olha para ela e a empurra para longe quando ela o toca. Mas quando eu o coloco no tapete, com a bola entre suas mãos, ele a agarra, aperta-a com força contra o peito e sorri com alegria.

Depois que lhe tiro a bola, Giovanni me estende as mãos, eu lhe ofereço o rosto, mas ele começa a soprar ruidosamente e a se levantar, enquanto eu falo com ele com suavidade. Ele olha ao seu redor, buscando ajuda para se levantar, mas logo segura o meu dedo, levanta-se e sai para o corredor, dando início à sua caminhada para trás e para a frente, agora quase correndo. Pego um grande arco de madeira e o coloco no chão; quando Giovanni chega junto a ele, para repentinamente, fica rígido enquanto o olha, movendo a cabeça de um lado para outro e começa a fazer o mesmo com o corpo. Eu levanto o arco do chão com uma das mãos, enquanto, com a outra, ergo-o e o coloco dentro do arco. Sua respiração se acelera, ele começa a soprar e quando coloco o arco no chão, sai sem ajuda.

Quarta sessão

Tomo Giovanni em meus braços e o levo até a pia, onde ele imediatamente começa a brincar com a água, com a torneira aberta aparentemente atraindo sua atenção. Quando ele toca a água, recua imediatamente, soprando, mas retornando a ela repetidas vezes,

56   VIDA ONÍRICA

agora com a respiração acelerada, mas sem soprar. Isso acontece durante quinze minutos, até que, em vez de respirar rapidamente ou assoprar, ele para de respirar e fica rígido. Eu jogo um peixinho de plástico na água, mas Giovanni se afasta imediatamente e se aninha em meus braços, e aparentemente adormece. Quando sua mãe sugere que ele quer a chupeta, Giovanni acorda e quer descer, começando a correr, sacudindo as mãos e olhando para a parede. Mas quando eu me ajoelho e o chamo com meus braços abertos, a mãe faz a mesma coisa, e ele vai até ela, que o abraça.

Quando o menino é posto no chão e começa a correr, eu pego o arco de madeira e o faço rolar lentamente na direção oposta à dele. O garoto muda de direção, coloca-se atrás de mim e corre movendo a cabeça de um lado para o outro. Quando lhe ofereço meu dedo, ele o agarra com firmeza e caminha a meu lado, novamente balbuciando, mas dessa vez o som se assemelha mais a "pa-pa-pa" e "bu-bu". Quando me dirijo para a sala com o tapete vermelho, ele corre na minha frente e parece testar o tapete com o pé, mas o retira imediatamente. Isso se repete várias vezes, com Giovanni na borda do tapete, e eu sentada nele. Ele começa a correr em torno do tapete, ofegante, tremendo, soprando, e eu imito sua respiração. Isso parece chamar-lhe a atenção e ele me olha, a cabeça inclinada para um lado e, então, tenta novamente subir no tapete. Quando ofereço meu dedo, ele o agarra, sopra com mais força, chora desconsolado... E então vem para o tapete comigo e se aconchega quietinho em meus braços.

Esse drama impressionante parece revelar, por vezes como se fosse em câmera lenta, e outras vezes, de forma acelerada, as transições, o ir e vir entre a uni-, bi- e tridimensionalidade, que deve ser um traço constante na vida do recém-nascido normal. Giovanni parece realmente apresentar estados do tipo autístico, com sua correria unidimensional, o fixar o olhar em nada e os movimentos de mãos estereotipados e sem sentido. Mas é perceptível que os objetos com qualidades formais que podem ser chamados de significado bidimensional não apenas atraem sua atenção, como a bola, o aro e talvez o dedo, porém, não o rosto, não somente chamam sua atenção mas também evocam uma reação de identificação imediata. Esse modo narcisista primitivo, que Esther Bick descreveu como "adesivo", pode ser visto nos movimentos que Giovanni faz com a cabeça e o corpo, quando lhe é apresentado um grande aro de madeira. Mas quando foi colocado nele, seguiu-se imediatamente uma ansiedade que poderíamos chamar empiricamente de "claustrofóbica". Essa ansiedade parece ter sido repetida com o peixinho que caiu na água, pois ele pode muito bem ter representado não um simples invasor de seu espaço privado, mas também pode tê-lo mergulhado na identificação, da mesma forma que o arco. Esta, na verdade, foi a impressão da terapeuta. "Toda vez que toca a água, é como se ficasse completamente submerso", e é nesses momentos que ele segura a respiração e fica rígido. Podemos conjecturar que ele não distinguia de maneira clara o peixe entrando na água de ele próprio cair nela.

Não pareceria excesso de imaginação relacionar a feliz experiência com a bola (que não podia ser transferida para o rosto), o experimento com a água (que foi perdido pela imersão do peixinho de plástico) e a experiência difícil do tapete vermelho (que havia sido um lugar perfeitamente feliz para brincar antes da experiência de ele ser colocado dentro do arco de madeira). Observe-se que a experiência com o arco não foi geograficamente conectada com o tapete, pois aconteceu no corredor. Os dois primeiros episódios de ansiedade e rejeição (do rosto que não podia substituir a bola e a água em que o peixe de plástico havia entrado) poderiam facilmente ter ocorrido com um filhote de macaco ou mesmo de cachorro. Nos experimentos de Kohler com símios, ele observou que, se a um símio jovem fossem simultaneamente apresentadas

58 VIDA ONÍRICA

uma vara e uma banana nela espetada, ele conseguia fazer a conexão e usar a vara para alcançar a banana. Mas se a banana estava na frente e a vara atrás dele, o animal não conseguia estabelecer esse conceito de uso de uma ferramenta. Aqui vemos uma inteligência superior em ação que pode estabelecer uma ligação entre um arco de madeira dentro do qual o menino esteve vários dias antes num local diferente, e um tapete vermelho no qual tinha se divertido na semana anterior. Mas o tapete agora mudou; foi investido de um novo conceito. É "visto como" um espaço com limite, uma área bidimensional com uma significação tridimensional, animada por uma ansiedade claustrofóbica e tendo um grande atrativo. Com efeito, aqui temos um exemplo de um vinho novo em garrafa velha, de um objeto assumindo um novo significado que leva a uma nova significação. O tapete vermelho foi, por meio dos misteriosos processos da mentalidade humana, transformado de um objeto externo com qualidades perceptíveis em um símbolo contendo um significado emocional.

A teoria da dimensionalidade descrita em *Explorations in autism* corre paralela à grande exposição de Bion de uma teoria do pensar e, de certa forma, suplementa suas implicações evolutivas. Nesse livro, meus colegas e eu traçamos o progresso em termos de dimensionalidade das quatro crianças descritas. Em quatro sessões, Giovanni e a terapeuta expuseram o mesmo processo de uma forma admiravelmente condensada. Ela nos permite tentar discernir a experiência emocional elaborada pela função alfa de Bion para elevar o tapete vermelho de objeto externo a símbolo de processos internos. Podemos supor com segurança que a experiência emocional central, a que tanto surpreendeu aos pais de Giovanni, foi a que se manifestou por meio de um sorriso quando a terapeuta se ajoelhou ao nível da criança de modo que o menino não precisasse executar a tarefa aparentemente impossível de erguer os olhos para ela como objeto de atração e interesse.

Com certeza, ela já havia atraído seu interesse oferecendo-lhe o dedo para levantar-se. (É interessante observar que a mãe afirmou sempre lhe oferecer uma cadeira para esse fim, em lugar de seu corpo.) Com certeza, é significativo que a chupeta que ele trazia na boca, sem chupá-la, sofreu uma série de alterações; ele a chupou, depois deixou que caísse e a recolocou na boca, para que finalmente, na terceira sessão, ficasse pendendo de sua correntinha de ouro. Esse é o prelúdio para a experiência da bola que lhe provocou o sorriso radioso. Porém, embora o rosto da terapeuta baixando até seu nível tivesse lhe provocado um sorriso, ao ser oferecido a suas mãos como objeto equivalente à bola, provocou a ansiedade. Poderia ser que a boca da terapeuta, tão interessante em seu falar que conseguiu provocar nele um arremedo de balbucio, parecesse, em outro sentido, tão ameaçadora? Ela poderia engoli-lo como a água engoliu o peixe de plástico, ou como também o tapete, de modo que sua superfície sólida teve que ser testada repetidamente com o pé? Talvez a chupeta não chupada tivesse uma função protetora, a de guardiã de sua boca. Ou seria protetora de seu objeto contra sua fome insaciável, capaz de devorar a mãe? A insistência desta de que ele queria a chupeta e o fato de Giovanni vomitar quando a mãe se afastou poderiam sugerir apenas uma conivência deste tipo entre ambos.

Fica evidente que estamos desenvolvendo uma tese de acordo com a qual a experiência emocional que evocou os dois sorrisos, o denominador comum, equivale em essência ao oferecimento de um objeto (dedo, rosto, atenção, interesse) e não a um substituto (uma chupeta, uma cadeira, uma mãe depressiva lamentando a filha morta). Se a criança não consegue fazer uma distinção clara entre sua própria boca como foco de um desejo voraz de uma mandíbula destruidora, como pode ter confiança na boca da terapeuta, que produz uma música tão interessada e interessante? Eu sugeriria que essa é a experiência emocional, o conflito entre o desejo e a ansiedade, que encontrou uma representação simbólica no tapete vermelho. Por meio da alquimia da mente, diversos elementos foram reunidos nesta representação: a) a atraente forma da bola; b) a forma da pia, com sua inquietante superfície da água; c) o contorno vermelho da boca da terapeuta; d) o arco de madeira em que foi colocado e do qual conseguiu escapar. Isso não nos traz à mente de imediato imagens dos contos de fadas: a casa da bruxa de João e Maria; a avó-lobo do Chapeuzinho Vermelho? Talvez, em última instância, a maçã da Árvore da Ciência do Bem e do Mal?

3. A ampliação da metapsicologia de Freud por Klein e Bion

O genial Sigmund Freud foi filho de seu tempo e, como seria de se esperar, preocupou-se com os desenvolvimentos científicos e com os métodos psicoterapêuticos da época. Ele queria criar uma ciência explicativa que pudesse comprovar coisas. Naturalmente, considerava a mente e o cérebro como fenomenologicamente idênticos, ocupando-se de um modelo neurofisiológico, a "hidrostática", e os esquemas darwinianos da evolução aplicados à mente. Esse modelo, com base na anatomia comparativa, a embriologia e, infelizmente, a arqueologia, respaldadas pela primeira e a segunda lei da termodinâmica, estruturou uma metáfora que foi confundida com teoria. Embora tudo isso lhe fornecesse ferramentas tremendamente úteis, elas também impuseram suas limitações, quando tratadas como hipóteses teórica que exigiam prova experimental.

Este modelo da mente, explicitado (como ideia preconcebida) no "Projeto de uma psicologia científica", acompanhou-o durante toda sua vida. Tratava-se de um projeto que lhe impunha, por sua

62 VIDA ONÍRICA

própria estrutura, uma visão da vida mental em que ele possivelmente não acreditasse, mas que, de todos os modos, usou como base de seu trabalho científico. Nessa visão, a vida da mente estava ligada ao corpo e suas necessidades e, assim, procurava encontrar meios para atender a essas necessidades sem incorrer em um confronto absoluto com o meio ambiente, humano e não humano. Com o tempo, Freud também chegou às provas de outra instância que a personalidade tinha que satisfazer, ou seja, a da consciência, do superego. Sua concepção da personalidade, como delineada em *O ego e o id*, era um tanto triste. Para ele, o ego servia a três amos: o id (os instintos), o mundo exterior e o superego. Usando todos os artifícios e recursos de sua inteligência para enganar esses três amos, o ego procurava encontrar um tipo de equilíbrio, uma coexistência pacífica. Mais tarde, quando Freud formulou a teoria dos instintos da vida e da morte, pareceu que o próprio objetivo da vida era morrer em paz. Não importa se ele não acreditava nisso, mas, como cientista, trabalhou com seus pressupostos e hipóteses, perseguiu-os incansavelmente e produziu uma base impressionante e sólida para a ciência.

Sua maior descoberta clínica foi, sem dúvida, o fenômeno da transferência, mas, devido a seu modelo neurofisiológico "hidrostático" da mente, viu-se forçado a considerar a transferência como uma repetição do passado e, portanto, a achar que os neuróticos eram pessoas que "sofriam de reminiscências". Não conseguiu vê-las como pessoas vivendo no passado, pois esse conceito não tinha representatividade em seu modelo. Podia achar que eram atormentadas por experiências dolorosas não assimiladas, análogas a corpos estranhos que causavam constante irritação em suas mentes – uma espécie de modelo cirúrgico. Lembremos que uma das poucas pessoas a admirar seu primeiro livro, *Estudos sobre a histeria*, referiu-se a seu método como "cirurgia da alma". Mais tarde, dentro da teoria estrutural, o superego pôde ser visto como um órgão vestigial da mente que devia ser dissolvido – um modelo embriológico.

Este conceito da transferência como emanação do passado também foi necessariamente acompanhado por uma concepção dos sonhos que não conseguia vê-los como *vida onírica*, mas apenas como atividades cerebrais desempenhando uma função bastante trivial, a de defensores do processo neurofisiológico do sono. Embora os sonhos fossem vistos como uma esplêndida fonte de informação para a compreensão da personalidade, não se podia atribuir a eles uma função vital. Portanto, Freud, embora tenha desenvolvido um conceito de superego e falado em internalização, sequer conseguiu chegar a um conceito de mundo interior. Só conseguiu usar o termo de maneira alegórica. Podemos ver em sua obra que ele teve oportunidade de usá-lo de forma mais concreta no caso Schreber, em que a fantasia da destruição do mundo se infiltrava, pois Freud percebeu que o mundo que Schreber destruía não era o mundo exterior, mas algo que estava em sua mente. Contudo, Freud não conseguiu, devido a seu modelo básico, encontrar esse mundo interno. Isso, por sua vez, impediu-o de se aprofundar no problema da *saúde mental*, já que seu modelo de mente só lhe permitiria estudar a *doença* mental. Só no final de sua vida, em *A cisão do ego no processo de defesa*, obra tão criativa e especulativa, ele tentou romper com o conceito de "unidade da mente" imposto pela equação neuroanatômica unívoca da mente e do cérebro. Esse intento de passar da posição de neurofisiológico para fenomenológico também pode ser detectada em artigos como o fetichismo e o masoquismo, particularmente em "Bate-se numa criança", em que encontramos mais liberdade de imaginação e preocupação com o significado das coisas, e menos ênfase na distribuição de energia e na consecução do que Cannon mais tarde chamou de "homeostase".

64 VIDA ONÍRICA

Por causa de seu modelo básico, Freud também teve dificuldade para considerar a emotividade como o cerne da questão da vida mental. Ele só conseguiu pensar na emotividade em termos darwinianos, como relíquia das formas primitivas de comunicação. Portanto, por assim dizer, ele confundiu a experiência da emoção com a comunicação da emoção, tratando-a como indicador do funcionamento mental, algo como um ruído da máquina e não como uma função em si mesma.

Essas limitações do modelo neurofisiológico da mente proposto por Freud colocam em destaque a transcendência da obra de Melanie Klein. Suas consequências surpreendentemente revolucionárias já estavam implícitas no início de sua carreira, como resultado da maneira isenta de preconceitos com que ouvia a fala de crianças sobre o interior de seus corpos e os de suas mães. Freud não conseguiu adotar essa atitude isenta ao ouvir o pequeno Hans falando da mesma coisa, contando a seu pai como, antes de nascer, ele e sua irmã Hanna haviam viajado juntos no cesto da cegonha e mantido um relacionamento que foi interrompido pelo nascimento. Freud não conseguiu ouvir à maneira de Klein porque não possuía um modelo que pudesse cobrir esses fenômenos; mas Melanie soube fazê-lo, e, ao assim proceder, fez uma descoberta que representou uma adição revolucionária ao modelo da mente, ou seja, o fato de que não vivemos em um mundo, mas em dois; que também vivemos em um mundo interno que é uma esfera tão real da vida quanto o mundo exterior.

Isso atribuiu uma significação inteiramente nova ao conceito da fantasia, ou seja, as fantasias inconscientes eram transações efetivamente ocorrendo no mundo interior. Evidentemente, isso deu um novo significado aos sonhos. Sonhar não podia mais ser visto como um simples processo de alívio das tensões para garantir o sono; os sonhos tinham que ser vistos como imagem da vida onírica que ocorria o tempo todo, na vigília ou no sono. Podemos chamar essas transações de "sonhos" quando estamos dormindo, e de "fantasias inconscientes" quando estamos despertos. Isso implicava que a esse mundo interno deve ser atribuído o total significado de um local, de um espaço vital, talvez o local em que o significado é gerado. A formulação do superego feita por Freud pôde ser ampliada e transformada no conceito de objetos internos. A realidade psíquica podia ser tratada de maneira concreta, como um local em que as relações ocorriam e o significado da vida era gerado para ser estendido ao mundo exterior.

Essa mudança para uma visão platônica fica absolutamente implícita nos primeiros trabalhos de Melanie Klein, tendo transformado sua psicanálise de uma ciência baconiana, com o objetivo de obter explicações e na esperança de chegar a verdades ou leis absolutas, em uma ciência descritiva, observando e descrevendo fenômenos infinitos em suas possibilidades, já que se tratava de fenômenos da imaginação, e não dos eventos finitos da distribuição da "energia mental" do cérebro. Esse aspecto geográfico de um modelo da mente considera que os fenômenos mentais surgem de um nível fenomenológico diferente daqueles produzidos pelo cérebro, embora, é evidente, em total dependência do funcionamento cérebro-corpo no sentido "transmissor".

A evocação de Melanie Klein da geografia mental revelou, de maneira surpreendente, o que poderíamos chamar de aspecto teológico da personalidade. Toda pessoa deve ter uma "religião", em que seus objetos internos exercem a função de deuses, mas não se trata de uma religião que deriva seu poder na crença desses deuses, e sim das funções que esses deuses efetivamente desempenham na mente. Portanto, se uma pessoa não depositar confiança neles para a execução dessas funções, ela própria deve assumi-las. Aqui, a relativa inadequação do self coloca-a no desamparo. Melanie Klein, sem o admitir totalmente, transformou o "narcisismo", de uma teoria sobre a natureza da libido e sua vinculação ao corpo, em um conceito muito mais social e organizacional. Segundo o qual a fenomenologia do narcisismo surge das relações das partes infantis da personalidade para outra na realidade psíquica, na medida em que estão em competição ou num enfrentamento com os objetos internos, essas figuras parentais que exercem funções semelhantes às dos deuses.

Esta dimensão *geográfica* de uma metapsicologia implicou que o conceito de transferência fosse alterado. Tendo deixado de ser vistos como relíquias do passado, os fenômenos transferenciais agora podiam ser vistos como externalizações do presente imediato da situação interna, a serem estudados como realidade psíquica. Os neuróticos não seriam mais vistos como pessoas que "sofriam de suas reminiscências", mas podiam ser considerados como pessoas *vivendo do passado*, representado pelas qualidades presentes imediatas do mundo interior. A organização narcisista está em oposição às relações objetais de uma forma muito similar àquela em que o ateísmo se opõe ao teísmo. Em outras palavras, se uma pessoa não confia em seus deuses internos, deve viver num estado que Kierkegaard descreveu, de maneira tão viva, como "desespero".

Nas primeiras obras de Melanie Klein, essa oposição aparece sob a forma de situações emocionais por ela chamadas de posição esquizoparanoide, em que uma pessoa tende a se entregar a um sistema de valores egoístas, enquanto, na posição depressiva, a preocupação com o objeto bom predomina sobre o interesse próprio. Assim, esse foi outro aspecto revolucionário da obra de Klein, pois introduziu valores no conceito psicanalítico da mente. A visão da ciência de Freud havia exigido a exclusão desses valores para prevenir qualquer *Weltanschauung* psicanalítica que, como ele temia, transformasse a ciência em culto.

Essas foram, num certo sentido, as principais mudanças no modelo da mente que eram implícitas às descobertas de Melanie Klein, embora nunca tenham sido reconhecidas como alterações ou mesmo como emendas ao modelo de Freud. Ela descreveu uma mente que lida com o significado, com valores, que oscila em suas relações entre o narcisismo e as relações objetais, que vive em pelo menos dois mundos, o exterior e o interno. É no mundo interno das relações que o significado é gerado e se estende às relações do mundo exterior.

Esse é o ponto em que se encontrava sua obra, até que, em 1946, descreveu, em *Notas sobre alguns mecanismos esquizoides*, os dois mecanismos de *cisão* e *identificação projetiva*. O estudo dos fenômenos relacionados a esses dois mecanismos continua a ser preocupação constante de seus estudos nos trinta anos seguintes. Os dois descrevem as maneiras pelas quais a mente destrói sua unidade primeva. A ampliação feita por Melanie Klein da descrição que Freud fez da cisão do ego implica que uma pessoa vive múltiplas vidas, em maior ou menor harmonia e integração entre si. A junção dessas cisões constitui um processo muito árduo e doloroso, envolvendo a transformação dos valores de uma posição esquizoparanoide para a de orientação depressiva. O conceito de identificação projetiva complicou ainda mais o modelo, ao multiplicar o número de "mundos" que as várias partes da mente podem habitar, acrescentando as regiões dos objetos "internos" à dualidade dos mundos interno e externo. Isso teve importantes implicações para se compreender as dificuldades de comunicações. Habitantes de mundos diferentes se estranham devido à linguagem que usam ter um conjunto diferente de referências. Ela demonstrou que viver no interior de um objeto significa viver em outro mundo; não se trata apenas de um mundo que é diferente da realidade psíquica ou da realidade externa, mas um mundo de uma perturbação muito grave, embora não idêntico ao sistema delirante do esquizofrênico.

Essa ideia de uma geografia complexa do espaço mental lança uma luz muito esclarecedora sobre certos aspectos dos sonhos e dos estados mentais patológicos. Recentes experiências no trabalho analítico, por exemplo, sugerem que o interno do corpo da mãe está geralmente dividido em pelo menos três áreas com significados muito diferentes e organizações muito diferentes. O estado mental engendrado em uma parte da personalidade que habita cada um desses diferentes compartimentos constitui o viver em mundos muito diferentes.

A psicose aguda de um rapaz que se movia de um para outro desses três mundos ilustra perfeitamente as três diferentes áreas da vida que existem no corpo da mãe.

Um rapaz de 20 anos de uma cidade sul-americana tirou todas as suas roupas no meio da praça e desapareceu no esgoto; quando a polícia o resgatou e o levou para um hospital psiquiátrico, ele lhes disse que tinha feito aquilo para escapar de Hitler, que estava tentando alistá-lo na SS. Ele passou cerca de três meses no hospital; durante esse tempo, foi ficando cada vez mais perturbado de forma muito particular. Gradativamente, começou a se queixar de que o local cheirava mal; que a comida vinha suja, talvez até envenenada; que havia muitas coisas muito sádicas acontecendo, particularmente nos porões, de onde ele conseguia ouvir gritos. Pouco a pouco, a atmosfera se tornou tão intolerável que ele fugiu. Cerca de um ou dois meses depois, pediu para ser internado num hospital de outra cidade. Lá ele permaneceu por vários meses, durante os quais gradativamente desenvolveu um tipo muito diferente de adaptação. Começou a se queixar de que o local estava infestado de sexualidade. Todos, os empregados e os pacientes, estavam tendo relações sexuais, a atmosfera estava eletrizada de excitação sexual, o que o levava à masturbação constante, e que ocorriam práticas sexuais com crianças no porão, cujos sons ele achava particularmente intoleráveis. Assim, fugiu também do hospital. Depois de um ou dois meses, retornou voluntariamente ao primeiro hospital psiquiátrico e lá, no período de alguns meses, surgiu um tipo totalmente diferente de adaptação. Gradativamente, ele começou a se queixar de que o ambiente era delicioso; tudo cheirava muito bem e, como resultado, não conseguia parar de respirar. Ele respirava continuamente e ficou terrivelmente preocupado de que estivesse respirando demais aquela atmosfera, pois, vindos do porão, ouvia os gritos de bebês que não estava conseguindo oxigênio suficiente, como resultado de respirarem demais.

Este caso ilustra as várias qualidades dos diferentes mundos dentro da mãe internalizada. Existe, por um lado, o reto, um lugar malcheiroso e sádico; por outro lado, existe a vagina e o útero da mãe, que é um lugar muito erótico. Por fim, existe esse lugar idílico no interior do tronco, do peito ou da cabeça. Isso ilustra a concretude desses mundos em que uma parte da personalidade pode habitar. Lá, as experiências não podem ser comunicadas, pois as palavras possuem um quadro referencial diferente: "ar", por exemplo.

Devido a esses conceitos transformados, a obra de Melanie Klein levou os valores para o centro do problema. A elaboração das experiências de diferentes mundos e de uma vida onírica em oposição à vida desperta no mundo exterior; de fantasias inconscientes como processos de pensamentos em que o significado é gerado, particularmente quando o estudamos na vida onírica; tudo isso trouxe a emoção para uma posição central. Nesse modelo da mente, a emotividade não podia mais ser considerada como manifestação arcaica dos processos primitivos de comunicação; ela agora seria tratada como cerne da questão do significado. Mas, por sua vez, o tipo de significado presente no modelo de Melanie Klein parecia ser apenas o significado das relações, isto é, seu conceito dos processos de cisão tão ligados ao que podia ser visualmente representado nos sonhos, concebia a personalidade como dividida em partes, cada uma delas com um conjunto completo de funções mentais. Portanto, em sua obra, ela não estava em uma posição adequada para investigar as diversas funções do ego, mas apenas as relações entre si das partes em separado do self, bem como com os objetos internos e externos.

As condições em que funções específicas são perturbadas atraíram Wilfred Bion, começando com sua investigação dos pacientes esquizofrênicos e suas dificuldades para pensar. Ao aplicar os conceitos dos processos de cisão e da identificação projetiva definidos por Melanie Klein não apenas às estruturas da personalidade, mas também às diferentes funções do ego, como o pensamento, a memória, a atenção, a verbalização, a ação e o julgamento, ele explorou a possibilidade de a mente poder atacar a si mesma de maneiras muito pormenorizadas. Ele apresentou provas da cisão de específicas funções mentais, bem como da projeção de partes da personalidade, que contêm essas funções isoladas, em outros objetos. Esses objetos resultantes da identificação projetiva podiam ser experimentados como desempenhando essas funções de cisão, enquanto o que restava do self não mais conseguia desempenhá-las. E então, utilizando esse conceito de cisão pormenorizada e dos ataques projetivos às capacidades do self, começou a investigar e elaborar um conceito do pensamento. Em primeiro lugar, separou os pensamentos e a elaboração dos pensamentos do pensar como transformação desses pensamentos. Em seguida, introduziu uma modificação na ênfase atribuída por Melanie Klein à relação do bebê com o seio e a mãe como o grande modulador da dor mental que possibilita ao bebê prosseguir com seu desenvolvimento.

De acordo com o modelo de Melanie Klein, o desenvolvimento da mente assemelha-se ao desabrochar de uma flor quando é adequadamente nutrida e livre de parasitas ou predadores. Bion adotou uma visão bastante diferente: o desenvolvimento da mente é um processo complicado que deve ser estruturado etapa por etapa, não podendo, portanto, ser comparado às formas biológicas do crescimento, que são determinadas pela história genética e implementadas pelos sistemas hormonais. Ele achava que o desenvolvimento mental, num certo sentido, era autônomo; que a mente se autoconstrói, parte por parte, por meio da "digestão" de experiências.

Bion ponderou que a mãe deve executar funções para o bebê – funções mentais –, que pode, então, aprender a executar por si mesmo ao internalizá-la. Ele formulou isso em termos da relação do bebê com o seio: basicamente, o bebê, por estar num estado de confusão e ter experiências emocionais sobre as quais não consegue pensar, projeta as partes angustiadas de si mesmo no seio. A mãe e sua mente (vivenciada pelo bebê como o seio) têm que exercer a função de pensar pelo bebê. Ela devolve ao bebê as partes conturbadas dele num estado que lhe possibilite pensar e, em especial, sonhar. Isso foi o que ele chamou de função alfa, por ele deixada como um conceito vazio, pois nunca soube como preenchê-lo, não tendo certeza se podia ser preenchido por alguma descrição substancial.

Esse conceito do desenvolvimento da capacidade do bebê de pensar implicava que esta não depende apenas da *rêverie* da mãe para pôr ordem numa experiência caótica, mas também da disponibilidade da mãe como objeto a ser internalizado. Isso recebeu um novo significado para o longo período de desamparo da criança, que, à primeira vista, se mostra tão pouco adaptativa. Ao vincular a dependência à experiência do objeto ausente como o "primeiro pensamento", Bion sugeriu um novo significado, altamente adaptativo, para o longo período de desamparo, o que implicava ser necessário para a internalização da mãe como *objeto pensante*, e não apenas como de serviços. Isso deu novo sentido à especulação de Freud a respeito do narcisismo, bem como uma nova importância à cronologia estabelecida por Melanie Klein para o início da posição depressiva.

Seu próximo passo foi organizar este esquema numa espécie de Tabela Periódica, que chamou de Grade, para tentar descrever como os pensamentos crescem em complexidade, abstração e sofisticação na mente, de modo que possam ser usados para manipulação no processo do pensar. Nessa Tabela Periódica, nível básico dos pensamentos propriamente ditos (chamado de Coluna C) é aquele tratado na obra de Melanie Klein, ou seja, o nível dos sonhos, dos pensamentos oníricos e do que Bion chamou de mitos.

Nessa Tabela Periódica do desenvolvimento dos pensamentos, Bion também sugeriu que deve haver um desenvolvimento paralelo de algo na mente que está a serviço do mal-entendido, do antipensamento, que se opõe à descoberta da verdade e que é essencialmente um sistema para a geração de mentiras, uma espécie de Grade Negativa.

Ao justapor a elaboração da verdade e das mentiras, além de atribuir estas funções ao bom e ao mau seio (ou parte satânica do self), Bion atribuiu um novo significado ao que Freud chamara de instintos de vida e de morte, e ao que Melanie Klein descrevera em *Inveja e gratidão* como o confronto dos objetos internos bons com as partes invejosas e destrutivas da personalidade. Essas lutas pela mente da criança ocorrem de um modo muito semelhante ao conflito entre o Céu e o Pandemônio, pela dominação da mente da humanidade, descrito por Milton.

Assim, no esquema descritivo de Bion dos processos do pensamento, partes da personalidade que conservam um vínculo de dependência e uma potencial relação amorosa com o objeto bom são constantemente impulsionadas pelas mentiras a abandonar sua relação com a verdade. Essa é, portanto, a fonte "primordial" da doença mental. Se, como ele afirma, a verdade é o alimento da mente, e as mentiras seu veneno, a mente, se lhe for concedida a verdade, é capaz de crescer e se desenvolver, enquanto, de maneira inversa, se for envenenada por mentiras, degenera para a doença mental, que pode ser vista como a morte da mente.

Essa justaposição da verdade e das mentiras também eleva o nível de preocupação com o significado em um nível estético. Ela ajuda a diferenciar os variados níveis de relação, que podem ser razoavelmente chamados de nível das relações íntimas, o nível das relações contratuais e o nível das relações casuais. A saúde mental e o desenvolvimento da mente derivam das relações íntimas, em que os eventos primordiais são experiências emocionais. A obra de Bion situa a emoção no próprio cerne do significado. O que afirma, com efeito (e que é quase diametralmente oposto à atitude de Freud com relação à emoção), é que a experiência emocional da relação íntima tem que ser pensada e compreendida para que a mente cresça e se desenvolva. Num certo sentido, a emoção é o significado da experiência, e tudo que evolui na mente por meio da função alfa, como o sonhar, a verbalização dos sonhos, a pintura de quadros, a escrita da música, o desempenho de funções científicas – tudo isso são *representações* do significado. Essa é outra maneira de afirmar que o significado de nossas relações íntimas são as nossas paixões, e que a compreensão de nossas paixões tem a função básica de protegê-las de serem envenenadas e erodidas pelas mentiras geradas pelas partes destrutivas da personalidade. A saúde mental consiste, essencialmente, em ser capaz de preservar a área das relações íntimas apaixonadas, o nível estético da experiência, cujo significado é a própria emoção.

À guisa de ilustração, vou descrever um pequeno fragmento de um complexo pensamento onírico, como ele assume formas e

74   VIDA ONÍRICA

funções do mundo exterior, mescla-as com palavras do mundo exterior e as usa para representar o significado das experiências emocionais. Vou descrever três dos sonhos de uma paciente cujos sonhos parecem ser particularmente meditativos.

Essa paciente, uma mulher de 40 e poucos anos, descreveu que, por volta dos 13 anos, era uma estudante medíocre e uma nulidade, e, ao apelar para suas qualidades extrovertidas, acabou por se transformar na primeira aluna da classe. A transformação que ocorrera em sua personalidade entre os 13 e os 16 anos manteve-se durante a universidade e depois dela. Com 40 anos, começou a sofrer de uma súbita doença e foi submetida a uma cirurgia. Embora se afirmasse que a cirurgia havia sido um sucesso e o prognóstico fosse bom, ela mergulhou numa profunda revisão de seu modo de vida. Sentiu que a doença a tinha levado a uma crise de vida que não conseguira encarar anos antes. Então, decidiu vir à Inglaterra para fazer análise. Apesar de uma carreira profissional de muito sucesso, para a qual foi apenas impulsionada pelas circunstâncias, sempre acalentou a ideia de ser psicoterapeuta ou psicanalista. Ela se submeteu à análise não tanto por causa da depressão, que achava ser capaz de controlar sozinha, mas porque desejava descobrir detalhes da crise em sua vida que ela não entendia. Depois de alguns meses de análise, começou a ficar muito mais clara a relação entre a crise e sua história pessoal e foi então que teve três sonhos muito interessantes.

O primeiro sonho ocorreu na noite seguinte ao recebimento de uma carta sobre um trabalho que ela havia realizado para um importante comitê político de seu país natal. Ela *sonhou que o presidente de seu comitê a estava convidando, com muita urgência, a subir no telhado de um alto edifício, entregando-lhe uma pistola automática e lhe dizendo que ela deveria subir e lutar. Mas quando chegou ao telhado, viu outro edifício alto, com pessoas também no telhado e armadas com automáticas. Embora não se sentisse particularmente assustada, quando notou que entre aquelas pessoas estavam alguns de seus amigos, ela se recusou com veemência, jogou a arma fora e desceu.* Isso foi numa sexta-feira. Durante o fim de semana, teve outros sonhos.

No segundo sonho, *ela parecia estar numa espécie de um cilindro ou de alguma outra coisa que podia ser uma tenda ou uma nave espacial. De qualquer modo, parecia uma forma cilíndrica que fora terrivelmente assolada pelo vento, de modo que sua cobertura exterior estava totalmente destroçada. Mas notou que também havia uma cobertura interior que ela podia unir para fazer com que a estrutura voltasse a ficar intacta.*

No sonho que se seguiu a esse, *ela ia a uma pequena sapataria, um local realmente fora de moda, com tudo "numa bagunça", cujo proprietário era um homem de meia idade ou mais velho. Ela havia ido lá para consertar um minúsculo e antigo gramofone: não tinha muita certeza se era um gramofone ou uma balança dessas que podem ser vistas em lojas. Fosse o que fosse, o velho pareceu começar a desmontá-lo e a tirar dele coisinhas estranhas, como fusíveis de cartucho, mostrando-lhe como colocá-los de volta em seus lugares e lhe devolveu seu pequeno gramofone. "Um gramofone fora de moda",* afirmou ela. *"Sabe, do tipo HMV."* (His Master's Voice – uma marca antiga). Ela acordou sentindo-se contente.

Certos vínculos entre os sonhos se destacam: a pistola automática, com seus cartuchos, relaciona-se com os cartuchos da pequena caixa de fusíveis; o golpe de sua doença, representado pelos destroços provocados pelo vento soprando contra a cobertura da espaçonave que a carregava estabelece outra ligação com a palavra "unir", no sentido de juntar coisas, mas, em outro sentido, é o "unir" os cartuchos da pistola automática e o dispositivo que une os fusíveis do cartucho.

Considerados em conjunto, os sonhos mostram a crise na vida da paciente para a qual ela havia sido levada a partir da idade de 13 anos pela "cobertura" social superficial e politicamente adaptativa de sua personalidade. O sonho mostrou-lhe a agressividade de seu comportamento político, ou seja, seu significado agressivo para ela. Isso havia "queimado seus fusíveis", mergulhando-a rapidamente em sua depressão e também significando um retrocesso em sua carreira de sucesso. Mas, ao mesmo tempo, ela descobriu, no processo "fora de moda" e "muito bagunçado" da análise, um novo uso construtivo para sua capacidade mental de pensar (fusíveis em vez de balas, unir em vez de fazer uso dos carregadores da munição intelectual) por meio da recuperação da dependência de seu objeto interno (HMV), que ela presumivelmente não ouvia desde a infância. O vínculo entre o pensamento e o julgamento está implícito na dúvida entre "um pequeno gramofone ou uma balança de loja".

Concordo com Bion que sonhar é pensar, que a vida onírica pode ser vista como o lugar onde podemos ir em nosso sonho, quando podemos voltar totalmente nossa atenção para esse mundo interno. O processo criativo do pensar gera o significado que pode se estender para a vida e para as relações do mundo exterior. Isso significa, num certo sentido, que todas nossas relações externas possuem certa qualidade transferencial, extraindo seu significado do que existe em nosso mundo interior. Por vezes, extraem um significado adulto, de modo que, por meio de nossa identificação com nossos objetos internos, a parte adulta de nossa personalidade é capaz de estabelecer contato com outras pessoas em um nível adulto por meio da fantasia comum, numa espécie de congruência dos objetos internos. É essa congruência dos objetos internos que une as pessoas, e é o viver em mundos diferentes que as afasta umas das outras, de modo que não conseguem se comunicar entre si.

O resultado da modificação feita por Bion na modificação de Klein do modelo de mente de Freud é uma concepção das funções mentais que colocam a emotividade em seu lugar correto. Nossas paixões são o significado de nossas relações íntimas, e nossas outras relações, em nível contratual e casual, realmente em nada contribuem para nosso crescimento e desenvolvimento. É só em nossas relações íntimas, em que nossas paixões estão ligadas, que podemos experimentar o conflito do significado emocional que nutre o crescimento da mente. Os sonhos, como os expostos acima, demonstram como nossos problemas se pressagiam, são elaborados e se resolvem. Na análise, o que fazemos é, mais ou menos, monitorar esse mundo interno. Nós o monitoramos por meio da transferência, dos sonhos e o brincar de crianças. Ao tentarmos dar uma forma verbal, uma representação verbal, aos pensamentos existentes nos sonhos, no brincar infantil ou nas reações de transferência, também os tornamos disponíveis para formas mais sofisticadas de investigação, de teste da realidade e de consistência lógica. Mas é a poesia do sonho que capta e dá representação formal às paixões que são o significado de nossa experiência, de modo que possam ser operados pela razão.

Ao rever os modelos implícitos e explícitos da mente utilizados no trabalho clínicos por esses três mestres, nossa tese central foi a de que os três modelos da mente, o neurofisiológico de Freud, o teológico-geográfico de Klein e o epistemológico de Bion, podem ser vistos como relacionados entre si para formar uma linha contínua de desenvolvimento. Esta linha desenvolve o conceito de um sistema para a vida mental que inclui o significado e a emoção, em que a compreensão é transformada em estrutura da personalidade, possibilitando uma área ilimitada de discurso referente a um sistema não causal infinitamente variável com uma capacidade potencial de crescimento para além do alcance dos modelos evolutivos darwinianos.

PARTE 2:

Uma teoria revisada da vida onírica

4. O sonho como pensamento inconsciente

Para estruturar uma teoria dos sonhos firmemente baseada na utilização clínica que Freud aplicou aos sonhos em psicanálise, mas que brote organicamente do modelo da mente estrutural--fenomenológico, e não do modelo topográfico-neurofisiológico, é necessário definir nosso vocabulário para a descrição dos sonhos. Esse vocabulário deve ser verdadeiramente metapsicológico (num sentido mais amplo, incluindo a dimensão geográfica de Klein e a dimensão epistemológica de Bion, além da dimensão freudiana original em quatro elementos). A sequência mais lúcida parece exigir a definição do processo onírico como forma de se pensar a respeito das experiências emocionais; depois disso, o caminho ficaria aberto para examinarmos o que Freud chama de "considerações de representatividade" (que, para nós, significa a formação do símbolo e a interação das formas simbólicas visuais e linguísticas) e o "trabalho onírico" (as operações da fantasia e os processos de pensamento pelos quais os conflitos emocionais e os problemas buscam uma resolução). Para executar esta primeira tarefa, optei

82 VIDA ONÍRICA

por utilizar um tipo incomum de material clínico que tive o prazer de ouvir e discutir num seminário para analistas e psicoterapeutas de crianças em Paris, na primavera de 1980. Esse material está relacionado com uma extraordinária observação de bebês levada a cabo por uma terapeuta em uma creche municipal para crianças de mães que trabalham fora. A observação começou com o menino Matthieu, de sete meses de idade, devido a uma grande preocupação com seu desenvolvimento insatisfatório, que se transformou numa terapia de três vezes por semana quando o menino completou um ano de idade. Como as atividades da criança eram quase inteiramente pré-verbais, na idade de 23 meses quando ocorreram as sessões que vamos apresentar, e como sua compreensão da linguagem ainda era rudimentar, e as intervenções interpretativas do terapeuta em grande parte também não verbais, todo o processo teve uma surpreendente semelhança com o conteúdo dos sonhos. Esse processo ilustra a fantasia e o pensamento em ação de uma forma tão impressionante que esclarece o conceito bioniano da função alfa executada pela mãe nas primeiras relações entre o bebê e a mãe.

Nas sessões em questão, o menino se viu diante de uma nova e "surpreendente" experiência com a terapeuta, em virtude de uma "ruptura" em sua técnica habitual, ou seja, limpar o nariz da criança, em vez de se limitar à observação, ao pensamento e à resposta interpretativa. A interação entre eles, após este incidente da limpeza do nariz, será apresentada como exemplo da comunicação entre a mãe e o filho num nível pré-verbal que ilustra a tese de Bion do papel da mãe na promoção do pensamento na criança (função alfa), e, ao mesmo tempo, nos permite tratar a comunicação da terapeuta no seminário como se fosse idêntica ou, pelo menos, análoga à de um paciente sendo analisado e apresentando um sonho. Nesse contexto, os participantes do seminário, principalmente Martha Harris e este autor, representam o papel do analista, ou seja, compartilhando a experiência por meio da imaginação com a terapeuta e a ajudando a descobrir o significado que teve para ela não apenas o significado do comportamento de Matthieu, mas também o dela própria.

É claro que veremos que os "analistas" do seminário não se limitam, na verdade e da mesma forma que os analistas em seus consultórios, à mera transformação da imagem visual comunicada pelo relato da terapeuta sob forma verbal para definir o *significado* da cena; com base na experiência e no esquema conceitual, também fazem comentários que tentam explorar o significado da interação e dos estados mentais que reproduzem. Esta divisão entre a transformação da expressão (a forma simbólica) e o discernimento da significação do significado assim transformado está de acordo com a descrição original que Freud faz de seu método (ver "O sonho da injeção de Irma") e será estudada mais extensamente em capítulos posteriores sobre o método da análise dos sonhos. Aqui, estamos diante da tarefa mais básica de estabelecer que *o sonhador é o pensante* e *o analista é o que compreende seu pensamento*. Ao comunicar seu sonho sob qualquer forma simbólica que lhe seja mais adequada, a ação, a brincadeira ou a expressão gráfica ou verbal – talvez um músico competente pudesse fazê-lo musicalmente –, o sonhador apela para a ajuda do analista para transformar a linguagem evocativa e descritiva em linguagem verbal da descrição do significado, como primeiro passo em direção à abstração e à sofisticação. Com esse meio, os pensamentos se estruturam de uma forma em que o pensar no sentido bioniano pode começar, ou seja, a manipulação dos pensamentos pelos processos racionais. Isso incluiria o pensar sobre os processos do próprio pensamento – pensar sobre o pensar.

Voltarei a essas questões numa discussão subsequente. Deve-se notar que o curso errático e repetitivo do seminário foi apresentado

84   VIDA ONÍRICA

literalmente, com o objetivo de ilustrar os *processos*. Matthieu nasceu depois de sua irmã gêmea, Mathilde, que pesava meio quilo a mais que ele por ocasião do nascimento. Devido a seu baixo peso (1,9 quilo), ele foi mantido na incubadora, enquanto sua mãe levou Mathilde para casa depois dos primeiros oito dias. A mãe, que parecia uma mulher ansiosa, só conseguiu engravidar depois de um tratamento ginecológico. Ela se sentiu sobrecarregada por ter duas crianças para cuidar e as colocou numa creche durante o dia para voltar a trabalhar. Enquanto Mathilde era uma criança ativa, que se desenvolvia naturalmente, Matthieu era motivo de grande preocupação para as cuidadoras, devido à sua apatia, acentuada demonstração de ansiedade quando alguém se aproximava dele, falta de interesse pela alimentação, tensão e suores, além da incapacidade de pegar objetos e, posteriormente, de se sentar ou chorar. Seu único movimento espontâneo parecia ser, por vezes, estender as pontas dos dedos como se quisesse arranhar algo. Os exames médicos e um estudo neurológico com eletroencefalograma não indicaram nada de anormal. Em casa, seu comportamento se manteve o mesmo.

Depois de cinco meses de observação, dos 7 aos 12 meses de idade, a terapeuta recebeu permissão da mãe para tentar uma terapia, que ela realizou seguindo as linhas estritamente psicanalíticas e empregando alguns brinquedos simples, que trazia para cada sessão numa sacola plástica. Martha Harris e eu ouvimos suas observações pela primeira vez quando a criança estava com 11 meses e, posteriormente, em duas oportunidades de supervisão, aos 15 e 19 meses, de modo que, na ocasião do seminário, estávamos bastante familiarizados com os notáveis progressos de Matthieu e também com capacidade igualmente notável da terapeuta de observar e responder a ele. Aos 15 meses, ele já exibia uma grande variedade de intensas emoções com ela, mostrando, de modo claro, fortes capacidades de introjeção em suas brincadeiras com ela e os brinquedos, continuando a manter contato de maneira vibrante durante o intervalo de verão, durante o qual fez um surpreendente progresso em sua motilidade e relacionamento com a irmã e a mãe. Ficou evidente em sua atitude que a terapeuta desempenhava um papel especial em sua vida, manifestado por uma possessividade um tanto tirânica com relação a ela. Ele parecia reconhecer também que havia funções que ela não desempenhava, como as relacionadas com sua educação esfincteriana que, por época das observações que se seguem, havia sido iniciada principalmente pelas funcionárias da creche.

Terapeuta: Vou falar um pouco sobre as sessões que se seguiram ao feriado de Páscoa; então, vou lhes apresentar com detalhes a última sessão de abril.

> *Nas sessões do início de março, Matthieu tem uma atitude bastante peculiar, logo após eu fechar a porta da pequena sala de jogos. Ele fica completamente desconcertado e assombrado diante de mim. Quando passo por trás dele e me sento, ele mantém o corpo virado para a porta e volta a cabeça em minha direção. Ele mantém essa postura por cerca de dez minutos. Em sessões posteriores, virava o corpo cada vez mais em minha direção, mas sem ousar mexer os pés. Foi nesse período que começou a chamar pela mãe no início da sessão. Mais tarde, reproduzia com a mão o movimento da minha fechando a porta – e isso era feito em direção à porta.*

Donald Meltzer: Isso parece ilustrar o sentimento de Matthieu de que algo o está cindindo. No trabalho analítico é de grande importância, com relação aos processos de cisão, determinar se o

86 VIDA ONÍRICA

processo está sendo sentido como ativo ou passivo para avaliar seu significado evolutivo ou patológico para a pessoa. Os processos de cisão parecem abranger tanto a cisão do objeto quanto a do self, e o fato de ser ativo ou passivo determina qual sofre a cisão primeiro, ou seja, se o objeto é cindido, resultando numa cisão do self, ou se o self é cindido, produzindo uma cisão do objeto.

Ao descrever, pela primeira vez, os processos de cisão e particularmente de cisão e idealização, Melanie Klein afirmou que eles têm uma significação evolutiva ou patológica, dependendo do grau de ternura ou sadismo com que são motivados. Parece-me que o reconhecimento da cisão passiva, particularmente por Bion, é um avanço muito mais recente, que ainda não foi claramente descrito na literatura. Reconheço isso principalmente em pacientes que a experimentaram, devido a uma cisão real de seus objetos no início da infância, por exemplo, entre mãe e avó, mãe e babá, mãe e tia, e assim por diante. Parece-me que, quando a cisão tem suas origens nesse tipo de divisão, ela é experimentada como processo passivo e tende a ter significância patológica. Por sua vez, também pode ser experimentada passivamente, geralmente em termos patológicos, quando é induzida por um tipo disciplinar de comportamento um tanto prematuro por parte da mãe, em particular, nos inícios da educação esfincteriana. Na Inglaterra e nos Estados Unidos um sistema pediátrico chamado de método Truby King esteve em voga logo após a Segunda Guerra Mundial. O pediatra aconselhava um início extremamente precoce para a educação esfincteriana, começando com alguns meses de idade, antes mesmo de o bebê conseguir se sentar. Ele sugeria que se pusesse o bebê no colo juntamente com o pinico, se usassem supositórios bem pequenos e assim por diante, para induzir ao treinamento esfincteriano. Um dos efeitos por isso produzido não era apenas a obediência automática, mas também a desobediência automática. Esta faceta da obediência automática, no entanto, parece estar relacionada a um tipo extremamente persecutório de cisão e idealização. É tão primitiva sua fantasia básica que parece ter mais relação com a vida grupal, ou seja, com a psicologia de grupo, em termos dos conceitos de Bion, do pressuposto básico do grupo e suas relações com as desordens psicossomáticas.

Parece-me que o material referente a Matthieu gira em torno de seu reconhecimento de que existem coisas que a terapeuta faz para ele e que são únicas, bem como que há coisas que ela não faz para ele. Isso tem o efeito de fazê-lo se sentir cindido entre ela e a mãe, de uma forma passiva.

Martha Harris: Fico imaginando se, além disso, ou inclusivamente como base prévia sobre a qual isso se sobrepõe, existe uma evolução para ele, como resultado da atenção que lhe está sendo dedicada pela observadora; pode ser que a relação com a mãe tenha, como resultado disso, se intensificado. Ele pode senti-la como mais interessante e mais atenta com relação a ele do que era antes, de modo que, depois do feriado, surge um conflito de lealdade devido a ter repentinamente experimentado duas mães em sua vida. Mais tarde também há um pai, que parece ser alguém mais pessoal, alguém que presta atenção a ele. Já vimos, depois do primeiro e longo intervalo de verão, quando ficamos surpresos que continuasse a evoluir tão bem, que ele parecia ser capaz de usar a experiência com a terapeuta em sua relação com a mãe e a irmã.

Donald Meltzer: Poderíamos dizer que, na medida em que as tendências edipianas de uma criança pequena têm suas raízes em sua incapacidade de compartilhar seu objeto, ela também tende a pressupor que os objetos seriam incapazes de compartilhá-la e que, portanto, tem que tornar um bom e o outro ruim, para se aproximar de um e se afastar do outro.

Martha Harris: E, portanto, como podemos imaginar, se ele fosse um menino levado para a terapia pela mãe, em vez de se

88   VIDA ONÍRICA

limitar a ficar em pé e imóvel do meio da sala e olhar para a porta, nesses momentos o garoto a estaria chamando e se agarrando à sua saia, sem querer entrar na sala da terapeuta. Mas é claro que a mãe não está do outro lado da porta – o que o aguarda é a creche.

Terapeuta: Na primeira sessão após o feriado de Páscoa, Matthieu me dá a impressão de estar feliz e animado.

> *No início da sessão, ele me entrega a sacola de plástico em que os brinquedos são guardados, parecendo feliz, mas imediatamente coloca a sacola em meu colo, fica um pouco triste e grita: "Mamã!".*

> *No dia seguinte, começa um período em que Matthieu chama o pai com ansiedade. Vou buscá-lo no terraço e ele agarra minha mão, sem olhar para mim, apertando meu dedo com força e dizendo: "Papá!". Na pequena sala, não larga meu dedo aperta-o e coloca um dedo na fresta da porta, que está fechada. Brinca com meus botões, meus brincos e os bonecos; atira os brinquedos em direção à porta e à janela. Mas, então, depois de colocar toda a família de bonecos ao longo da parede, põe o bumbum acima deles e começa a chorar e gritar desesperadamente: "Papá! Papá!".*

Donald Meltzer: Pode-se ver que Matthieu opera no nível de objeto parcial com todas essas coisas: seus dedos, botões, brincos, representando os elementos paternos do corpo da mãe. Mas a impressão que temos é de que ele está experimentando a situação não apenas como externa, mas também como interna, e que o ato de atirar os brinquedos em direção às portas e janelas tem a significância de estar expulsando esses objetos, objetos parciais maternos, de seu traseiro, e de convidar seu pai a entrar dentro dele e tomar posse de seu mundo interno. Poder-se-ia imaginar o sonho de um paciente adulto chamando alguém que está no jardim dos fundos a entrar e ajudá-lo a expulsar esses invasores da porta da frente (ou seja, convidar um objeto paternal a entrar em seu ânus para ajudá-lo a expulsar um objeto materno da boca).

Existe um período na análise de Richard, em *Narrativa de uma análise de criança*, em que ele fica mordendo um lápis enquanto a senhora Klein está falando. Ao mesmo tempo, ele demonstra uma grande tendência a ter dores de barriga e outras coisas do tipo durante a sessão, de modo que fica claro que a relação externa com a analista está sendo tão intensamente internalizada que ele sente, de imediato, que uma luta está realmente acontecendo dentro de seu corpo.

Martha Harris: Existe também alguma significância no fato de que, em seu regresso, quando tem que voltar à creche com todas aquelas crianças presentes, isso se torna rapidamente internalizado e sentido como se todos aqueles bebês internos tenham que ser expelidos e destruídos. Também existe um certo indício neste material de que ele parece ser uma criança com uma forte capacidade feminina de por para dentro, reter e pensar sobre suas experiências, como vimos no material anterior que manifestava sua identificação com a terapeuta, em seu papel de observadora.

Terapeuta: Matthieu parou de gritar "Papá", depois que eu lhe dei a sacola grande em que ele colocou os diferentes brinquedos. Ele colocou o dedo no fim do cordão do carrinho. Pus meu dedo na outra extremidade e ele se moveu um pouco para a frente. Matthieu sorriu.

Donald Meltzer: Você tem alguma ideia do por que você fez isso? Você vive fazendo coisas, e depois temos que tratar de entender por que as fez. Você parece fazer coisas que possuem certa significância interpretativa, e nós temos que descobrir qual foi a

90 VIDA ONÍRICA

sua interpretação. Evidentemente, é isso o que as pessoas intuitivas sempre fazem ao brincar com crianças muito pequenas; elas iniciam a brincadeira, respondendo a esta de forma a lhe atribuir um significado. Nesse contexto, deveríamos supor que sua situação tem algo a ver com o início de uma brincadeira de compartilhar o pênis do Papá: "Agora Matthieu tem o pênis do Papá, e agora a Mamã tem o pênis do Papá", e isso prossegue alternadamente: é um jogo de compartilhamento.

Martha Harris: Quando ele colocou o bumbum por cima daqueles brinquedos, gritando desesperadamente "Papá, Papá", parece-me que ele sentiu que tudo tinha sido esvaziado, de modo que não havia nada para resgatá-lo, e ele chamava o Papá e o pênis do Papá. E então, ao dar-lhe a sacola, foi quase como se você estivesse lhe dando mais, algum tipo de combinação de mamã-papá, algo que podia segurá-lo, e isso o fazia sentir que seu desespero e sua desorientação eram captados e contidos de tal modo que então havia um espaço dentro do qual ele podia brincar. É um pouco como o desespero que uma criança às vezes pode sentir quando a colocam para defecar no pinico, quando sente que está perdendo todos seus objetos bons e também os ruins – que seu interior está sendo totalmente esvaziado.

Terapeuta: No dia seguinte, assim que fechei a porta, embora continuasse a apertar minha mão, ele chorava e gritava: "Papá! Papá!".

Conservei a sacola de plástico aberta em meu colo. Ele continuou a chorar, mas, ao mesmo tempo, manipulava outra sacola de plástico, muito pequena e fina. Primeiro ele a coloca dentro da sacola grande e depois a tira – como se essa sacola pequena não pudesse ficar à vontade dentro ou fora da outra. Faz movimentos similares com o bonequinho que representava Matthieu.

Ele puxa meu dedo como querendo que eu me movimente. Não sei por que, mas me mantenho firme em meu lugar. Sinto que não devo falar; fico em silêncio, só "falo" por meio de sinais: Não... Não vou me mexer... Vou ficar aqui... E quanto mais tempo mantenho minha atitude, mas tranquilo Matthieu se mostra. Quando eu tentava falar, para "explicar", da melhor maneira possível o que Matthieu estava sentindo, ele ficava cada vez mais agitado. Agora ele olha para mim pela primeira vez, em silêncio, sem se mover, olhando fixo nos meus olhos. E eu tento responder a esse olhar com firmeza. Parece-me que agora ele está completamente aliviado; e ele pega a pequena sacola fina de plástico e a amassa, como se quisesse me mostrar como ela é mole e moldável.

Depois, brincamos de "esconde-esconde" atrás da cama.

Quando sinto que ele está suficientemente recuperado do choro, eu me levanto, pego um lenço de papel e limpo-lhe o rosto; ele não oferece resistência. Ponho o lenço de papel no bolsinho dele e torno a me sentar. Mas Matthieu, depois disso, olha para mim com total espanto. Tira o lenço de papel do bolso e limpa o nariz outra vez. Esfrega o lenço no queixo e olha para mim como se quisesse me mostrar que eu não me ocupei suficientemente dele; ele vai me mostrar como é que se deve limpar o rosto de crianças que choram. Então, rasga o lenço e o aperta com a mão.

92 VIDA ONÍRICA

Donald Meltzer: Temos aqui um indício de como estão intimamente unidas suas experiências emocionais e, portanto, como ele confunde com facilidade sua parte superior com a inferior. Limpar a parte superior e limpar o traseiro praticamente não se diferenciam como experiências. Mais uma vez, defrontamo-nos com o problema de tentar entender por que você fez isso – por que lhe limpou o rosto. Entendo por que você não falou e por que aguardou. Acho que você sentiu que havia chegado a um ponto que constituía um compasso de espera, em que poderia aguardar que a ansiedade e o conflito dele se acalmassem – isso está claro, e você se manteve firme em sua posição. Mas por que você respondeu à brincadeira de "esconde-esconde" limpando-lhe o rosto é algo misterioso.

Martha Harris: Talvez seria o mesmo que responder cantando-lhe uma canção de ninar. Parece que, nesse momento, o falar é sentido como algo abrupto demais, masculino demais, impertinente demais – como se você estivesse respondendo a uma necessidade que ele sentia de alguma coisa que realmente o apoiasse, acolhesse e, por assim dizer, o envolvesse.

Donald Meltzer: A ansiedade inicial, expressa ao gritar "Papá! Papá!" parece ter diminuído quando o garoto começou a mostrar como a sacolinha de plástico era flexível, o que poderia significar que ele estava se acalmando. Isso sugere que, nesse ponto, ele confiava em você, que estava dizendo: "Veja como estou sendo condescendente. Agora é a sua vez de ser condescendente comigo; agora vai participar de uma brincadeira em que vai ser complacente comigo e ficar me procurando o tempo todo. Então vamos nos esconder alternadamente. Normalmente é você que desaparece, mas isso não é justo, temos que nos revezar... Eu desapareço, você fica ansiosa e me procura". Mas então você respondeu com o lenço de papel. Podemos imaginar uma situação comum entre uma mãe e um filho que estão, digamos, ao ar livre num parque, e o garoto faz uma pequena birra. A mãe consegue acalmá-lo e quer enxugar-lhe o rosto, mas ele sai correndo, rindo e querendo que a mãe corra atrás ele – e ela o alcança e lhe limpa o rosto. Algo equivalente aconteceu aqui. Então, teríamos que perguntar: Quando surgiu o impulso de limpar-lhe o rosto? Foi antes de ele começar o jogo de "esconde-esconde", ou a brincadeira despertou esse impulso em você? Teria sido depois? Você tem certeza? Então, temos que pressupor que o "esconde-esconde", de alguma forma, provocou esse comportamento.

Martha Harris: Será que você poderia dizer que o ato de lhe oferecer o lenço, limpar-lhe o rosto, enxugar suas lágrimas de depressão está ligado com a perda de seu objeto, com o Papá levando embora seu objeto, a porta sendo fechada? Brincar de esconde--esconde é brincar de perder e tornar a achar o objeto, pois é seu objeto que procura e não o deixa se perder.

Donald Meltzer: Talvez devêssemos retroceder ao que eu já disse antes sobre os processos de cisão. Possivelmente, essa sessão é dominada pelo conflito entre a relação ativa e a passiva que ele tinha com você, e o desejo de se alternar na passividade e da atividade. Também pode ter algo a ver, de alguma maneira, com o aspecto masculino e o feminino do garoto. Ambos o estão ameaçando; parece existir um desejo de identificação com cada um de seus pais alternadamente. Assim, esse comportamento com relação ao lenço de papel pode significar que ele a está acusando de confundi-lo quanto à diferenciação entre a parte superior e a inferior de seu corpo, como se estivesse dizendo: "Posso lidar com a parte superior de meu corpo; não preciso de você. Sua função é limpar o meu traseiro; isso eu não posso fazer sozinho".

Martha Harris: Eu me pergunto o quanto ele deseja que conversem com ele em vez de lhe fazerem coisas. Não se trata realmente de uma situação analítica, com interpretações apenas com palavras – você se vale de suas ações para isso. O garoto está tentando estabelecer a diferença entre a relação que tem com você e a relação que tem com a mãe, que não se ocupa nem se dá conta de suas necessidades da mesma forma; ela se ocupa do corpo dele.

Donald Meltzer: É possível que você tenha cedido a um impulso maternal, e isso foi sentido como algo que o confunde, impondo um tipo de conflito de lealdade.

Martha Harris: É como se ele estivesse dizendo: "Não, minha mãe é que me limpa. Sua função é me observar e me explicar com palavras, embora nem sempre consiga fazer isso...". Aquele olhar intenso poderia indicar que existe uma expectativa de que você vai entender alguma coisa a que ninguém mais dá atenção. Mas ele parece ser um garotinho que tem uma necessidade particularmente intensa de ser entendido, o que é notável, particularmente depois de ter sido colocado na creche com a idade de 3 meses.

Donald Meltzer: Seria mesmo de esperar que essa experiência tão precoce tenha atrofiado esse desejo. A ansiedade com relação a suas tendências passivas também pode ter agravado por suas primeiras experiências. A tarefa dos processos de cisão é fazer a diferenciação que esclarece e, portanto, tende a diminuir o conflito. Mas é claro que muitos experimentos com os processos de cisão têm o efeito de agravar o conflito. Por exemplo, se pensarmos em termos do conceito bioniano da função alfa que a mãe executa para a criança, o que ela faz é tomar a confusão da criança e ordená-la de uma forma que se preste aos processos de cisão com o propósito de diferenciar e diminuir o conflito.

Podemos imaginar isso de uma maneira plástica simples: quando se ajuda uma criança a montar um quebra-cabeça e ficaram sobrando duas peças, se elas forem dispostas com a estampa para cima, assim se encaixando de forma coerente nos lugares em branco, a criança será capaz de colocá-las no lugar. Mas quando as peças são viradas com a estampa para baixo, ela já não consegue encaixar as peças. Virá-las com a estampa para cima equivaleria à função alfa.

Martha Harris: Voltando ao seu desejo de ser entendido: muitas crianças sentem a necessidade, mas não tanto o desejo, pois estão tão acostumadas a terem suas necessidades satisfeitas que acham isso natural. Como afirmou Bukhovsky: "Nós, ocidentais, aceitamos como naturais a democracia e a liberdade, de modo que nem nos damos conta delas". Mas uma criança como essa, que ainda não tem esse tipo de compreensão, sente a carência de forma concreta e tem, nesse momento, o desejo de se fazer entendida; e já tendo tido esse tipo de relação, sente nesse momento que há um objeto compreensivo que deve lhe esclarecer as coisas.

Donald Meltzer: Nessa mesma linha de raciocínio, poderíamos ilustrar outro dos conceitos de Bion com relação ao que ele chamou de "Super" Ego – a figura que se apresenta como o superego, mas que só está interessada em demonstrar sua própria superioridade moral. Voltando ao exemplo do quebra-cabeça: um irmão mais velho não se limitaria a virar as peças, mas as colocaria em seu devido lugar. O menino mais novo teria um ataque de raiva, e o mais velho diria: "Não se pode fazer nada por ele; é um mal-agradecido!".

Fica claro que esta sessão é dominada pelo episódio do limpar o rosto, pois assumiu a significação de se ter limpado o traseiro da criança, que se estende até seus genitais e é vivenciada como masturbação.

Terapeuta: A última sessão sobre a qual vou informá-los ocorreu em 29 de abril deste ano.

Matthieu está no outro extremo da grande sala brincando com uma garotinha. Mathilde se aproxima de mim; seu rosto está sério. Matthieu a segue, mas ele não faz nenhum movimento agressivo contra a irmã e agarra minha mão com firmeza. Faz um pequeno movimento de retrocesso antes de entrar na sala das crianças. Ele não chora. Na pequena sala de jogos, logo pega o carrinho que está na sacola grande de plástico que contém os brinquedos. Ele esfrega o carro no aquecedor, nas rodas do berço e nos meus pés, como se quisesse descobrir o que impede o carro de deslizar sobre um objeto; no centro da roda o carro tem um eixo protuberante; também há protuberâncias nos objetos contra os quais ele empurra o carrinho. Ele o pressiona de maneira violenta contra as diferentes paredes da sala, como se quisesse descobrir os limites de seus movimentos. Sou obrigada a deter um pouco o carro, pois não podemos fazer barulho demais (a sala do diretor fica ao lado). Matthieu deixa que eu ponha a mão no carrinho, mas não gosta quando a coloco na mesma parte do carro onde está a dele e diz: "Não!".

Ele vira o carro e faz com que o volante arranhe o chão. Então, volta sua atenção para a grande sacola de plástico. Não a abre, mas a entrega a mim. Parece muito feliz quando seguro a sacola em meu colo. Ele a toma de volta. E a coloca em cima de minha cabeça. Ele a pega de volta e torna a dá-la a mim, e... parece que está tudo errado. Ele começa a chorar e a gritar furiosamente, porque o tempo está passando e não entendo o que ele quer que eu faça com a sacola. Se eu a seguro, está errado; se a devolvo a ele, está errado; se a coloco na cabeça, está errado; no chão... aberta... fechada...

nada está certo. Ele está no auge da raiva; de repente, urina no chão. Sua raiva cessa imediatamente. Ele parece um pouco espantado. Vou com ele buscar uma esponja. Uma das cuidadoras tira-lhe as calças. Eu volto e enxugo o chão. Então, pego um lenço e limpo-lhe o rosto. Ele não oferece resistência. Em seguida, brinca com o lenço quase até o fim da sessão. Ponho um lenço em seu bolso. Ele o tira imediatamente e o esfrega no chão, perto do local onde havia urinado um momento antes e onde eu tinha passado a esponja.

Depois vai até a janela e a limpa com o lenço. Volta e se põe na minha frente, limpando seu rosto com o lenço; passa-o no nariz, nos olhos e outra vez no nariz. Depois disso, aperta o lenço na mão, como quisesse juntar todos seus pedaços. Agora, depois de ter limpado o rosto, é o meu que Matthieu tenta limpar. Passa o lenço sobre meu nariz, minhas bochechas, minha orelha, meu anel (que também é uma protuberância e foi visto, numa sessão anterior, como equivalente a uma "caca" do nariz). Então, esfrega meus olhos e meus óculos; mas está particularmente interessado em colocar o lenço sob os meus óculos. Ele esfrega as palmas de minhas mãos. Acho que vai limpar a sala outra vez, mas, em vez disso, coloca-se diante de mim, aperta o lenço com a mão, coloca-o na boca e finge que o come, dando-lhe mordidinhas. Então, quer que eu faça exatamente a mesma coisa: que eu morda o lenço para engoli-lo.

Essa série de movimentos é repetida um grande número de vezes. Mas me é difícil, quando ele está "trabalhando" no meu rosto, entender se quer limpá-lo ou pôr coisas sujas em mim, de um modo invasivo. Por exemplo, tenta enfiar o dedo em minha boca de uma forma um tanto violenta. Caminha até a porta para limpá-la com o lenço. Então descobre que a unha de seu indicador direito pode fazer um barulhinho na moldura direita da porta, coisa que o deixa muito interessado. Ele passa a unha na moldura e fica ouvindo o ruído que produz. Agora tenta reproduzir a experiência que teve ao raspar a roda do carrinho contra o aquecedor no início da sessão para descobrir o que impede um objeto de deslizar.

Ele torna a me limpar o rosto e se interessa pelo pente no meu cabelo – mais uma protuberância.

Volta para a porta e então descobre que no lado esquerdo há uma moldura similar à do lado direito. Ele a arranha com o indicador esquerdo da mesma forma que fizera com o dedo direito no lado direito. De repente, desenha uma linha com a unha esquerda, da esquerda para a direita e da direita para a esquerda, entre os dois pontos que havia arranhado antes.

Mais uma passada de lenço em seu rosto e também no meu.

Então, senta-se no balanço. Esfrega um pouco o bumbum nele e estica as pernas no chão, diante de mim, com os olhos fixos. Há uma parede à sua direita, bem atrás dele, mas nada à sua esquerda, então põe o lenço do lado esquerdo do balanço com um ar de indiferença e o esfrega um pouco.

A certo ponto da sessão, não me lembro quando, ele me dá uma almofadinha. Então volta a se aproximar de mim, esfrega o nariz e, em seguida, a almofadinha, que está em minha mão.

Quando me dá o lenço, fica interessado em ver como minha mão o apanha. Quando pega o lenço de volta, fica muito feliz e interessado em ver como o pego de volta. Faz um movimento como se o estivesse guardando, para me mostrar que o objeto pertence efetivamente a ele, que eu posso desejá-lo, mas não o tenho.

No final da sessão, carrega o lenço com ele e o guarda na sala grande. Ele o tira do bolso e o olha. Está sentado numa cadeirinha. A cuidadora chega e coloca-lhe um babador. Ela limpa as palmas de sua mão. E quando lhe dá um pedaço de pão, Matthieu lhe dá o lenço.

Martha Harris: Nessa sessão, ele estava preocupado com o que impede o carrinho de rodar, as pequenas protuberâncias que se projetam para fora e que têm uma significação similar ao mamilo ou ao pênis. Repetidas vezes, ao longo da sessão, houve um entrar e um avançar, para subitamente se deter. Parece que, uma vez que o lenço lhe foi dado, ele tem um objeto na mão com o qual pode fazer todos os tipos de coisas que lhe deem uma sensação de domínio ou de poder.

Donald Meltzer: Parece que, ao limpar o bumbum da criança e secar o sulco entre as nádegas, chegou-se a seus genitais.

Martha Harris: Também é preciso levar em consideração a maneira pela qual ele não quis que suas mãos tocassem o mesmo ponto do carro em que estava a mão dele. Acho que ele sentiu que, se sua mão tocasse o mesmo lugar que ele estava segurando, você tomaria o carrinho dele – levando embora sua ferramenta, ou seu pênis.

Donald Meltzer: O que você acha do incidente com a sacola de plástico, e por que terminou com uma explosão de fúria e ele ter urinado? Isso quase parece uma ejaculação, não é mesmo?

Martha Harris: Quando ele estava com a sacola de plástico, que queria manter aberta, imagino se desejava um lugar para colocar seu pênis. Mais tarde você disse que não sabia o que ele estava tentando fazer com seu rosto, se estava tentando limpá-lo ou pôr coisas sujas nele, e que ele enfiou o indicador em sua boca, como se estivesse procurando um local, um orifício, para colocar seu pênis. Quando pareceu tão assombrado depois de sua birra e se urinou – o que aparentemente o tranquilizou de imediato, talvez ele estivesse pensando: "Bom! Afinal consegui colocá-lo em algum lugar – ele saiu e entrou em algum lugar".

Donald Meltzer: Sim, acho que ele teve algo equivalente a uma experiência orgástica. Parece que houve algo como o início de uma relação fetichista com um objeto e, nesse sentido, está relacionado com o tipo de ações inadvertidas e de serviços maternais que geram apego a objetos transicionais. Parece bastante evidente que o menino investiu o lenço com qualidades que, na realidade, pertenciam à sua mão ao limpar-lhe o rosto.

Martha Harris: A pergunta é quando uma coisa dessas se torna um fetiche? Ela foi usada como forma de comunicar algo para o qual a criança não possui palavra e não consegue outra forma de expressão.

Donald Metzer: É como se a sensualidade tivesse suplantado o significado nesse ponto.

Martha Harris: O garoto faz muitas coisas com aquele lenço – limpa a janela, o rosto, esfrega o nariz, os olhos, dá o lenço a você e, então, no final, quando a cuidadora lhe dá um pedaço de pão, ele dá o lenço a ela. O menino atribui-lhe muitas qualidades. Penso que, antes que se possa fazer ideia de que ele estava começando a usá-lo de maneira fetichista, seria preciso estudá-lo por certo tempo. As crianças criam objetos transicionais que podem ser usados como fetiches, mas também podem ser usados como algo que lembra os objetos parentais ou como formas de comunicação com eles.

Donald Meltzer: Talvez Matthieu tenha vivenciado você como alguém incontinente, e isso o excitou.

Ainda na mesma sessão, o arranhar a porta com a unha do dedo, levanta a questão de que, ao limpar-lhe o rosto, você possa tê-lo ferido ligeiramente, pois esse incidente sugere que não só deu origem a uma resposta do tipo erótico, atribuindo a esse lenço uma significância de fetiche, mas também mobilizou uma espécie de erotismo sádico. Deveríamos considerá-lo como uma experiência transferencial. Ou seja, ele estava vivenciando com você algo que já acontecera muitíssimas vezes na vida dele, quando o estavam limpando, e nesse sentido, pode ter surgido no desenvolvimento rotineiro desse processo de limpeza e encontrado essa experiência particular para se expressar por meio dela. Ou também é possível que essa ruptura com sua técnica possa tê-lo empurrado em direção à transferência antes que se assentassem as bases para enfrentá-la.

Martha Harris: Parece que, de certo modo, ele não teve a sensação de que sua urina fosse limpa, mas absorvida por esse lenço/fralda do qual provém uma espécie de poder que o capacita a ser o mamilo que pode alimentar você como bebê. De certa forma, considera que a incontinência dele se transformou em algo no qual se cria o seio. Então, ele o coloca em sua boca; depois disso, já consegue entregar o lenço. Assim, ele agora se tornou alguém que alimenta, é um mamilo, um seio. Fico imaginando como, por volta do fim da sessão, ele devolve o lenço e se interessa em ver como sua mão o pega; ele toma o lenço de volta e fica feliz ao ver que você finge retomá-lo. Então, faz um movimento como se fosse

102   VIDA ONÍRICA

guardá-lo para mostrar que o objeto pertence realmente a ele, e que você deseja tê-lo porque não tem nada – visto que ele o tem, esse seio, esse mamilo. Isso se harmoniza com a ideia de que havia algo de fetichista nele.

O trabalho dessa terapeuta nos lembra a grande surpresa do mundo psicanalítico, quando Melanie Klein começou a trabalhar com crianças com apenas dois anos e meio de idade. Acho que o motivo disso foi que, embora Freud tenha afirmado que crianças pequenas têm conflitos emocionais, não se admitia que elas os elaborassem; elas apenas os tinham, e certos mecanismos de defesa eram postos em movimento com relação à distribuição da libido, das quantidades de ansiedade e assim por diante. O trabalho realizado por Melanie Klein com essas crianças foi fundamentalmente diferente do que fez Freud com o pequeno Hans, por meio do pai de Hans, do ponto de vista conceitual, já que isso era considerado tornar consciente o inconsciente. Quando o material do pequeno Hans ultrapassou a estrutura das teorias freudianas – por exemplo, o material relacionado com a viagem com sua irmãzinha na cesta da cegonha foi descartado como "caçoada".

Porém, até o trabalho de Melanie Klein com crianças pequenas foi tido como condicionado à capacidade da criança de falar e entender a linguagem. Muito trabalho foi desenvolvido desde então com crianças mudas e esquizofrênicos mudos, mas com todos esses pacientes sempre se presumiu que entendiam a linguagem. Também surgiu um conceito de comunicação não verbal, mas que não se distinguia de maneira clara do acting na situação transferencial. De maneira similar, o conceito de fantasia inconsciente proposto por Melanie Klein não é a mesma coisa que o conceito do pensar inconsciente. A fantasia inconsciente, bem como sua continuidade com o sonhar, supõe representações das realidades psíquicas concretas, de transações ocorrendo na realidade psíquica, no mundo interior. Dessa forma, diferencia-se bastante da definição freudiana do pensamento como ação experimental, experimentações destinadas a resolver problemas e conflitos sem precisar recorrer à ação no mundo exterior. No artigo "The two principles of mental functioning", ele escreve:

> *É provável que, em sua origem, o pensar fosse inconsciente, na medida em que transcendia as meras apresentações ideacionais e era dirigido para as relações entre as impressões dos objetos, não adquirindo outras qualidades perceptíveis pelo consciente, até que ficou conectado com os resíduos verbais... [O pensar] é essencialmente um tipo experimental de ação. (SE, XII, p. 221)*

O conceito de fantasia inconsciente formulado por Melanie Klein era diferente, pois não continha implicação experimental. Esta diferenciação entre pensamento, que Freud considerava estar absolutamente atado à linguagem e seu uso, e o conceito de fantasia inconsciente de Klein também nos remete às ideias de Freud a respeito do que são e do que não são os sonhos. Quando Freud fala de "pensamento onírico", ele afirma especificamente que não se trata de uma manifestação de atividade intelectual do sonhador. Tudo provém dos resíduos diurnos e é levado para o sonho como fragmentos de memórias do pensar e da atividade racional durante o dia. Em seu livro dos sonhos, ele afirma repetidamente que, no sonhante, não existe nenhuma atividade intelectual nem manifestação ou função de juízo. E, em concordância com isso, insiste que a linguagem que aparece no conteúdo manifesto do sonho é tirada do que efetivamente se disse ou ouviu durante o dia e é parte dos resíduos diurnos.

As ideias de Melanie Klein a respeito das fantasias inconscientes e do sonhar como fantasias inconscientes que se prolongam durante o sono provocaram uma grande mudança nas concepções do sonhar, mas este continuou a ser algo muito diferente do pensar, pois não tinha, no sentido freudiano, nenhuma função de ação experimental nem de solução de problemas; segundo ela, tampouco existe, no sonhar, alguma atividade intelectual com função de julgamento.

O trabalho com Matthieu assemelha-se bastante ao trabalho desenvolvido com crianças autistas. Pressupunha-se que essas crianças não entendiam a linguagem adequadamente, e boa parte da comunicação com elas, embora muita conversa fosse utilizada, era realizada por meio da ação e da inação. Assim, boa parte da comunicação era não verbal, em seu sentido mais estrito.

Não é possível ouvir esse material – tanto a descrição do comportamento da criança quanto a da terapeuta –, sem se chegar ao convencimento de que o pensar, no sentido de ação experimental, está ocorrendo nos dois. Além disso, estão resolvendo conjuntamente problemas de representação simbólica num nível não verbal – no sentido de pré-verbal. O que tentamos no seminário foi transferir as comunicações para um nível verbal, com a finalidade de compreendê-las e comentá-las entre nós, os participantes.

O trabalho psicanalítico com pacientes adultos nos últimos anos, excluindo o trabalho de Bion, desenvolveu-se em uma direção muito linguística, em acordo com os avanços da filosofia e obtendo preciosos frutos. Não se obteve muito progresso na investigação do pensamento ou de suas perturbações, pois essas funções têm origem no nível pré-verbal. Esse fracasso parece ter suas raízes na falha em diferenciar os problemas de comunicação dos problemas do pensamento. Muitos desses avanços que, segundo se pensava, penetram nos problemas do pensamento, na verdade só se ocupam do problema de comunicação dos pensamentos e do pensamento que já estava em operação. De maneira similar, Freud cometeu o mesmo tipo de erro em sua atitude com relação às emoções, quando, ao se ater à ideia de Darwin de que as emoções eram, na essência, modos arcaicos de comunicação, não fez uma distinção entre a comunicação dos sentimentos e o significado dos sentimentos. Em "The two principles of mental functioning", ele prossegue:

> *Uma nova função foi agora atribuída à descarga motriz, que, sob o domínio do princípio do prazer, servira como meio de aliviar o aparato anímico dos acúmulos de estímulos e que executava esta tarefa por meio das inervações do interior do corpo (levando à mímica e à exteriorização do afeto).*
>
> *A descarga motriz agora era empregada na devida alteração da realidade, sendo convertida em ação. (p. 221, itálicos nossos)*

Assim relegando as emoções à tarefa servil de "aliviar o aparato anímico dos acúmulos de estímulos", ele os despojou de significado e os restringiu, por meio da "mímica e da exteriorização do afeto", a uma função secundária como métodos primitivos de comunicação. Essa atitude está manifesta no que parece ser a mais extraordinária das teorias, aquela proposta por James-Lange, que sugere que a experiência subjetiva das emoções é consequência da auto-observação dessa mesma conduta; que uma pessoa na mesma posição que os demais, em relação às suas próprias emoções, observa seu comportamento e a partir dele elabora suas emoções.

O trabalho de nosso grupo de pesquisa com crianças autistas, os avanços de Esther Bick na observação de crianças e o desenvolvimento

106   VIDA ONÍRICA

da teoria bioniana do pensamento podem todos se unir para estabelecer uma diferenciação entre o pensamento e a fantasia.

Uma das implicações disso é que os sonhos são experimentos; que os sonhos trazidos pelos pacientes à análise por vezes são bem-sucedidos e por vezes são malsucedidos – mas nada no sentido que tinha para Freud, pois este achava que um sonho bem-sucedido mantinha o sonhador dormindo e que um sonho malsucedido o despertava. Sugiro que se usem esses termos no sentido de que um sonho bem-sucedido resolve o problema, enquanto um sonho malsucedido não o faz.

A obra de Bion baseia-se no pressuposto de que existe uma experiência emocional, sobre a qual se pode pensar se certas operações ocorrerem. Não só a experiência emocional é para ele anterior aos pensamentos, mas Bion também situa os pensamentos anteriormente ao pensar – e descreve o pensar como a manipulação dos pensamentos. Esse parece ser o avanço revolucionário da obra de Bion, que nos tornou possível pensar sobre o pensar. Antes dessa postulação da cronologia da experiência emocional (a ideia de que os pensamentos podiam ser gerados a partir dela e que o pensar só podia ser executado com esses pensamentos), não era possível pensar sobre o pensar. Tendo dado esse passo do estabelecimento da cronologia, Bion pôde dar o passo seguinte, aplicando as descobertas de Melanie Klein (particularmente a descoberta da identificação projetiva e os processos de cisão) não apenas às estruturas mentais como ela havia feito, mas também às próprias funções mentais. Esses dois aspectos – a cronologia dos processos do pensar e a aplicação dos mecanismos esquizoides às funções mentais discretas – são a base sobre a qual se construiu toda a obra de Bion.

Uma das grandes dificuldades de se compreender a obra de Bion está na capacidade de concebermos mentalmente a cisão e a projeção de funções mentais isoladas. Tudo fica mais fácil se lembrarmos que, ao descrever a coisa fundamental, a experiência emocional, a palavra "emocional" se situa na principal posição. Pois é na emoção que reside a possibilidade de significado extraída dessa experiência. Seu próximo passo foi tornar a conceitualizar a relação bebê-mãe de acordo com base nisso. Segundo o modelo de Melanie Klein – que não se expressa de maneira explícita, mas apenas implícita –, as funções da mãe para o bebê eram basicamente de dois tipos: os serviços que o bebê não conseguia executar sozinho e a modulação da dor mental da criança. Pressupunha-se que, na medida em que a dor mental do bebê fosse mantida dentro de limites toleráveis, seu desenvolvimento mental ocorreria, e que esse desenvolvimento era, num certo sentido, um tipo de sequência biologicamente programada de eventos na esfera mental, igual à que ocorria na esfera corporal. Nesse sentido, os conceitos de desenvolvimento de Melanie Klein não são fundamentalmente diferentes daqueles de Freud/Abraham com relação à sequência do desenvolvimento das zonas erógenas. É bem verdade que se situam num contexto diferente, mais significativo, no mundo interior e se lhes é atribuída maior concretude. Entretanto, no que se refere aos processos de desenvolvimento, são biologicamente determinados, e não apenas ditados pela *necessidade lógica*. As ideias de Bion a respeito do desenvolvimento da mente são substancialmente diferentes; neste sentido, sua teoria é muito *epistemológica* – a mente é vista como algo que se desenvolve com base na aquisição de conhecimento, conhecimento de si e conhecimento de seus objetos, internos e externos. Poder-se-ia dizer que, segundo Bion, o processo de desenvolvimento extrapola para a sabedoria, da ignorância para a sabedoria, enquanto o conceito de desenvolvimento de Klein vê a mente como algo que evolui da desintegração para a integração – um conceito bastante estrutural. Por sua vez, o conceito freudiano de desenvolvimento é primariamente psicossexual,

108   VIDA ONÍRICA

vendo a migração das zonas erógenas para a boca e a genitália. Embora outros autores, como Erik Erikson, tenham apresentado uma forma mais aperfeiçoada do conceito ao falarem das zonas e dos modos de relação, ele permanece o mesmo; um movimento geral que parte da oralidade e dos modos de relação possíveis com base na oralidade, em direção à genitalidade e às modalidades de relação possíveis com uma base genital.

Parece-me que essa história do pensamento psicanalítico pode ser aceita como substancialmente correta. A descrição dos feitos por Freud/Abraham realmente ocorre, e as superimposições de Klein igualmente. O mesmo vale para o que foi desenvolvido por Bion a partir desta base. Contudo, a descrição que Bion faz do desenvolvimento mental atribui à relação mãe-bebê uma complexidade que se faz parcialmente ausente da obra de Klein e totalmente ausente da concepção de Freud/Abraham.

Poderíamos dizer que, nesses três diferentes níveis do desenvolvimento das ideias em psicanálise, a psicopatologia é concebida por Freud como consequência de uma experiência *traumática;* Klein a vê como resultado do insucesso dos pais na modulação da dor mental do bebê; Bion, por sua vez, propôs algo muito mais complicado, ou seja, a relação entre a mãe e o bebê em que a primeira realmente tem que executar funções *mentais* para o bebê, de modo que este possa, pela introjeção gradativa dessas funções em *seus objetos internos,* aprender a eventualmente executar essas funções *dentro de si mesmo.*

O material relativo a Matthieu oferece um exemplo perfeito do que Bion nos ensinou, se considerarmos que o ponto crucial desse material é quando a criança fica "assombrada" devido a terapeuta lhe limpar o rosto. O termo "assombrada" por ela usado é realmente uma descrição perfeita – é a palavra perfeita para o que Bion quer dizer com experiência emocional antes de ter sido trabalhada pela função alfa. A mesma palavra dever ser usada quando se traduz do hebraico o Livro judaico da lei quando afirma: "Fique junto aos moribundos, pois quando a alma vê o abismo, fica assombrada". Ou seja, ela vê a morte como uma nova e insuportável experiência – a alma nunca conheceu antes algo semelhante. Isso me parece ser a ideia que está por trás da descrição que Bion faz da experiência emocional, na medida em que uma determinada emoção nunca tenha sido antes experimentada e, portanto, não se dá conta imediatamente de seu significado. Para descobri-lo, ela tem que ser elaborada, mas antes é preciso encontrar um continente capaz de acolher essa experiência.

Não quero dizer com isso que Matthieu nunca tivesse sentido esse tipo de experiência mental, mas ele nunca a teve com uma pessoa que pudesse ajudá-lo a pensar sobre ela, a contê-la para ele. E, se observarmos a sequência de eventos que se passaram na sessão de 29 de abril, vemos a função alfa em operação; vemos a terapeuta tentando conter a projeção que Matthieu faz da experiência e executa a função alfa para ele. Essa sequência de eventos em que Matthieu parece propor a ela diferentes configurações é uma forma de tentar conseguir que ela desempenha a função alfa para ele, que dê a essa experiência, que o deixou assombrado, uma configuração ou forma sobre a qual ele possa pensar – por exemplo, a sequência em que ele colocava a sacola de brinquedos aqui e acolá, ou em cima da cabeça dela, para finalmente ficar cada vez mais frenético, até irromper em lágrimas e urinar, mais uma vez assombrado. Não creio que possamos evitar a impressão de que se trata de uma cena que poderemos ver repetidas vezes com qualquer criança muito pequena. Bion chama esse estado, em que todos os fragmentos dos pensamentos em potencial estão em torno de uma experiência emocional, de "a nuvem da incerteza". Ele o compara à peça *Seis personagens em busca de um autor*, de Pirandello (ele não menciona outra de suas fontes, *The cloud of unknowing*).

110 VIDA ONÍRICA

E também a define como o conteúdo tentando ser seu próprio continente, ou em busca de um continente. O que aconteceu com Matthieu e a forma como se desenvolveu, combinando com o fato de ter se urinado, é uma boa descrição para a "nuvem de incerteza" desses personagens em busca de um autor, aqueles fragmentos do pensamento incipiente em busca de um continente.

Bion parece entrever duas outras possibilidades se esses fragmentos do conteúdo não encontrarem um continente, ou seja, se a função alfa não for executada. Uma delas é que o estado de confusão penetra no corpo e se manifesta como distúrbio da função corporal; a isto ele chama de "pensamento corporal". Este contrasta com a capacidade de sonhar e lembra o conceito de Freud das emoções sob o princípio do prazer. A outra possibilidade é que o pensamento incipiente seja transformado em participação social de um tipo não pensante, ou seja, uma participação no grupo do pressuposto básico, a forma social não pensante. Esse *insight* é a mais aguda percepção que podemos ter da violência potencial de grupos de pressuposto básico. Se estivermos certos ao pensar que o fato de Matthieu urinar tem um significado orgástico, também estará certa a erupção de violência num grupo, e é por isso que a violência grupal tantas vezes tem a definida atmosfera emocional da perversão sexual.

5. Símbolo, signo, epítome e quintessência

Os modelos da mente com que os analistas trabalham em seus consultórios podem ser tão variados quanto esses profissionais, mas, com certeza, a grande divisão é definida pelo material básico com que se imaginam estar trabalhando, seja a energia psíquica ou o significado. Essa cisão é a que naturalmente leva os psicanalistas, em busca de suas metáforas, ciência natural ou teologia e a filosofia, encarnadas nos mitos e na literatura. Fica claro que Freud estava dividido entre esses dois procedimentos, usando um para suas teorias, e o outro para a descrição dos fenômenos clínicos. Num certo sentido, o mesmo se pode afirmar com relação a Bion, que usa um conjunto de metáforas derivado da matemática e da química, e outro da mitologia. No caso de Bion, contudo, não existe uma divisão do modelo da mente subjacente a suas teorias, exceto na forma de exposição. O que ele tomou emprestado da matemática ou da química são os modos de pensamento para se ocupar do modelo da mente que ele estabeleceu durante um período de vinte anos, um modelo destinado a pôr ao alcance do método

112 VIDA ONÍRICA

psicanalítico aquelas perturbações do pensamento tão patentes na esquizofrenia, mas que agora, com a ajuda de seu esquema, podem ser detectadas em formas mais leves em pacientes menos perturbados, inclusive, evidentemente, nós mesmos, os analistas, em nossos consultórios.

Este capítulo é devotado ao estudo das implicações do modelo de mente bioniano, para que possamos entender a formação do símbolo e seus vários defeitos, à medida que nos defrontamos com eles na prática analítica habitual, entendendo-se "habitual" como referente àqueles pacientes que nos dispomos a tratar com uma razoável expectativa de melhoria. Para alguns, isso pode até incluir a esquizofrenia, pacientes com perturbações orgânicas ou doenças psicossomáticas. Em poucas palavras, seu modelo é o seguinte: as impressões sensoriais das experiências emocionais devem ser trabalhadas por um aparato derivado da identificação introjetiva com o objeto primário (o seio materno), que pode organizar essas impressões em elementos alfa (não observáveis) a partir dos quais os pensamentos oníricos podem ser construídos; a vinculação dos elementos alfa é realizada por um fator dinâmico (amor, ódio ou conhecimento: A, O, C)[1] operando mediante um mecanismo composto de Ep↔D (posições esquizoparanoides e depressivas mais o fato selecionado, as posições tomados no sentido estrutural, e não econômico) e continente-conteúdo ($\female$ $\male$). Estes mesmos mecanismos e dinamismos também podem operar nos pensamentos oníricos para capacitá-los a crescer em complexidade, nível de abstração e sofisticação, bem como adequá-los para vários usos e combinações. Bion plasmou essa organização do pensamento seguindo o modelo da Tabela Periódica dos elementos químicos como de uma Grade dos "Elementos de Psicanálise (ou seja, os elementos do "pensar acerca das experiências emocionais").

---

1 Em inglês, L, H, K = Love, Hate, Knowledge [N. T.].

Isso inclui, evidentemente, a possibilidade de pensar a respeito do pensar sobre as experiências emocionais, ou seja, a investigação do método psicanalítico. A Grade foi construída por analogia (talvez imperfeita) com as dimensões do peso e da valência atômicos, nos eixos do "uso" e da "gênese" dos pensamentos, com cada eixo contendo certo grau de lógica interna.

É importante observar que Bion propôs um aparato "mítico", convidando outros analistas a dotá-lo de "significado" mítico para que sua utilidade pudesse ser eventualmente determinada na prática. Este modelo acabou por se impor à minha forma de pensar sobre os fenômenos clínicos, embora eu confesse nunca ter usado para uma "revisão meditativa" ou um "jogo psicanalítico". Contudo, um aspecto dele até bem pouco tempo me pareceu incompreensível, ou seja, a tentativa de Bion de imaginar como esse aparato do pensar podia passar a existir no indivíduo (ou na espécie). Vou citar sua descrição poética de maneira literal, para que não se perca nada de sua emotividade e beleza se eu a traduzir em minha prosa:

> *É tentadora a suposição de que a transformação dos elementos beta em elementos alfa depende do continente-contido e a operação da posição esquizoparanoide e depressiva (Ep↔D) depende da operação prévia continente. Infelizmente, esta solução relativamente simples não explica adequadamente os eventos ocorridos no consultório; antes que continente- contido possa operar, o continente tem que ser encontrado e a descoberta do continente depende da operação Ep↔D. É óbvio que, para considerar qual dos dois é prévio, continente-conteúdo ou Ep↔D, se afasta do problema principal. Vou supor a existência de um estado misto no qual o paciente é perseguido por sentimentos de*

depressão e deprimido por sentimentos de perseguição. Estes sentimentos são indistintos das sensações corpóreas e do que, à luz da posterior capacidade de discriminação, pode ser descrito como coisas-em-si-mesmas. Em suma, os elementos beta são objetos compostos por coisas-em-si-mesmas, sentimentos de depressão, perseguição e culpa, e, portanto, aspectos da personalidade unidos por um senso de catástrofe... Os elementos beta são dispersos; essa dispersão deveria terminar por $Ep \leftrightarrow D$ e um fato selecionado, a menos que o paciente procure um continente que obrigue os elementos beta a formarem o conteúdo. Os elementos beta dispersos, na medida em que buscam o continente, podem ser vistos como um protótipo abortivo de continente, um continente frouxamente estruturado como o retículo do doutor Jacques. Podem igualmente ser considerados como protótipo abortivo do conteúdo, um conteúdo frouxamente estruturado antes que seja comprimido para entrar no continente... Se os elementos beta dispersos não encontram nenhum continente (o modelo correspondente ao continente sendo, presumivelmente, o seio), os elementos beta dispersos, funcionando, como vimos, tal qual um retículo frouxamente entrelaçado (contido na busca por um continente) tornam-se, por assim dizer, mais ativamente deprimido-perseguidos e ávidos. (Bion, 1963, p. 39)

Ele prossegue:

Os mecanismos implícitos nesses fenômenos primitivos podem ser vistos, em sua forma mais simples, como $Ep \leftrightarrow D$ (ou fragmentação $\leftrightarrow$ integração) e *continente-conteúdo (ou expulsão↔ingestão) [...] Ep podem ser considerados como uma nuvem de partículas capazes de se agregarem, e D como objeto capaz de se fragmentar e dispersar. Ep, as partículas, podem ser consideradas como uma nuvem de incerteza. Estas partículas elementares podem ser vistas como se aproximando de uma partícula elementar, objeto ou elementobeta, um processo que é uma instância particular do movimento geral representado por Ep↔D. (p. 42)*

Antes de avançarmos para a nossa dissertação principal, e depois de termos apresentado como pano de fundo o modelo da mente de Bion como aparato para pensar, peço licença para apresentar outro preâmbulo. Hamlet está pedindo a Guildenstern que toque uma flauta doce:

GUILDENSTERN: Eu não sei tocá-la, meu senhor.

HAMLET: É tão fácil quanto mentir: coloque os dedos sobre estes orifícios, sopre-a com a boca, e ela vai produzir a música mais eloquente. Olhe, estes são os registros.

GUILDENSTERN: Mas não consigo fazer com que produzam música alguma; não tenho habilidade para isso.

HAMLET: Ora, veja que criatura indigna você faz de mim! A mim você quer tocar; parece que você conhece meus registros. Quer arrancar de mim o cerne de meu mistério; fazer-me soar da minha nota mais grave ao topo de minha escala; e há muita música, um som excelente, neste pequeno órgão; contudo, você não consegue fazê-lo soar. Por Deus, você acaso acha que sou mais fácil de tocar do que uma flauta? Pode me chamar do instrumento que quiser, embora possa dedilhar-me, não pode me tocar.

(Entra Polônio)

Deus o abençoe, senhor!

POLÔNIO: Meu senhor, a rainha quer lhe falar, e agora.

HAMLET: Está vendo aquela nuvem, quase do formato de um camelo?

POLÔNIO: Pela Santa Missa, parece mesmo um camelo!

HAMLET: Acho que parece mais uma doninha.

POLÔNIO: É, tem as costas de doninha.

HAMLET: Ou será uma baleia?

POLÔNIO: Lembra muito uma baleia.

HAMLET: Então irei ter com minha mãe, logo, logo.

(Hamlet, ato III, cena 2)

A questão levantada por esse diálogo é: por que a flauta não é um símbolo adequado para Hamlet, nem uma nuvem para Rosencrantz, Guildenstern e Polônio, enquanto uma doninha, um camelo e uma baleia reúnem os requisitos para simbolizar os três? A resposta para essa pergunta, em termos que respondam ao modelo de Bion, teria que satisfazer vários requisitos. Teria que definir as impressões sensoriais da experiência emocional que estavam sendo elaboradas, o fato selecionado sendo usado para harmonizar os elementos díspares da nuvem da incerteza, e a evidência de que Ep havia sido transformada em D (desintegração transformada em integração) para formar o elemento alfa ou o símbolo que possa ser vinculado (sob a ação dinâmica de A, O ou C) para formar uma narrativa, o pensamento onírico. Ao igualar o elemento alfa e o símbolo, estou seguindo uma sugestão de Bion de que os elementos alfa não são observáveis.

A questão é que a flauta não pode simbolizar Hamlet, sendo, portanto, um símbolo inadequado para servir como vínculo narrativo no pensamento de Guildenstern a respeito de como tratar com Hamlet, pois não dispõe do "âmago do mistério". A nuvem não serve como símbolo para Rosencrantz, Guildenstern e Polônio porque sua forma é mutante e insubstancial. Mas camelos, doninhas e baleias podem simbolizar os três, já que seu comportamento é visto por Hamlet como sub-humano: o pomposo Rosencrantz, o dissimulado Guildenstern e o pretensioso Polônio, que fala em nome da rainha, esquecendo que ela é a mãe de Hamlet. Se Guildenstern tem algo de doninha, este animal também tem algo de Guildenstern. O que isso quer dizer? Não se trata de uma "equação simbólica", para usar um termo de Hanna Segal. Essa seria a base de um sistema notacional, um hieróglifo; a doninha "representa" Guildenstern como num brasão de armas. Mas um símbolo não é um signo, é um recurso para intercambiar o significado, um recurso para ligar o que expressa uma congruência, mas implica um incremento de significado para os dois termos.

Ao afirmar que Guildenstern "parece" uma doninha, ou tem algo de uma doninha, Hamlet quis dizer que seu comportamento é sub-humano, sem ética ou valores. Mas também implica que as doninhas são como os cortesãos, escravos da monarquia de seus apetites, diferentemente de outros predadores, como, digamos, o leão. Um signo pode derivar sua utilidade capturando a quintessência da forma ou da função, ou ser estabelecido convencionalmente, com a finalidade da comunicação, como num alfabeto fonético. Ou um signo pode tomar seu significado de uma classe da qual é o epítome, como uma espada pode ser signo de todo tipo de armas possível. A flauta não é suficientemente congruente

118 VIDA ONÍRICA

em suas funções com Hamlet para servir como símbolo vinculado a ele. Uma nuvem não é suficientemente congruente em seu formato para servir como símbolo para camelos, doninhas ou baleias.

Voltemos agora à descrição que Bion faz da "nuvem da incerteza" buscando um continente. Vou apresentar um certo material clínico derivado da experiência de supervisão, usando-o para substituir o exemplo descrito por Bion do paciente que tentou usar os móveis do consultório como símbolos para o pensar, uma atitude que o analista achou ser inadequada para esse propósito, mas que, pelo menos, representava um avanço com relação a ter que manipular os objetos concretos do ambiente. Esta substituição não pode ser tomada como observação que confirma a utilidade da formulação de Bion, já que a observação não é minha. Trata-se apenas de uma forma direta de descrever o que penso ser o que Bion quis dizer e como consigo imaginar a aplicação de suas realizações no campo clínico.

Albert, um menino de 13 anos de idade, recebeu tratamento psicoterapêutico durante seis anos, dos quais pelo menos três foram com um terapeuta do sexo masculino. Suas habilidades sociais estavam severamente comprometidas, o garoto era ineducável e extremamente difícil de compreender, com a fala do tipo amiúde descrita como "escandida". O retardo de seu desenvolvimento parece ter sido sequela de uma primeira infância marcada por acentuado autismo. O primeiro ano de terapia foi realizado quase exclusivamente no divã, com ele pulando sobre os joelhos, rindo e falando sem sentido, enquanto se aninhava nas almofadas, beliscando-as e arrancando-lhes fios. Gradativamente, esta conduta se estendeu para a produção de desenhos que, a princípio, consistiam em linhas de checar (✓) ou outros signos simples. Mas no segundo ano, começaram a aparecer "assuntos" em seu discurso, particularmente o "assunto da eletricidade" e o das "torres transmissoras de eletricidade". Paisagens vagas e rapidamente desenhadas com torres começaram a tomar forma, e o jogo de palavras com "torre"[2] foi se avultando em seu comportamento, nas risadinhas no sofá e, por fim, na relação com o terapeuta. Por essa época, sua relutância inicial de comparecer às sessões e de se relacionar com o terapeuta foi lentamente sendo substituída por entusiasmo, impaciência e excitação. A interrupção pelas férias de verão de 1977 pareceu afetá-lo bastante, e no outono um novo "assunto" apareceu, o da "estrela de prata", vagamente associado a filmes de faroeste. Outro fenômeno também apareceu: sua insistência com o terapeuta para que lhe dissesse o que era "real". Isso foi seguido por uma nova tendência a fixar o olhar nos olhos do terapeuta ou, pelo menos, ficar olhando para ele e se sentir incomodado se o terapeuta afastava o olhar ou cobria os olhos com a mão, mergulhado em seus pensamentos a respeito daquele material incompreensível.

Sugiro que esse garoto estava em transição entre uma relação de bidimensionalidade e tridimensionalidade com seu terapeuta, e que o "assunto da estrela de prata" o pegou a meio caminho. De uma forma narrativa, num mito kleiniano-bioniano, o que se passou seria algo como: esse garoto é capaz de se relacionar com um terapeuta somente como um divã-mamãe sensual, cuja superfície está cheia de excitação-eletricidade. Mas também existem tantas outras crianças se empilhando sobre essa mamãe que nenhum outro objeto toma forma nessa vivência, cujo significado permanece como uma nuvem de incerteza em sua mente. Em sua busca por um continente para sua experiência, ele tenta usar o papel, mas acha que os retalhos de sensação são indiferenciados e não podem ser dispostos em nenhuma ordem significativa, mas somente arbitrário (as linhas com os sinais de √). Numa segunda tentativa, ele usa um de

---

2 O jogo, aqui, é a com a palavra inglesa "pylon", que significa "torre", mas que também soa como o verbo "pile on", que quer dizer "empilhar", "juntar" [N. T.].

120 VIDA ONÍRICA

seus sentidos, os olhos, para checagem e tentar criar um objeto no papel para funcionar como continente, mas esse objeto é composto por sua emoção (eletricidade), atividade (empilhar) e imagem visual (uma torre com suas pernas, corpo e braços segurando os cabos) que é mais como um retículo (a rede de vigas e cabos) que como um continente. Portanto, não consegue executar a função de comunicação, exceto como uma evacuação de confusão e ansiedade catastrófica. Mas, então, ele começa a notar que seu terapeuta existe na sala e emite certos sons regularmente, cuja ausência o deixou muito deprimido durante as férias de verão. Ele também notou que esses sons parecem ressurgir quando as duas estrelas de prata (os olhos do terapeuta) ficam visíveis, não se afastando nem sendo cobertos pela mão enquanto pensa. Esses olhos-estrelas de prata parecem, de algum modo, se ligar à insígnia no peito de alguma personagem dos filmes de faroeste, associada à lei e à ordem. Trata-se de signos da lei e da ordem e, portanto, deveriam se adequar como emblemas do "real", uma espécie de "selo de aprovação" para diferenciar a realidade (psíquica e interna) do delírio.

Nesse ponto do andamento da terapia, o garoto parece ter localizado um objeto mais promissor como continente que o pedaço de papel em branco funcionando como um continente de sua nuvem de incerteza. Ele é vivenciado como um detector da realidade, capaz de lhe propiciar um "pouco" de informação do tipo sim ou não, é ou não é real. Portanto, ele está em condição de usar o terapeuta como instrumento de aquisição da informação que seus sentidos não conseguem lhe oferecer, de maneira semelhante com qualquer cientista usa seus instrumentos. Mas ele não é capaz de usar um continente que possa assumir a função alfa. Para executar essa função, seria preciso um espaço interno que pudesse conter sua projetada "nuvem de incerteza" das "impressões sensoriais da experiência emocional". Assim, provavelmente estaremos certos ao afirmar que ele está olhando "para", e não "dentro dos" olhos do terapeuta.

Suas estrelas de prata são como as primitivas imagens dos céus dos astrônomos-astrólogos, composta por pontos brilhantes de corpos celestes como o arado, a ursa, o caçador etc. Enquanto eles, os antigos, se mantiveram fiéis a esse modelo dos céus, não puderam usar suas observações para pensar sobre o próprio firmamento nem sobre a relação da Terra com os céus; só conseguiram usá-las como tábula rasa sobre a qual projetavam imagens terrenas que, portanto, só podiam ter relações terrenas. Mas conseguiram que suas relações fixas fossem aplicadas à navegação.

Em *Explorations in autism*, particularmente no capítulo escrito por Doreen Weddell sobre Barry, encontramos uma extensa descrição deste mesmo tipo de transição da bidimensionalidade para a tridimensionalidade. Contudo, na época, não o relacionamos de maneira clara com a obra de Bion sobre o pensar, e por um motivo muito simples: ainda não tínhamos começado a entender sua obra, nem visto a imensa influência que ela já estava exercendo nos modos de pensamento e da capacidade de observação no consultório. Mas enquanto o trabalho de Barry representava uma descoberta clínica, esse relato sobre Albert só poderia reivindicar o status de exemplo mítico extraído da experiência clínica. Ainda resta verificar se, de fato, será seguido o caminho projetado para a tridimensionalidade e se resultará na esperada melhoria na capacidade do garoto para pensar. Estamos falando de *insights* que não podemos corroborar. Um deles, por implicação, é que Albert faz "torres", em vez desenhos de torres no papel. O que quero dizer com isto? Simplesmente que ele não "desenha" uma torre, ele desenha um padrão, uma cópia do esquema de vigas e fios referente a apenas um certo tipo de torre, não sendo essencial a todas elas, de modo que não consegue representar a quintessência do conceito de torre.

122 VIDA ONÍRICA

Consequentemente, poderíamos afirmar que Albert tentava criar uma torre no papel que servisse como algo concreto, uma coisa-em-si-mesma usando o papel como continente no qual ele poderia descarregar sua nuvem de incerteza da experiência emocional do conceito de torre, cuja realidade ele não conseguia determinar.

Assim, avançamos um pouco na diferenciação entre símbolos e signos de vários tipos, fazendo uma distinção entre a parafernália da comunicação e o equipamento do pensamento. Os símbolos constituem parte desse equipamento e representam objetos da realidade externa ou da psíquica, ou, ainda, as relações que se estabelecem entre elas – com a segunda não devendo ser confundida com as abstrações que representam relações: os signos matemáticos, por exemplo. Afirmo que a característica principal dos símbolos é que não podem ser entendidos em apenas uma direção, mas devem ser vistos como algo que enriquece as partes por eles unidas. Esse vínculo deve ser substancial, composto por sobreposição ou congruência em termos de forma ou função, talvez ambos, de preferência.

O jogo de Hamlet com Guildenstern e Polônio pode servir como útil introdução à dificuldade de Albert com a formação dos símbolos, mas o que devemos pensar da outra convergência nessas duas amostras de vida, ou seja, o desejo de Albert de encontrar meios de distinguir o que é real, e a afirmação de Hamlet de que tocar a flauta é tão fácil quanto "mentir"[3]. O *double entendre*[4] fica evidente, pois Hamlet pode estar se referindo a "fácil como jazer no túmulo", e também pode estar querendo dizer "fácil como mentir". Mas fica claro que existe uma descontinuidade entre sua pouco sincera descrição da técnica de tocar a flauta ("coloque os

---

3 No original de Shakespeare, Hamlet usa o verbo "lie", que tanto pode significar "mentir" como "jazer", "estar morto" [N. T.].

4 Em francês no original = "duplo sentido" [N. T.].

dedos sobre estes orifícios" etc.) e a real dificuldade de aprender a tocar o instrumento. Ao afirmar que é "tão fácil quanto mentir", ele também está demonstrando como é fácil mentir e, assim, por implicação, como é difícil dizer a verdade. Mas uma criança pode ver alguém tocar flauta e agarrar avidamente o instrumento para "pôr os dedos em seus orifícios", na vã esperança de produzir música. Não seria uma questão de mentira, mas uma simples falha da imaginação se a criança, ao solicitar o instrumento, afirmasse que sabia tocá-lo. Na medida em que a mentira é uma desfiguração da verdade, é essencial que a verdade seja conhecida e, ainda mais, que se saiba que se trata de sua correta representação. Como fica claro, a facilidade de mentir não é a de uma imaginação empobrecida ou de sua quase vizinha, a confabulação; a facilidade de mentir não deve residir no conhecimento da verdade, mas no dizê-la de uma forma desvirtuada. Isso também deve ser válido para a comunicação interna entre as partes do sclf e os objetos, como é igualmente verdadeiro com relação à comunicação externa.

Será que nosso estudo de Hamlet e Albert realmente nos leva na direção da exposição das estruturas internas das mentiras? É claro que não podemos atribuir-lhes apenas a qualidade de conter uma desinformação do tipo "a Lua é feita de queijo verde". Isto poderia ser uma mentira na boca de uma criança mais velha para uma mais jovem, mas nunca poderia ser uma mentira na boca de um astronauta que volta à Terra. Por quê? Por que Hamlet não pode ser enganado por Guildenstern nem intimidado por Polônio? Evidentemente porque eles não estão suficientemente próximos da verdade para conseguir credibilidade. E que relação tem isso com a descoberta por Hitler do poder de uma grande mentira, da qual apenas uma pequena parte pode conseguir crédito para realizar sua tarefa? Estou sugerindo que a credibilidade de uma mentira não depende de sua relação quantitativa com a verdade, mas de sua congruência estrutural ou congruência funcional, como os símbolos.

124   VIDA ONÍRICA

Em outras palavras, uma mentira deve representar falsamente a verdade empregando pseudossímbolos (a nuvem de Hamlet). Uma vez aceita a simbolização, a quintessência nas relações descritas é ampliada. A representação dos judeus como ratos, feita por Hitler, a representação dos homens de cor como sub-humanos pelo racista e a classificação das pragas pelo fazendeiro, todas implicam valores e, consequentemente, ações. O problema da detecção das mentiras reside justamente nessa área sutil, a da detecção da congruência dos itens simbolicamente vinculados. A flauta não possui o "cerne do mistério" de Hamlet, ela é essencialmente disforme, não tendo assim nenhuma relação simbólica com camelos e doninhas, da mesma forma que a Rainha com a mãe de Hamlet. Eles não pertencem meramente a diferentes sistemas, mas ocupam posições incongruentes em seus respectivos sistemas. O "cerne do mistério" em Hamlet existe em sua vontade, em sua capacidade de decisão e em sua incapacidade de empregar sua capacidade. A flauta não tem esse mistério; este deve ser encontrado na música, e não no instrumento. De maneira similar, o sistema em que Gertrude é a Rainha e exerce um poder derivado de muitas fontes é bastante diferente do sistema em que ela é mãe de Hamlet e abriu mão do poder derivado de sua relação com o pai dele. A Rainha é um ritual e um papel político; a mãe é uma relação íntima. Para Hamlet, elas não conseguem ter uma relação simbólica mútua, como seria o caso para muita gente, pois as duas contam com pouquíssima congruência funcional na mente dele.

Agora vamos examinar outro fragmento clínico também fornecido por uma supervisão. A terapeuta está tratando um menino de sete anos de idade que apresentou um autismo moderado no início da infância, do qual agora está se recuperando, depois de três anos de tratamento, com os dois primeiros a cargo de outra jovem terapeuta. O comportamento bizarro de Charles quase cessou, e seu relativo mutismo deu lugar a uma atitude argumentativa em que se revelou uma surpreendente capacidade para intrigas destinadas a obter da terapeuta a promessa de "não alimentar outros bebês". Seus ataques a ela por negar-se a ceder às suas exigências tinham o significado de destruir a integridade do seio, dando origem ao "seio vulcão", que ele exprimia em desenhos, um modelo como objeto de perversa excitação e mistificação. Em sua capacidade de persuadir, ele apresenta um uso rebuscado da linguagem reminiscente do caráter "selvagem" de seus anteriores estados de retiro. Quando sua lógica é refutada ou sua bajulação é rechaçada, ele explode em palavras obscenas e cusparadas. Uma forma de manifestar seus ataques é quebrar a cobertura de uma caneta hidrográfica tirar o reservatório de tinta e usá-lo para desenhar, argumentando que, de uma vez que a função do objeto foi preservada, ainda se trata de uma caneta hidrográfica e que, portanto, nenhum ato essencialmente de destruição ocorreu. É preciso que a terapeuta mostre que a função do objeto não foi preservada, como mostram as manchas nos dedos dele e a má qualidade de seus desenhos. Então, ele cospe. A lógica é a de um inquisidor que argumenta que a queima do herético realmente salva sua alma imortal e expulsa o demônio que o possuía por meio de seu corpo irrelevante.

Se levarmos em consideração que a ponta da caneta hidrográfica representa o mamilo, e a cobertura, com seu reservatório de tinta representa o seio, podemos afirmar que se trata, num certo nível, de um objeto adequado para o seio e o mamilo, como objeto combinado, no que concerne aos mecanismos do fluxo do leite, mas como o que está sendo representado também é a função psicológica, o estabelecimento de objetos no mundo interior (os desenhos) é inadequado. Os desenhos poderiam ser uma descrição adequada da situação interior de Charles ou talvez de suas fezes, sob certas circunstâncias, e a caneta hidrográfica, portanto, poderia representar a função mecânica de seu reto e ânus. Se a caneta fosse um

126 VIDA ONÍRICA

instrumento pelo qual a terapeuta representasse suas interpretações sob forma gráfica, ele poderia ter sido um símbolo adequado do seio nesta relação. Na medida em que a terapeuta lhe ofereceu a caneta para que a usasse durante a terapia,esta poderia representar o seio. Assim, seria a caneta "dela", e não a de Charles, que estava sendo destruída e a questão de ele usá-la de maneira não consonante com as intenções dela e sem o consentimento dela seria uma questão crucial. De fato, o debate quanto à propriedade dos brinquedos foi um tema chave há algum tempo, com especial referência à questão de ele levar um boneco para casa. Seria roubo se ele o fizesse sem consentimento da terapeuta?

É evidente que a extração do reservatório da caneta e a promessa de não "alimentar outros bebês" estão intimamente ligadas por meio da fantasia de a mãe lhe permitir a remoção do mamilo do peito. Isto estaria ligado com o roubo do boneco, que Charles justifica com o fato de ele também poder alimentar os bebês. Se a análise é realizada por meio da conversa e deve se equiparar à nutrição da mente de um bebê, ele também pode falar, talvez até mais que a terapeuta. Se, para ela, os desenhos dele têm tanto significado quanto as conversas, então seus desenhos também podem alimentar bebês, já que o equipamento é "dele". Guildenstern estaria pedindo a Hamlet que lhe desse a flauta alegando que teria tantos dedos quanto Hamlet para "colocar sobre os orifícios". Esta lógica é adequada de uma vez que a premissa de a caneta é símbolo adequado para o seio (mente) da analista é aceita. Mas já afirmamos que a caneta seria um símbolo adequado para a estrutura mecânica e a função do seio e do mamilo, mas não para sua função psicológica, na medida em que a situação de alimentação envolve contato e intercâmbio entre a mãe e o bebê, mente-a-mente. Hamlet não poderia se queixar se Guildenstern estivesse aprendendo a enganá-lo como modo de entretenimento, da mesma forma que não poderia pedir à flauta para aprender a tocá-la. Essa seria uma situação em que o "âmago do mistério" em Hamlet seria suficientemente reconhecido e equiparado ao "âmago do mistério" na composição ou na interpretação musical. Mas Charles, a serviço da desfiguração, desvia sua argumentação do nível psicológico para o mecânico. Poder-se-ia dizer que seu método de desfiguração possui a estrutura interna de um paradoxo, empregando diferentes níveis de abstração para criar uma aparência de relação congruente (Russell).

Fica fácil de ver que, ao abordar a formação do símbolo a serviço da representação da verdade, e a formação do antissímbolo a serviço do falseamento da verdade, estou seguindo a sugestão de Bion de que as mentiras deveriam ser representadas em seu esquema não como Coluna 2, mas como forma negativa de toda a Grade. Isto tornaria possível que as mentiras fossem sendo construídas em vários níveis do pensamento e servissem para vários usos. O exemplo da argumentação de Charles com respeito à caneta hidrográfica não pareceria ter seu ponto de partida na verdade no nível da função alfa, a criação do próprio símbolo, mas no nível do pensamento onírico ou mítico em que estava sendo empregado, primeiro para representar um sistema mecânico e, posteriormente, um sistema psicológico. Em termos da Grade, teria sido elevado primeiramente ao nível de abstração, que era um conceito das relações mecânicas (coluna E), mas depois seria tratado como parte de um sistema científico dedutivo (coluna G).

Então, aonde Hamlet, Albert e Charles nos levaram? Tentei concentrar a atenção na formação do símbolo de várias maneiras: reconhecendo-a como item essencial do equipamento do pensamento diferente de vários recursos de notação e classificação, considerando-os como uma parafernália da comunicação interna e externa; tentando examinar a estrutura interna das vinculações simbólicas e afirmando que são produto de um ato criativo cuja essência jaz no discernimento da superposição ou da congruência

128   VIDA ONÍRICA

de estrutura ou função, ou ambas. Sugeri que é essencialmente criativa, pois a vinculação enriquece o conteúdo do significado das duas partes. Este processo de descoberta da congruência foi elaborado em termos do modelo bioniano da nuvem de incerteza de partículas dispersas em busca um continente no qual o mecanismo das posições esquizoparanoide e depressiva (desintegração--integração) podem organizar as partículas em torno de um fato selecionado por meio do dinamismo do amor (A), ódio (O) ou conhecimento (C) para produzir elementos alfa (símbolos que podem ser usados para a vinculação em forma narrativa como mitos) ou elevados a níveis mais altos de abstração e sofisticação. Bion sugere que, quando esses elementos do pensamento são unidos a partir de diferentes níveis de desenvolvimento para incluir sensações (elementos alfa), mito (coluna C) e paixão (que ele define como o desejo de construir um sistema científico dedutivo), produzem-se moléculas de pensamento que são os objetos principais do estudo psicanalítico. Tendo tudo isso como base para a conceitualização da formação do símbolo como o primeiro passo para representar a verdade, e assim pensar sobre ela, tentei examinar os métodos de formação de falsos símbolos ou, talvez, de antissímbolos, da forma como as estrelas de prata de Albert seriam símbolos inadequados e funcionam como signos. O material de Charles foi usado para sugerir as formas como esta teoria do pensamento poderia ser usada para a detecção da estrutura interna das mentiras, entendendo-se por mentiras simplesmente uma falsa representação para produzir uma tergiversação da experiência emocional sobre a qual se está pensando.

Agora podemos voltar nossa atenção para a difícil tarefa de definir o elemento de congruência, em termos da forma, da função, ou de ambas, que deve unir entre si os dois lados de uma relação simbólica com outra para estabelecer a possibilidade de um "intercâmbio" entre elas. Bion nos forneceu um modelo experimental do cadinho em que esta união de elementos pode ocorrer, o modelo continente-conteúdo, o dinamismo das posições esquizoparanoide e a depressiva, mais o fato selecionado, bem como a vinculação positiva do amor, ódio ou conhecimento para acender a combinação. Realmente, trata-se um modelo muito químico, mas serve às nossas atuais necessidades com sua origem num tipo particular. Vou apresentar um exemplo clínico para servir como base para discussão.

Um homem de uns 40 e poucos anos estava enfrentando a aproximação da interrupção de Páscoa, numa atmosfera que era um misto de expectativa e insatisfação, pois o final de sua análise chegaria com o verão. Na sessão de sexta-feira, logo no início da manhã, ele expôs quatro imagens oníricas distintas: *1) um caminho de pedregulhos, recém-aberto, apresenta três mudas de aveleiras no centro; 2) um belo casal de jovens está ajoelhado numa manjedoura diante de um jovem tomateiro com dois galhos e um tomate em cada extremidade, brotando de uma sacola de plástico para mudas; 3) no laboratório de anatomia, uma mulher, sua analista, mostra-lhe um torso feminino com o qual deseja manter relações sexuais, mas não consegue se animar a fazê-lo; 4) ele está deitado numa cama quando um homem magro e alto, com 51 anos de idade, entra e se deita atravessado sobre ele; ele fica paralisado, de modo que ele não pode tirar o homem de cima dele.*

Fica muito claro que o mais óbvio denominador dessas imagens é a figura da crucificação, e denominador comum emocional mais óbvio é a paralisação da vontade. Mas a imagem de Jesus e o estado emocional do paciente, sentindo-se incapaz de se opor aos feriados de Páscoa ou o término da análise, ambas as coisas fortemente ligadas com o evento do nascimento de sua irmã mais nova quando ele tinha 4 anos e meio de idade, relacionam-se entre si de diversas formas. Assim, poderíamos afirmar que a congruência de

130 VIDA ONÍRICA

seu estado emocional com a imagem, e não com o estado emocional, da crucificação, foi representada de quatro formas diferentes. Será que isso nos oferece a oportunidade de examinarmos a natureza da própria congruência? Vamos examinar o fundo associativo das quatro imagens, para ver se isso nos leva a algum lugar.

a) Ele gosta muito de caminhar e pertence à associação local que mantém as trilhas abertas. A que aparece no sonho parecia mais uma trilha de floresta ou coberta de cascalho, e o paciente assinala o jogo de palavras. Vamos supor que é a vagina de sua mamãe que deve ser mantida aberta, livre da genitália do papai ou de novos bebês. Ele igualmente assinala o jogo de palavras entre mudas e aveleiras[5].

b) Em sua puberdade, ele teve um período religioso e ainda flerta com ideias um tanto místicas sobre a aparição de espíritos (seus pais estão ambos mortos). Ele está se tornando um jardineiro habilidoso, como seu pai, e durante a análise, passou de uma relação distante para uma mais próxima com seus dois filhos. A diferença de idade entre eles é similar à dele próprio com a irmã.

c) Ele está a ponto de voltar para casa depois de um período de afastamento de sua esposa, que começou com o nascimento da filha e durante o qual ele atuou a sedução infantil de sua irmã. Recentemente, sua lascívia foi desviada para clientes femininas mais atraentes, mas tem estado sob controle. A atração sexual pela esposa, em longo recesso devido à maternidade, está voltando lentamente.

d) A idade de 51 anos talvez esteja relacionada com sua caneta, uma Parker 51, que não funciona muito bem. Ele está preocupado com uma continuada aversão a ler e escrever, duas coisas

---

5 A palavra "mudas", as plantas novas, remete aos bebês; "avelã", em inglês, é hazelnut, e o plural nuts também é a palavra chula para "testículos", assim remetendo à genitália do pai [N. T.].

essenciais para o seu trabalho profissional. Mas ele também gostaria de poder escrever de uma forma mais criativa a respeito de seus interesses especiais (*hobbies*).

O primeiro ponto a chamar nossa atenção é que as quatro imagens oníricas parecem estar associadas a quatro diferentes áreas de sua vida: vida ao ar livre e estudos naturalistas; religião e misticismo; vida doméstica e sexualidade; estudo e escrita criativa. Isto sugere que as quatro áreas foram todas contaminadas por uma significação infantil, estando, portanto, sujeitas à ansiedade, ações irracionais, entusiasmos irracionais e inibições adversas. E também é verdade que a descrição sob forma de desenhos dos processos infantis na transferência analítica esclareceu todas essas áreas de sua vida. Mas, de maneira similar, o final da análise que se aproxima também ameaça o reestabelecimento dessas contaminações de seus interesses adultos, atividades, relações íntimas, trabalho e prazeres. O ciúme do "novo bebê" parece estar se intensificando, e o vemos lutando contra uma nova erupção de sexualidade sádica, com o sentido de matar o novo bebê, talvez, em particular, um novo irmãozinho. Essa tendência criminosa pôde ser cinicamente disfarçada como proteção da mãe (sem dúvida, o caminho de pedregulhos), ou idealizada como o devorar prazeroso dos tomatinhos ou erotizada como perversão necrofílica, ou mesmo disfarçada como identificação e inibição.

Assim, poder-se-ia afirmar que temos diante de nós quatro relações simbólicas, cada uma delas ligada a uma faceta diferente da situação emocional envolvida na interrupção pelo feriado e o término de sua análise. Cada face encontrou um modo de representação sob forma simbólica e por trás dessas vinculações, claramente se divisa a imagem da crucificação. Portanto, poder-se-ia dizer que o que essas quatro vinculações simbólicas possuem em comum seria uma indicação da área de congruência entre o estado emocional

132 VIDA ONÍRICA

e sua representação simbólica? Em caso afirmativo, a imagem unificadora da crucificação que pode ser discernida por trás da comunidade de símbolos representaria algo equivalente a um primeiro diferencial do cálculo matemático, a inclinação da curva simbólica, por assim dizer. Cada símbolo parece ter sua própria validade, com referência à faceta particular da experiência emocional que tenciona representar e, assim, enriquecer. Considerados em conjunto, os quatro demonstram a natureza da área de congruência, assim revelando, de modo surpreendente, uma indicação da função criativa, como o acasalamento dos dois membros de cada par produz algo que revela o significado de ambos para além do que a vinculação declara abertamente e, no nível superior da abstração, talvez de generalização. De qualquer um deles, um analista experiente, diante da perspectiva do feriado de Páscoa, poderia ter inferido a imagem subjacente da crucificação, mas se tomado em conjunto, o fenômeno torna-se inconfundível. Eles estabelecem referências mútuas, "determinam" a área de congruência e revelam seu conteúdo. É um exemplo do que Bion chamaria de teste da realidade pela multiplicação de vértices.

Proponho agora que façamos um exercício para verificar se podemos enriquecer nossa compreensão da formação do símbolo praticando a formação dos símbolos para representar esse processo, ou seja, suas primeiras derivadas. É até de se esperar que essa série, como os quatro sonhos do meu paciente, se preste ao discernimento de uma segunda derivada, assim nos aproximando mais do cerne do mistério, enquanto demonstra algo do significado essencial desses conceitos como "nível de abstração" por meio de métodos não abstracionistas.

Consideremos, por exemplo, as escalas e os círculos cromáticos: poderíamos contrastar a mistura dos pigmentos com a multiplicação dos filtros? Imaginemos o círculo cromático com seus discos azul e vermelho sobrepondo-se para formar uma zona púrpura. Agora imaginemos uma tela em que se projetou a luz resultante dos dois discos sobrepostos, de modo que o disco vermelho e o azul deem lugar a uma zona negra em que a luz passou através dos dois filtros. Poderíamos considerar que o primeiro caso representa o processo pelo qual os significados se acoplam, e sendo caricaturado por um processo de extração sucessiva do significado, no segundo caso?

Consideremos o campo da genética: o interesse inteligente do homem permite que os animais superem a rigidez de seu acasalamento e do comportamento do grupo para produzir novas raças de criação mais fácil. O acasalamento resultante da louca paixão inspirada por Zeus, transmutado em touro, na rainha Pasífae produziu o Minotauro; a combinação de imensas quantidades de urânio gera violência e, por sua vez, a radiação resultante produz monstros.

Consideremos agora a beleza das paisagens de Gloucestershire,[6] onde a remoção das pedras criou, ao mesmo tempo, bons campos de cultivo e belos muros, celeiros e casas; comparemos a consequência do cercamento[7] e das "limpezas"[8] da Escócia, em que a cobiça dos senhores de terra levou os camponeses ao exílio, enquanto a pastagem de ovelhas e a derrubada de florestas para a produção de carvão para alimentar a indústria do aço do sul da ilha resultaram em erosão, brejo e tojo.

---

6 Condado do sudoeste da Inglaterra, com sede em Gloucester. A região tem belas paisagens e uma intensa atividade agrícola [N. T.].

7 Em inglês, enclosure é o ato de se apropriar de terras instalando cercas ou outras barreiras por grandes senhores. Ocorreu na Inglaterra particularmente nos séculos XII e XIV, para retornar nos séculos XVIII e XIX, provocando um êxodo para as grandes cidades, assim fornecendo mão de obra barata para a nascente Revolução Industrial [N. T.].

8 Em inglês, clearance é o ato de "limpar" a terra, ou seja, apropriar-se dela. Ocorreu nas Terras Altas da Escócia nos séculos XVIII e XIX, com a remoção, amiúde pela força bruta, de camponeses pobres, para aumentar as áreas de pastagem para ovelhas [N. T.].

6. A vida onírica: o teatro gerador do significado

Avançamos bastante em nossos capítulos preliminares, nos quais analisamos as bases históricas para uma nova teoria dos sonhos, o problema epistemológico relativo à evidência da vida onírica, os fundamentos para considerarmos o sonho como uma forma de pensamento inconsciente que equivale às ações e ao brincar dos bebês e crianças pequenas, uma teoria do simbolismo que ocorre no cerne do processo do pensar sobre o significado de nossas experiências emocionais e, por fim, um esboço da teoria da metapsicologia ampliada, que nos sirva de base para examinarmos seus vários componentes com maiores detalhes.

Vamos começar com um determinado material ao qual possamos retornar à medida que avançamos. Lembremos os quatro sonhos da "crucificação": a trilha limpa, mas com as mudas de aveleira; o jovem casal adorando seu tomateiro; a necrofilia inibida; e a paralisia do senhor Parker 51. Vamos acrescentar a essa série um par de sonhos de um rapaz em análise que após um fim de semana

136   VIDA ONÍRICA

contou que tinha uma nova namorada aparentemente muito interessada nele e tinha ido ao apartamento dele, mas ficara desapontada por ele não ter tentado manter relações sexuais com ela. O problema era que ele ainda não havia escrito a palestra que apresentaria na mesma manhã da sessão a seus colegas sêniores, embora soubesse há mais de um mês que teria que fazê-lo. Ele não só desapontou a namorada como também teve que cancelar uma aula que daria a seus alunos. Duas pequenas imagens oníricas que haviam ocorrido durante uma curta soneca que tirara em seu escritório depois de ficar escrevendo até as cinco da manhã, permaneceram vívidas em sua mente: *1) Richard Nixon, embora ainda não eleito presidente, parecia já estar em pleno uso da Casa Branca e suas facilidades abusando deles para instalar sua gang; 2) o senhor Callaghan, que estava em Washington em visita oficial com sua família, ainda não recebera um carro que ficasse à sua disposição e teve que se espremer com os familiares num táxi.*

O primeiro sonho do paciente parece revelar algo dos conflitos infantis subjacentes a vários aspectos de sua vida adulta, bem como a aproximação do final de sua análise: o caminhante campestre e o naturalista; o homem religioso com tendências místicas; o homem sensual e sua luxúria; o homem criativo e sua dificuldade com relação à escrita. Nos quatro sonhos ele está profundamente envolvido num conflito emocional. Mas o segundo paciente se distancia como observador de um estado de coisas de mundo interior que interferiu na busca pela satisfação de seus desejos e no cumprimento de suas obrigações; uma parte psicopática de sua personalidade infantil garantiu livre acesso às dependências do pensamento (a Casa Branca, representando o seio), enquanto sua boa família interna não recebe a devida consideração. Esse modelo interno determina a distribuição do tempo em sua vida de vigília.

Passamos de um terço a um quarto de nossas vidas dormindo, e as experiências com os movimentos rápidos dos olhos (REM)[1] demonstram que pelo menos vinte por cento desse tempo é ocupado pelos sonhos. Em termos de suas atitudes com relação ao dormir e ao sonhar, as pessoas dividem-se claramente em dois tipos: as que consideram que essa parte da vida proporciona os maiores prazeres, e as que lamentam a perda do tempo que poderia ser gasto em atividade desperta se alguma droga pudesse evitar esse incômodo fisiológico. Se levarmos a sério a sugestão de Bion de que o aparelho neurofisiológico desenvolveu uma mente que pode sentir, pensar, lembrar, julgar, decidir e comunicar com base num modelo, sendo este a experiência do sistema gastrointestinal, não nos surpreenderia descobrir que a mente se comporta como um animal ruminante. Ela busca seu alimento, ingere-o e se acomoda para ruminá-lo e digeri-lo. Essa não parece ser uma metáfora por demais fantasiosa, particularmente se considerarmos que a metáfora é o método por excelência pelo qual a mente opera. Bion nos ofereceu uma teoria do pensamento que contempla essa ingestão (a experiência emocional) e o processo de digestão (função alfa, a Grade, Ep↔D, continente-conteúdo, A, O e C, vértices, transformações). Mas, é claro, como ele mesmo enfatiza, trata-se de uma hipótese relativamente "vazia", deixando-nos a tarefa de preenchê--la com vida, particularmente a vida clínica. Devemos lembrar que o modelo gastrointestinal tem seu lugar nela devido a outras possibilidades: a evacuação do indigerível, bem como dos subprodutos potencialmente venenosos da digestão. Se desejarmos construir uma teoria onírica tendo esse modelo por base, ela deve levar em consideração estes três processos: a digestão das experiências para tornar disponível a verdade como "alimento da mente"; a evacuação dos aspectos indigeríveis e irrelevantes das experiências

---

1 Abreviatura do inglês Rapid Eye Movement [N. T.].

138   VIDA ONÍRICA

emocionais; e a evacuação das mentiras que são o "veneno da mente" e geradas como subprodutos na Grade Negativa.

Essa teoria parece ser e, de fato, é em muitos aspectos, diferente da teoria de Freud. Sua ideia de que o conteúdo latente sempre tinha que ser elaborado pela distorção para enganar a censura assemelha-se consideravelmente à distinção entre a verdade com que os sonhos lutam e as mentiras que os invadem para lidar os excessos da dor mental que reside nos conflitos. E, é claro, há certa verdade na ideia de que o sonho é o guardião do sonho, na medida em que os excessos de ansiedade podem efetivamente perturbar o dormente, da mesma forma que uma estimulação excessiva vinda do interior do corpo ou do meio ambiente. Mas não queremos associar a essa função trivial mais que uma posição subsidiária em nossa teoria. Os sonhos de nosso professor ilustram o recurso muito simples do distanciamento, pelo qual o conflito e sua correspondente ansiedade podem ser modulados no processo onírico, um recurso seguramente "tão fácil quanto mentir".

De maneira similar, a ideia de Freud do resto diurno também pode ser adotada, mas precisamos examinar com mais profundidade a questão da seleção dos itens do rebuliço da vida diária que encontram sua expressão. Freud advertiu o fato surpreendente de que os restos diurnos parecem amiúde assuntos triviais, muito longe das preocupações e dramas conscientes do dia. Acertadamente, ele concluiu que era necessário um determinado vínculo com a experiência infantil para que um evento do dia fosse suscetível de representação onírica. Mas tudo isso foi formulado muito antes de o método analítico se apoiar firmemente na transferência como processo contínuo cujo estudo pudesse ser considerado o cerne do método psicanalítico. Atualmente, os analistas que preferem esse método mais imediato aos reconstrutivo-retrospectivo, naturalmente acham que os processos infantis são algo presente, contínuo e não interrompido pelas experiências despertas e conscientes do dia. Os processos inconscientes que se ocupam das experiências emocionais, ou seja, os aspectos da experiência que têm a significância de relações humanas íntimas, diferentemente dos assuntos práticos que envolvem objetos humanos ou não humanos do mundo exterior, são os que, de acordo com a experiência analítica parecem formar um contínuo. A "fantasia inconsciente" de Susan Isaac, que Melanie Klein estudou profundamente e Bion localizou na Coluna C em sua Grade (pensamento onírico e mito), pareceria um conceito adequado para a descrição do processo onírico. Ou seja, consideramos que o sonhar é tão contínuo na mente quando a digestão no corpo, mas concentrado mais completamente em sua tarefa quando os outros processos mentais relacionados com o mundo externo ficam em suspenso durante o sono. Esta suposição é amplamente corroborada no consultório pelo fenômeno ao qual alguns pacientes se referem como "flashes", imagens visual, súbitas, inexplicáveis e vívidas, aparentemente sem relação com o intercâmbio verbal imediato. Quando tratadas como imagens oníricas, oferecem um precioso insight da transferência infantil ativa no momento.

A intrusão desses "flashes" no curso da conversa durante a análise é reminiscente do que Freud chamou de "o corpo entrando na conversa", sendo seu exemplo clássico o de Dora brincando com sua bolsinha. Aqui podemos dizer que "o processo onírico entrou na conversa", e entrou nela como linguagem visual, amiúde tão expressiva quanto a charge de um cartunista político que vale mil palavras. E é para esse conceito ampliado da linguagem, a linguagem diversificada da multiplicidade das formas simbólicas (Cassirer, Langer, Wittgenstein, Russell) que devemos voltar nossa atenção. Se devemos considerar os sonhos como linguagem, devemos entendê-la como essencialmente interna, um modo de comunicação interna. Isso significa que, como acontece com a

140   VIDA ONÍRICA

linguagem verbal, precisamos estudar e compreender não apenas o seu léxico, mas também sua gramática. Eu hesitaria em dizer "sintaxe", pois esta parece implicar uma estruturação mais detalhada que a do problema dos sonhos, como o da composição nas artes gráficas ou na música parece estar disposto a nos revelar. Mas a estrutura gramatical dos sonhos, a maneira pela qual passagens ou imagens oníricas independentes relacionam-se logicamente umas com as outras, com frequência se mostra evidente. Por exemplo, os sonhos do nosso professor parecem ter uma estrutura do tipo "se tal coisa..., então tal coisa". E a série correspondente ao paciente da Páscoa poderia se prestar a esta paráfrase: "Enquanto ocorrer A, B e C, não é de estranhar que ocorra D". Ou seja: "Enquanto eu ainda quiser destruir as mudas da mamãe, porque eu mesmo não consigo produzir pequenos tomateiros e estou tentado a usar o corpo dela apenas para satisfazer minha sensualidade, não é de estranhar que minha caneta pese em minha mão paralisada".

Mas se pretendemos tratar os sonhos como dramas internos a cujos debates desejamos ter acesso, teremos que nos contentar com obter uma compreensão bastante imperfeita do que está acontecendo no palco, seja ele o de nossas próprias mentes ou as de nossos pacientes. Não se trata apenas de a acústica ser ruim, por assim dizer, ou que as ações ocorrem rápido demais e num ritmo completo, ou que não conseguimos seguir a pista da vasta coleção de personagens tchekhovianos; o problema está na própria linguagem. Nós não só somos incapazes de uma perfeita compreensão do significado de qualquer linguagem, provenha ela de nós mesmos ou de outrem, mas nenhuma linguagem consegue captar perfeitamente o sentido de pensamentos incipientes que ela procura apreender. O problema parece ter duas direções: uma delas é que a transformação do pensamento nascente em qualquer linguagem abunda em distorções; a outra é que toda linguagem tem seu limite de representatividade. Mesmo se pudéssemos sintetizar todas as formas sintéticas numa espécie de super-ópera-ballet, ainda nos restaria aquilo que Wittgenstein chama de "o que não pode ser dito, mas deve ser mostrado", a área da intimidade emocional que só o contato do bebê ao seio ou o abraço dos amantes consegue comunicar.

Tratar os sonhos como linguagem não era, de modo algum, alheio ao modo de pensar de Freud, pois ele comparou a análise dos sonhos com a tradução de uma língua estrangeira. Mas talvez estejamos em desacordo com ele quanto ao método utilizado. Sua comparação da tradução de Tito Lívio do latim para ao alemão seguiu o método escolar de primeiro fazer uma tradução literal, para depois reorganizar as ideias em alemão literário. Esta pode ser uma boa descrição de "tradução", mas não equivale a "ler latim". Nós gostaríamos de "ler sonhos": com esta esperança, podemos esperar que, com o tempo, aprendamos a linguagem onírica de cada um de nossos muitos pacientes, mas a tarefa parece desanimadora, se não impossível. Na verdade, não é o método que usamos, pois não temos acesso ao sonho do paciente da mesma forma que temos acesso ao nosso. Provavelmente, muitos analistas seguem um método de trabalho "tradutório" ou, pelo menos, acham, como achava Freud, que o estão seguindo; mas a experiência sugere fortemente que não é isso que ocorre. Seguir o aforismo de Bion de "resistir a memória e o desejo", por difícil que seja quando se trata de material anedótico ou recordação histórica, resulta fácil e natural quando ouvimos um sonho. O que parece acontecer é que o analista ouve o paciente e observa a imagem que aparece na imaginação dele. Consequentemente, poderíamos afirmar que ele permite que o paciente evoque um sonho em si mesmo. É claro que se trata do sonho dele e será formado pelas vicissitudes de sua personalidade. Mas, afinal, pode-se esperar razoavelmente que anos de experiência no divã e de subsequente autoanálise atribuir-lhe certa virtuosidade com a linguagem de seus próprios sonhos. Desse ponto de vista, poder-se-ia imaginar que toda tentativa de formular uma

142 VIDA ONÍRICA

interpretação do sonho do paciente implica o preâmbulo tácito: "Enquanto eu ouvia o seu sonho, tive um sonho que, em minha vida emocional, significa o seguinte, que vou compartilhar com você na esperança de que ele lance alguma luz ao significado que o seu sonho tem para você".

Reconheçamos que esse método realmente não corresponde ao "intuitivo" que Freud abjurou. Com certeza, existem momentos em que a intuição, mesmo a intuição inspirada, entra no trabalho analítico e evoca o tipo de resposta "engraçado você dizer isso" do paciente. E, é claro, mais intuímos que observamos a atmosfera emocional do consultório, que muda a cada momento. Mas não desejo ampliar tanto o conceito de intuição para dizer que "intuí" o francês ou o italiano, muito embora talvez o meu imperfeito conhecimento dessas línguas e minha capacidade de utilizá-las num pensamento ou discurso fluente não me impeçam de compreendê-las quando são faladas devagar.

Talvez o melhor vínculo com atitudes anteriores e relativas ao trabalho com os sonhos, mais uma vez, seja a ênfase de Ella Sharpe na "dicção poética" no sonho. Mas a dicção poética é algo a que todos nós, e não apenas Bion, aspiramos. Gostaríamos de ser capazes de falar e escrever poeticamente, utilizando todos os recursos artísticos, não apenas visando ao embelezamento, mas para obtermos uma comunicação mais rica e mais precisa do significado emocional que, como acreditamos, espreita em nossos pensamentos não expressos. Gostaríamos de ser capazes de falar conosco mesmos e com os outros de uma forma que nos ajudasse a descobrir o que pensamos e até o que sabemos. E faríamos eco a Próspero[2] no respeito aos nossos sonhos como fonte desse conhecimento de nós mesmos e dos outros. Mas precisamos aprender a

---

2 Personagem meio místico de *A tempestade*, de William Shakespeare, em que muitos críticos identificam a personalidade do autor da peça [N. T.].

linguagem, para "comandar nossos orifícios de flauta" para termos acesso a essa "música eloquente" em que jaz o "cerne do mistério" de nós mesmos.

Mas os poetas podem ser tão mentirosos quanto profetas, como observou Platão, e não podemos ver os sonhos como algo que nos conta a verdade, toda a verdade e nada mais que a verdade. Na medida em que eles contam a verdade, é a verdade sobre como as experiências emocionais são trabalhadas nas profundezas da mente, mas a verdade nem sempre ali se esconde, pois está carregada de nossa dor mental. O distanciamento de nosso professor dos eventos de Washington pode representar a verdade quanto aos eventos, mas não é a verdade quanto a seu distanciamento deles. A imagem da crucificação pode ser a verdade a respeito dos sentimentos do paciente com relação ao fim próximo da análise, em termos do "Pai, por que me abandonaste?", mas não é a verdade com relação a suas capacidades de lutar contra o domínio de sua avidez, inveja e ciúme infantis.

Bion nos ofereceu uma teoria que formula, no mínimo, três métodos de se distorcer a verdade, que ele chamou de Coluna 2 da Grade, de função alfa funcionando de forma inversa e de Grade Negativa. O primeiro método, a alegação de algo que é sabidamente falso para esconder nossa ignorância da verdade, é aquele com que estamos todos familiarizados em nossa prática clínica e vida diária. Exemplo dele é nossa grande tendência a "explicar", aduzindo relações causais que sabemos não existirem; dizemos "porque" quando apenas fazemos referência a uma sequência temporal de eventos. O segundo método, a função alfa ao inverso, pode ser ocasionalmente identificado nos sonhos, e podemos vê-lo em operação no consultório quando os pacientes fazem em pedaços sem sentido uma interpretação de uma interpretação relativamente razoável. Mas, em minha opinião, a Grade Negativa ainda é uma

144 VIDA ONÍRICA

terra incógnita, cujo trabalho com os sonhos deveria ajudar-nos a mapeá-los. Nessa Grade Negativa, é de esperar que encontremos todos os recursos que foram descritos como "mecanismos de defesa", cuja denominação pode nos ajudar a localizá-los quando atuam, mas que pouco nos diz, em termos epistemológicos, de seu funcionamento interno.

Visto que nossa intenção é construir uma teoria psicanalítica dos sonhos, seguindo o espírito de metapsicologia ampliada de Klein e Bion, devemos encarar a complexidade da tarefa. O aspecto epistemológico já foi por nós discutido, mas o geográfico apresenta alguns problemas. Não só devemos considerar a divisão do "mundo" mental em seus vários aspectos, mas também a falta de unidade da mente. Os processos de clivagem dividem uma parte da outra, a identificação projetiva e outras formas de identificação narcisista confundem a distinção entre self e objeto, enquanto a identificação introjetiva favorece a evolução da parte adulta da personalidade. A distinção entre o processo onírico e a observação desse processo levanta o problema que descrevemos metaforicamente como o "teatro gerador do significado", e pode se revelar útil para seguir essa imagem para definir os vários papéis das diferentes partes da personalidade vis-à-vis qualquer sonho concreto, bem como a localização geográfica da ação onírica.

Conforme essa terminologia teatral, por exemplo, não há dúvida de que nosso paciente crucificado é a estrela do espetáculo em todos os quatro sonhos, enquanto nosso conferencista ficaria na plateia. Poderíamos elaborar uma tabela de organização de nosso teatro, uma hierarquia de participação: crítico, plateia, produtor, diretor, personagens secundários, a *ingénue*, o ator principal e a atriz principal. Numa concepção brechtiana, talvez pudéssemos acrescentar "os deuses", que ocasionalmente descem para avaliar o progresso de seus filhos mortais.

A esta altura de nossa história científica, a tarefa não pareceria tão complexa quanto a geografia, o cenário, o "mundo" em que o drama está sendo encenado. Esses elementos parecem limitar-se a duas principais possibilidades: dentro ou fora dos objetos, particularmente dentro ou fora do corpo da mãe. Mas já começamos a aprender, com o estudo dos estados de confusão, que o mundo do interior do corpo da mãe pode ser subdividido em submundos distintos, ou pelo menos diferenciáveis, do ponto de vista de seu significado.

Está claro que vamos empregar os "sete serventes" de Bion em nossa investigação, sempre lembrando que "por que" significa "razão", e não "causa" na esfera mental. Por que, por exemplo, eu omiti de minha lista geográfica a área "lugar nenhum" do sistema delirante? Desejo excluí-la de nossa teoria porque minha experiência me diz que é mais útil considerar o sistema delirante como gerador de alucinações, e não de sonhos, esteja a pessoa desperta ou adormecida. Ou seja, se considerarmos o sistema delirante no sentido de um "lugar" essencialmente localizado em "lugar nenhum", estaremos dando a entender que o que se ali se passa tem o significado essencial de "sem sentido", uma rede de mentiras, um pandemônio. Trata-se de um espaço mental em que a verdade não é de nenhum interesse, em que não ocorre nenhum conflito entre a verdade e as mentiras, em que nenhuma prova da realidade é relevante, seja pelos múltiplos vértices do pensamento, pela validação consensual dos sentidos ou pela ação experimental. A "Casa Branca" que Richard Nixon teve permissão para invadir ainda pode estar dentro do seio da mãe, mas uma vez que ele organizou sua quadrilha, pode se transformar no sistema delirante do caso Watergate, uma paranoia. Uma vez que os óculos de Stanley foram amassados, e seu tambor destruído, em *A festa de aniversário*, de Pinter, ele deve estar pronto, mudo e confuso, para ser descartado para o "Monte" por Goldberg e McCann. A distinção entre desperto e adormecido tornou-se irrelevante.

146 VIDA ONÍRICA

Voltando às personagens de nosso Teatro Gerador do Significado, como devemos descrever a base psicológica estrutural dos diferentes papéis? Se lembrarmos que não estamos descartando a distinção da consciência como "órgão de percepção das qualidades psíquicas", podemos perguntar: "Que personagem do nosso teatro, no momento do sono, está de posse desse órgão?". E também: "É a mesma personagem que relembra e narra o sonho durante a sessão de análise?". Devemos contar com a possibilidade de que não são a mesma, o que provavelmente sempre ocorre. Esse tema do distanciamento do centro do conflito emocional parece ser o método mais comum de modular a dor mental, ou talvez seja mais correto dizer, para fazer uma distinção entre "distanciamento" de "mecanismo de defesa", a maneira mais comum de modular o contato com a dor mental. Nesse sentido, o grau de distanciamento nos permitiria considerar o conceito de "negação da realidade psíquica" de Melanie Klein numa escala gradativa, em consonância com nossa experiência no consultório quanto à gradativa aproximação dos pacientes com relação a sua dor. Também acrescentaria certa precisão e substância ao conceito freudiano de "elaboração", que iria além do tipo de processo de abandono que ele delineou tão brilhantemente em *Luto e melancolia*.

Talvez já tenha ficado evidente que o modelo de vida onírica que estamos desenvolvendo difere bastante do modelo arqueológico da mente tão explícito na obra de Freud, mas ainda implícito na de Klein. O que temos para colocar em seu lugar? Sem dúvida, uma resposta seria "vértices", ou seja, diferentes pontos de vista. Nosso teatro modelo com seu conjunto de participantes implica uma unidade dramática, mas permite uma grande diversidade de pontos de vista com relação ao drama, como no excelente filme japonês *Rashomon*. Podemos imaginar que levamos um grupo de crianças ao teatro e depois perguntamos a elas sobre o que era a peça. Uma garotinha nos contaria sobre a moça bonita com um belo vestido, enquanto um garotinho nos falaria do herói dando um tiro no vilão. Essa unidade do drama, mais a diversidade de pontos de vista, também nos proporciona uma posição privilegiada a partir do qual podemos observar a unidade básica do tema de séries de sonhos com aspectos externos muito diversos – o que chamarei de "continuidade do sonho". Esse tipo de unidade dramática pode se distinguir, bem como a ele se sobrepor, do tipo de unidade que já foi imputada aos sonhos tanto do nosso caminhante de trilhas quanto de nosso professor-conferencista. Mas os sonhos que podem ser trazidos a uma única sessão nem sempre procedem da mesma noite; e, de fato, gostaríamos de ter os meios de mostrar a "continuidade narrativa" dos sonhos que podem se disseminar por meses e anos do processo psicanalítico.

Esse longo processo de análise, que Bion chamou de "um sonho prolongado" e ilustrou em *Uma memória do futuro*, para nós não tem apenas um interesse em si mesmo. Também nos interessa a relação desses dramas internos com as ações, interesses, valores, planos e esperanças derivados do processo onírico. Estes, com certeza, não podem ser chamados de "resíduos diurnos", esse influxo da vida desperta para a vida onírica. Como devemos chamá-los? Pelo trabalho analítico, já conhecemos a relação do *acting out* com o sonhar; ou será que se trata da relação particular do *acting out* com a recordação dos sonhos? Mas para além desse afloramento do drama infantil, o que dizer da frutífera colheita daqueles sonhos que conseguiram "mexer no vespeiro" da dor mental, resolvendo um conflito, renunciando a uma posição insustentável? Certamente, desejaríamos que nossa hipótese sobre a vida onírica lançasse alguma luz sobre essa questão do crescimento e desenvolvimento do caráter. Adotamos uma posição inequívoca com relação a esse ponto, pois, afinal, ao descrevermos a vida onírica como "teatro da geração do significado", deixamos claramente implícito que o mundo exterior é desprovido de significado até ser gerado e se estender

148   VIDA ONÍRICA

para fora. Estudos com crianças autistas, crianças com objetos primários malogrados, bidimensionalidade e identificações adesivas têm proporcionado certa solidez teórica e clínica à ideia discutível de que a "falta de sentido" pode ser um fenômeno significativo nas vidas dos seres humanos.

Não podemos encerrar este esboço da teoria da vida onírica sem fazermos um comentário sobre a importância decisiva que certos sonhos têm nas vidas das pessoas. O sonho de Schreber de que era uma mulher em meio a uma relação sexual e o do Homem dos Lobos com os lobos na árvore podem ilustrar perfeitamente esses sonhos persecutórios que formam o núcleo de vários desenvolvimentos psicopatológicos graves. Existem sonhos, como disse Emily Bronte, "que mergulham dentro de nós, como o vinho mergulha na água", enriquecendo nossa visão do mundo, infectando-a com um colorido emocional como nunca dantes. Ou se trata de uma visão impetuosa vislumbrada por um instante e perdida, aguardando um sonho para reafirmar seu domínio na relação estética com o mundo? Quando esse sonho visita nossas almas adormecidas, como podemos tornar a duvidar de que os sonhos são "eventos" de nossas vidas? Nesse mundo onírico, está determinada a grande opção entre uma visão otimista e uma pessimista, não apenas em nossas vidas, mas na própria Vida.

7. A interação da linguagem visual e da linguagem verbal nos sonhos·

É difícil, num livro como este, avançar com os problemas que agora devemos abordar sem tentar obter mais êxito do que nos é permitido esperar. Já enfrentamos o misterioso problema da formação do símbolo na área visual, e acredito que o fizemos com bom resultado. Agora precisamos fazer o mesmo com relação à área verbal. Isso nos leva imediatamente a um confronto com a linguística, a semântica e a psicolinguística modernas, pois mais uma vez se faz necessário, como no capítulo sobre o mutismo em *Explorations in autism* (*Explorando o autismo*), dissociar o pensamento psicanalítico da linguagem de duas correntes principais. A primeira delas relaciona-se com a teoria e a técnica da informação, a decodificação e a matemática. A outra é mais antropológica e mística, preocupada com os problemas éticos concernentes à visão que o homem tem de sua própria pré-história.

---

* Anteriormente publicado em L. J. Raphael, *Language and cognition: essays in honor of Arthur J. Bronstein*. New York: Plenum, 1980.

150   VIDA ONÍRICA

Pode parecer desnecessário entrar nesse debate, mas eventualmente pode parecer que a dissociação específica das duas correntes também possa enfatizar o problema da identificação na linguagem e as raízes profundamente emocionais da gramática. No capítulo sobre o mutismo, sugeri uma estrutura em dois níveis da linguagem, uma delas operando a partir das profundezas do inconsciente, com o propósito de transmitir estados da mente por meio da operação da identificação projetiva, enquanto a outra, mais consciente, sobrepõe as palavras sobre esta música profunda com o objetivo de comunicar a informação a respeito do mundo exterior. Estudos ecológicos sugerem que os dois níveis operam nos animais, o primeiro principalmente nos mamíferos, e o segundo, nos insetos. O homem fundiu os dois e até tentou, em sua história religiosa, encontrar palavras para exprimir os estados mentais. Este prelúdio teológico à literatura pode ter florescido, mas fica claro que apenas pouquíssimos indivíduos dotados dominaram suas técnicas sutis.

Neste capítulo, vou tentar demonstrar o fundamento onírico dessa arte esquiva. Com o material clínico, espero poder demonstrar, em certa medida, como se entrelaçam a música e os significados verbais, com sua evocação de imagens visuais, que, dispostos numa espécie de fuga com manifestos aspectos visuais do sonho, produzem o que Ella Sharpe chamou de "dicção poética" do sonho. Mas acho que, em primeiro lugar, é necessário apresentar as razões de uma visão psicanalítica da linguística. Os problemas da linguística ou da psicolinguística que nos interessam são de dois tipos, nas duas extremidades de um espectro metodológico. Numa delas está o problema mente-corpo, trilhando os passos de psicólogos behavioristas como Skinner e linguistas matemáticos como Chomsky e Katz. Na outra, está o problema do misticismo cósmico, cuja expressão, na linha de Jung ou Ouspensksy, está a teoria de Whorf--Sapir da relatividade da linguagem. Vou falar delas para definir a posição que, em minha opinião, a psicanálise mantém em sua metodologia, bem como para enfatizar os aspectos misteriosos da gramática e da semântica que associo ao nosso principal interesse, ou seja, os sonhos.

Depois desse prelúdio linguístico, voltarei ao problema da estrutura dos sonhos, sua relação com o pensamento de vigília e com nosso discurso interno e externo, usando o material clínico de um jovem poeta e de uma talentosa psicótica.

Todos os linguistas partem do pressuposto de que a linguagem falada é composta por unidades básicas que se ordenam dentro da cabeça e são emitidas pelo aparelho oral. Isso é evidente para o senso comum, mas vou argumentar que não é correto do ponto de vista psicanalítico. A grande divisão no campo da linguística é a questão se a unidade básica da linguagem é o fonema (a unidade de som) ou o morfema (a unidade de significado). Os que se opõem ao fonema como unidade artificial criada pelos fonólogos, quaisquer que sejam as bases de seu argumento – psicológicas, metodológicas ou teóricas – parecem, contudo, pressupor que uma "unidade" deve ser encontrada.

A razão disso é evidente, pois todos os linguistas parecem pressupor que a linguagem tem como função básica a comunicação de informações. Por exemplo, para citar Roman Jakobson e Morris Halle (1956):

> *Supõe-se que o destinatário de uma mensagem codificada esteja de posse de um código por meio da qual a interpreta. Ao contrário do decodificador, o criptoanalista se apossa de uma mensagem sem prévio conhecimento do código subjacente e deve decifrar esse código por meio da hábil manipulação da mensagem. Um falante nativo responde a qualquer texto em sua língua como*

152   VIDA ONÍRICA

> *decodificador regular, enquanto um estrangeiro, não familiarizado com a língua, aproxima-se do mesmo texto como criptoanalista. Um linguista, ao se aproximar de uma língua totalmente desconhecida, começa como criptoanalista, até que, por meio de uma gradativa decifração do código, finalmente consegue se aproximar de qualquer mensagem nessa língua como um decodificador nativo. (p. 17)*

Fica claro que isso não é um modelo, um símile ou uma metáfora, mas uma asseveração. Estabelece uma relação entre o falante e o ouvinte como instrumentos afinados. Esta também é a hipótese básica da obra de Noam Chomsky e não parece levar em conta o significado do binômio falante-ouvinte como dois casos particulares da história vital dos organismos. De fato, nenhum dos dois autores que incluem em sua metodologia este enfoque mecanicista acredita efetivamente nele. Jakobson e Halle (1956) escrevem: "O código de recursos empregado pelo ouvinte não exaure a informação que ele recebe dos sons da mensagem que ouve. De sua forma sonora, ele extrai pistas da identidade do emissor".

Basta examinar o conteúdo informativo da "identidade do emissor" para reconhecer que é fantástico, algo como a proporção entre o pontos-traço da telegrafia e o número de pontos em qualquer momento numa tela de televisão. Mas um cachorro pode olhar para uma tela de televisão e nada ver, da mesma forma que um selvagem ou uma criança pode olhar num espelho pela primeira vez e nada enxergar. Evidentemente, a ideia de um código deriva do problema da transmissão de mensagens verbais por meios não verbais. Podemos dizer que Michael Ventris e John Chadwick

DONALD MELTZER 153

decodificaram a escrita Linear B[1] graças a "uma habilidosa manipulação da mensagem", mas somente como resultado de um bom conhecimento da língua e da cultura envolvidas.

Outra fonte de confusão entre mente e cérebro na teoria linguística, além dessa grande dependência com relação à comunicação, deriva da neurologia e da neurofisiologia. O estudo das afasias, para o qual Freud fez uma contribuição clássica antes de desenvolver o método psicanalítico, é uma rica fonte de ideias a respeito da função da linguagem. Mas também é uma fonte de perigosas armadilhas. Antes de mais nada, a despeito da capacidade de hábeis observadores na classificação das afasias, cada caso é significativamente diferente, principalmente quando o dano é cortical, e não nas vias estruturais mais profundas. Os esquemas das dificuldades afásicas mantêm a mesma relação com os transtornos de linguagem das doenças mentais que os das paralisias ou anestesias orgânicas com as histéricas. Os esquemas nos permitem fazer distinções de uma forma comparável à que permite à "caixa preta" distinguir entre o esquema de um defeito mecânico e um erro humano em caso de acidente aéreo. A perda da linguagem na doença mental regressiva como a esquizofrenia catatônica não tem semelhança, em termos de esquema, com uma afasia, da mesma forma que o mutismo de uma criança autista não se parece com o "esquema" do mutismo de um deficiente mental.

Essa diferenciação entre homem e máquina, entre mente e cérebro, é essencial para uma discussão mais ampla. É evidente que as máquinas não "falam" – e nunca falarão – da mesma forma que os aviões nunca "voarão". Os pássaros voam, eles vivem no ar; as

---

1 Silabário usado pelos povos micênicos entre os séculos XV a.C. e XII a.C. Era usada para se escrever em grego micênico, a forma mais antiga do grego que se conhece, e possivelmente deriva da escrita denominada Linear A, ainda não decifrada [N. T.].

154 VIDA ONÍRICA

máquinas só conseguem se impulsionar pelo ar de um local para outro. O que nos diverte muito quando vemos um cisne batendo as asas e espalhando água é sua deselegância, semelhante à de um avião, embora esqueçamos essa deselegância quando vemos um jato de carreira correndo pela pista.

Os humanos vivem linguisticamente. Trata-se de algo essencial para a nossa humanidade. "A fala é a melhor manifestação do homem", escreveu Benjamin Lee Whorf. Provavelmente, o esboço feito por Susanne Langer da concatenação peculiar dos impulsos sociais, o impulso do balbuciar e o da simbolização, que fazem com que a criança se torne um "falante", seja o que mais se aproxima da teoria psicanalítica. Mas, como veremos, o conceito-chave, a identificação, ainda fica faltando. Com certeza, a obra mais brilhante da luta da linguística para ir do cérebro à mente, como sua preocupação básica, é a de Noam Chomsky. Com sólidos conhecimentos de filologia, semântica e fonologia, além de ser influenciado pela engenharia da comunicação, decidiu seguir a orientação filosófica indicada por Russell, Wittgenstein e Carnap para investigar a sintaxe, divorciando suas qualidades formais dos aspectos semânticos. Ele fez isso construindo uma "gramática gerativa" composta pelas regras de transformação das séries de morfemas. Seu incansável objetivo é inventar uma gramática universal que diferencie o gramatical do agramatical em qualquer língua, independentemente de a sentença em questão ser significativa, sem significado ou mesmo inconcebível. Evidentemente, ele está às voltas com a tarefa de preencher a lacuna aberta pela intuição nos estágios iniciais de sua teorização, pois ele reconhece que a divisão gramatical-agramatical é, antes de mais nada, um juízo intuitivo. Também reconhece que se deve fazer uma distinção entre superfície e profundidade, assim como no significado, tal como foi feita por Wittgenstein. Não obstante, insiste que, ao aprender a linguagem, a criança precisa inventar uma gramática antes que possa entender o que está sendo dito. Sabemos que uma criança, como os símios de Koehler, dificilmente poderia "inventar" uma ferramenta simples como juntar dois gravetos para alcançar as bananas sem ter sido "ensinada". A questão, de Augustine a Wittgenstein, tem sido a natureza do "ensinar".

No que se segue, o conceito de "intuição" receberá uma definição mais precisa, e o conceito de "aprendizagem" está firmemente ligado ao de "ensinar" para definir o contexto em que a fala se desenvolve na criança. Mas antes vamos considerar o outro lado do espectro da teoria linguística, em que a "intuição" não é rechaçada, mas aceita como um misticismo cósmico que precisa ser diferenciado do elemento místico em psicanálise.

Existe uma evasão do problema da mente individual e seu extraordinário desenvolvimento a partir do nascimento que é comum à religião no passado, e à antropologia no presente. Jerrold Katiz a chama de um "tipo teológico" de "mentalismo", ao afastar sua obra e a de Chomsky da suspeita de que "mente" seja empregada como sinônimo de "alma" ou "espírito". Está claro que o conceito de mente dos dois autores é demasiado neurofisiológico para que qualquer associação desse tipo possa ser dissociada da falta de mente do behaviorismo, que nada sabe da mente, mas apenas da "soma de comportamentos". Mas a psicanálise tem um vínculo muito distinto com a teologia, tanto em termos de seu método essencialmente introspectiva quanto de suas descobertas. Enquanto todas as teologias situam a divindade fora do indivíduo, a psicanálise o situa em seu interior, assim se diferenciando da psicologia de Jung ou do misticismo de Ouspensky. A forma assumida por esse misticismo cósmico na ciência linguística provém dos antropólogos, sendo exemplificada pela obra de Korzybski. A ideia central é que a cultura, por meio de sua linguagem, impõe limites aos modos de pensamento do indivíduo, assim atribuindo à linguagem

156   VIDA ONÍRICA

e à cultura uma realidade e uma continuidade que são primárias, e não secundárias, com relação ao indivíduo. Num certo sentido, coloca a relação entre a cultura e o indivíduo em termos da teoria de Mendel; a teoria de Darwin situa a espécie em relação com o membro individual.

Tudo indica que, no campo da mente, a hereditariedade é totalmente lamarckiana, ou seja, derivada das características adquiridas na transmissão de geração para geração, em termos de forma e conteúdo, ou, no caso da língua, em sintaxe e semântica. Certo espírito contrário à civilização invade esse tipo de antropologia que vê uma virtude superior no primitivo que se autossupera, em oposição ao que pensa ser a atitude prevalecente de menosprezo. Mas não seria correto achar que os trabalhadores científicos desse campo consideram os grupos "primitivos" ou mesmo "aborígenes" como inferiores em termo de inteligência, como se possa pensar da criança neste sentido. Whorf admira o modelo do universo dos índios hopis e considera sua língua isenta de tempos verbais totalmente satisfatória, por sua unificação entre espaço e tempo:

> A língua hopi é capaz de explicar e descrever corretamente, num sentido pragmático e operacional, todos os fenômenos observáveis do universo. Assim, me parece gratuito pressupor que o pensamento hopi contenha noções como o fluxo do "tempo", supostamente sentido de maneira intuitiva, ou que a intuição de um hopi lhe proporcione isso como parte de sua informação. Da mesma forma que é possível ter qualquer número de geometrias além da euclidiana que possam descrever perfeitamente a configuração do espaço, também é possível ter descrições do universo, todas igualmente válidas, que não contenham nossos familiares contrastes de tempo e espaço. O enfoque relativista da física

*moderna é um exemplo disso, concebido em termos
matemáticos, e a* Weltanschauung *dos hopis é outra
muito distinta, não matemática e linguística. (Whorf,
1956, p. 58)*

É claro que todo o problema reside na ideia de ser "capaz de explicar e descrever". É um tipo de antropofilia que deseja ver uma virtude especial no primitivo e projeta generosamente na mente selvagem, de uma forma muito similar à que se projeta na das crianças, essa mistura peculiar e incompatível de inocência e criatividade por meio da qual sua idealização é consumada. Ela surge de uma desconfiança dos conceitos de desenvolvimento, de individualidade e da diferenciação adulto-infantil como qualitativa. Mais tarde voltaremos a esta questão da distinção entre criança e adulto como antítese descritiva, e a distinção adulto-infantil como antítese metapsicológica.

O elemento místico, por sua vez, na teoria psicanalítica não reside em seus modos de pensamento, mas nos "fatos" da vida mental que parece descobrir. Esse elemento leva o conceito de "criativo" muito mais além do que Chomsky (1965) quer dizer quando escreve:

De fato, a verdadeira compreensão de como uma língua pode (segundo Humboldt) "fazer uso infinito de meios finitos" só se desenvolveu nos últimos trinta anos, devido aos estudos dos fundamentos da matemática. Quando esses conceitos foram disponibilizados, era impossível voltar aos problemas levantados, mas não resolvidos, pela teoria linguística tradicional: e tentar uma formulação explícita dos processos "criativos" da linguagem. Por "criativo", os psicanalistas referem-se a

158 VIDA ONÍRICA

algo mais semelhante a "erguer-se a um novo nível de ordenamento possível de se autoperpetuar". (1965, p. 7)

A natureza do misticismo cósmico contido nessa teoria da relatividade da linguagem pode não representar um grave problema para o nosso pensamento, até se reconhecer sua implicação para a teoria epistemológica. A teoria do conhecimento implícita no livro de Ouspensky dá concretude às palavras como continentes de um significado próprio, cheias e, por conseguinte, disponíveis para a exploração. Ela indica que todo conhecimento existe e espera por sua descoberta. O espírito de Deus se manifesta por meio da palavra.

A psicanálise também tem um elemento místico relacionado com a epistemologia, mas coloca em local diferente o palco das transações e vê a relação com a linguagem num sentido mais criativo. Assim, podemos reconhecer o objeto combinado primário, seio e mamilo, como a verdadeira fonte do conhecimento, pois pensar é uma atividade mental inconsciente cuja cena é a relação bebê-seio; ou seja, o ensinamento interno significa que o seio sabe tudo, num sentido categórico. É onisciente, contém todo o conhecimento – é claro que não em termos da realidade externa, mas como categoria de significado da realidade psíquica. O seio interno enche de significado as palavras, oferecidas como continentes vazios pelos objetos externos. Mas esse é um processo que dura a vida toda, pelo qual as experiências podem ser assimiladas para preencherem com significado as categorias verbais em níveis de abstração em constante expansão. A atribuição de novos significados a velhas palavras não precisa destruir nem sobrecarregar ou obscurecer seu antigo significado, pois é absolutamente inerente ao uso atual da linguagem a seleção de um aspecto particular dos numerosos conteúdos de uma palavra. Mais suspeito como processo é a invenção de novas palavras ou, pelo menos, de novos morfemas. O aspecto taxonômico da investigação científica sempre evitou estes problemas por meio da apropriação de morfemas gregos e latinos para formar nomes de objetos ou procedimentos de estudo. Numa era pré-científica, em qualquer campo do conhecimento, antes de os atos terem sido delineados, um fenômeno descrito por alguém tende a receber seu nome como etiqueta de identificação, como o *spoonerismo*[2] ou a doença de Bright.[3] Na verdade, não se trata de novos morfemas, porém, mais ou menos como o x e o y da matemática, servem como identificadores de incógnitas.

Portanto, poderíamos esperar que a evolução lexical da linguagem envolvesse uma evidente e contínua expansão e uma real simplificação contínua em nível do morfema. Nesse sentido, a linguagem da ciência descrevendo o mundo exterior e a linguagem da poesia descrevendo o mundo interior podem ser vistas como seguidoras da mesma base de desenvolvimento. A psicanálise serve, pela primeira vez, como ponte entre as duas numa direção única: uma poesia científica. A ciência poética, por sua vez, é tão antiga quanto a religião.

Tendo examinado algumas abordagens da teoria da linguística moderna e sua relação com a psicanálise, tanto em sua metodologia como em suas premissas básicas, agora podemos passar para o exame da relação da linguagem com a imagem, tal como é vista na análise dos sonhos. Uma concepção psicanalítica da função da

---

2 Spoonerismo refere-se à prática de intercambiar as correspondentes consoantes ou vogais entre duas palavras em uma frase. O spoonerismo pode ser um deslize da língua resultante do uso não intencional, mas pode ser usado intencionalmente para se obter um efeito, em geral cômico: bola de gude / gula de bode. O nome vem de William Archibald Spooner (1844-1939), reverendo inglês de Oxford que ficou famoso por lapsos involuntários que produziam frases absurdas e engraçadas [N. T.].

3 Hoje esta doença é chamada de insuficiência renal crônica (IRC). Originalmente, era uma homenagem ao cientista que a estudou e descreveu pela primeira vez, Richard Bright [N. T.].

linguagem deveria capacitar-nos a examinar e formular o problema da interação das palavras e as imagens dos sonhos.

Para ilustrar dois aspectos diferentes do problema, vou apresentar um material clínico de dois pacientes. Em primeiro lugar, veremos o material de um talentoso poeta para mostrar como são profundas as raízes da linguagem na fantasia plástica inconsciente. Em seguida, vou apresentar o material de uma pintora cronicamente psicótica para mostrar a natureza basicamente não verbal da vocalização e sua relação com o balbuciar infantil.

Um jovem poeta, sob a influência da recente crítica positiva a seu último livro, logo após o feriado de Natal e da aproximação do fim de semana, trouxe-me o seguinte sonho. *Ele estava indo à casa de Elizabeth Taylor e Richard Burton para pegar um carro emprestado, que, no sonho, era na verdade seu próprio carro. Parecia necessário percorrer o caminho de pedregulhos e passar pela casa para chegar ao jardim dos fundos, onde o carro estava estacionado. Havia uma grande festa em andamento no interior da casa e também no jardim, mas como ele não havia sido convidado, abriu caminho em meio à multidão, afastando o olhar para não ser parado para conversar pelas pessoas que conhecia e para os Burton não acharem que ele era penetra. No jardim, havia certa agitação em torno de um pequeno pavilhão que era um posto de primeiros-socorros; uma moça chamada senhorita Spoonerismo havia morrido e estava sendo retirada numa maca. Quando uma mulher o chamou, ele se dirigiu a ela como "Elizabeth", mas ela disse que não era Elizabeth, e ele percebeu que se tratava da secretária de alguém que ele conhecia. Ele lhe disse uma mentira – que tinha ido devolver o carro de Elizabeth – e se apressou em seguir adiante.*

Suas associações foram que ele e a esposa tinham sido convidados para almoçar pela ex-esposa, também chamada Elizabeth, de um artista de cinema, também chamado Richard. Mas ele decidiu não ir. Não conseguia lembrar o que era um spoonerismo e havia procurado o sentido no dicionário, como certa vez fizera, e encontrou o exemplo *"crushing blow – blushing crow"* (golpe esmagador – corvo que cora). No sonho, não havia nada de estranho no nome senhorita Spoonerismo, nenhuma piada ou algo irreal.

Os elementos essenciais que desejo enfatizar são: a passagem da frente para os fundos da casa, a intrusão, a falsa identificação, a inversão da mentira, a morte, o equívoco referente ao estado marital dos dois casais Elizabeth-Richard, e a ambiguidade de sua acolhida (evitando os cumprimentos, mas temeroso de ser acusado de penetra).

Os antecedentes analíticos do sonho são muito importantes. Esse paciente havia perdido o pai numa tenra idade, e sua mãe nunca tornou a se casar, embora tivesse muitos pretendentes e fosse de uma natureza apaixonada. O paciente era casado com uma mulher jovem e encantadora, que ele vivenciava, como documentaram inúmeros sonhos, como parte de sua mãe, concretamente os seios-nádegas com que ele tinha uma relação erótica e possessiva. De vez que nenhum pai cabia em seu mundo interior, este era presidido por ele mesmo como o maridinho, a diferenciação entre os níveis adulto-infantil era extremamente confusa. Portanto, em sua onipotência infantil, ele não conseguia reconhecer que tratava mal suas mulheres com seu comportamento masculino. Isso se repetia na transferência materna na análise, em que seu caso de amor com o método analítico produziu o sentimento de ser o paciente ideal, de modo que nunca conseguia reconhecer como controlava seu material, denegria o analista como pai e se mostrava relutante em mostrar respeito e gratidão aos aspectos de seu pai e de sua mãe no analista – representados especificamente pela insistência de que só poderia pagar pouco pelas sessões porque sua renda futura era incerta.

162 VIDA ONÍRICA

A prolongada querela quanto a essas questões foi momentaneamente interrompida um pouco antes do feriado, quando ele se dispôs a pagar o preço regular pelas sessões por pressão da ansiedade depressiva com relação à posição do analista, provocada por um sonho em que *sua mãe, com a mão no peito, queixava-se do egoísmo dele, de que, depois de uma refeição farta, ele ia a uma festa com a esposa, deixando o bebê aos cuidados dela.* Mas esta atitude diferente e o insight se perderam quase imediatamente após o feriado, e a velha luta recomeçou. Assim, o sonho ressurgiu devido à pressão de ter recebido uma conta cujo pagamento negligenciava sem motivo, negando-se até a mencioná-la.

Durante a sessão do sonho com a "senhorita Spoonerismo", o paciente mostrou-se resistente à análise, mas veio para a sessão seguinte com uma postura diferente, pagou sua conta e trouxe material que havia retido. O que havia omitido na sessão anterior foi que naquela noite planejava ver um novo filme estrelado pelos Burton, em que Elizabeth desempenhava o papel de uma mulher moribunda e sem marido.

A análise do sonho foi, em essência, como se segue: nele, vimos mais uma vez o garotinho intruso (o penetra) que não permitia que Mamãe (Elizabeth) se casasse com Papai (Richard, o divorciado cujo convite da esposa ele planejava recusar) porque não podia suportar a ideia que tomassem emprestado e possuíssem o seio (seu carro branco) que ele pensou ter alcançado entrando na genitália da mãe durante o coito (a festa), pois estava muito confuso entre seio e nádega (da frente para o fundo da casa). Nessa confusão, não conseguia entender a ideia de não ser bem-vindo à genitália da mãe quando era convidado a seu seio (o convite para o almoço da outra Elizabeth), mas evitou os sinais de que não era bem-vindo (afastando o olhar enquanto avançava pela multidão) e mentiu sobre sua intenção (devolver, e não emprestar, o carro).

Só quando relacionamos este sonho ao anterior ao feriado (a mãe com mão no peito queixando-se de seu egoísmo) e o filme que estava planejando ver na noite seguinte (da divorciada moribunda), é que podemos entender o que a morte aparentemente irrelevante da senhorita Spoonerismo significava: que a Mamãe que trata a intrusão do garotinho que confunde a frente (seio e genitália) com as costas (nádegas e reto) com uma piada (blushing crow – corvo que cora), é uma Mamãe moribunda (crushing blow – golpe esmagador) devido à falta de amor (a divorciada moribunda, no filme visitada apenas por um gigolô, o Anjo da Morte). É o sonho de um poeta de grande talento, em termos de representação visual e verbal.

No caso de nosso sonhador, já formulamos seu material no que se refere à estrutura da transferência e sua situação interna com as referências genitais. Voltemo-nos agora para a referência linguística. A confiança de nosso poeta na linguagem como ferramenta onipotente remonta a um período bastante inicial de sua vida. Em sua família se contava a história de que, aos seis anos de idade, ele repelira, com uma torrente de lógica e invectiva, a polícia política de seu país natal que fora investigar a casa na ausência do pai. Ele tinha orgulho da velocidade e da acuidade com que havia passado de sua língua-mãe para o inglês durante a puberdade. Sua capacidade com as palavras abriu-lhe as portas do mundo, abreviando sua educação formal. Sua facilidade com a língua permitia-lhe falar com desenvoltura com uma grande variedade de pessoas cultas de várias áreas do conhecimento, em termos que escondiam, não só dos outros, mas também dele próprio, seu limitado conhecimento de ciência, história, filosofia, matemática, economia, política etc. Seu gênio era uma arma digna de crédito contra seus perseguidores e como instrumento de sedução.

De maneira similar, seu contato com a fantasia inconsciente era excepcionalmente detalhado e consistente. Raras vezes chegou para uma sessão sem um sonho, vividamente recordado e comunicado com eficácia, em termos de seu conteúdo visual e afetivo.

Os elementos linguísticos manifestos no sonho são os seguintes:

1) Equação dos objetos por meio da equação de seus nomes – os dois casais Elizabeth-Richard. Com esta equação, ele conseguiu desemparelhá-los em nível verbal.

2) Os muitos níveis em que se dá a inversão do significado no sonho e nas associações – ir do jardim da frente para a garagem nos fundos; a inversão tomar emprestado-devolver; o equilíbrio entre Elizabeth e não Elizabeth; a incerteza do convidado-penetra; o contraste festa-morte.

3) Este contraste festa-morte também evidencia o modo pelo qual os afetos são invertidos, sendo a chave para o uso defensivo do spoonerismo como forma de humor, como em golpe acachapante – corvo que cora.

Assim, estamos lidando com uma defesa maníaca contra a dor depressiva, cujos elementos podem ser assim listados, segundo o sonho: o divórcio do casal Elizabeth-Richard; o penetra; e o empréstimo do carro, presumivelmente sem permissão.

Todas essas demonstrações de egoísmo, que fazem com que a mãe ponha a mão no seio ameaçada de morte pelo golpe esmagador, são o inverso da piada do spoonerismo e da mentira maníaco-reparadora de que ele está devolvendo o carro. A morte da senhorita Spoonerismo, portanto, significa que ele deve optar entre a morte de sua mãe e a morte de sua esposa-seio solteira, a senhorita S., que acha que as brincadeiras verbais do menininho são tão engraçadas que o fato de ele ser penetra deve ser perdoado. É interessante observar que o sentido do seio é alterado, pela morte da senhorita Spoonerismo, do carro branco que ele veio tomar emprestado no posto de primeiros-socorros, assim também diferenciando seio

de nádegas (o branco do carro na parte traseira da casa-jardim-
-festa genital). As implicações sintáticas são de especial interesse.
Chegando como chega a um ponto da análise em que o insight
começou a alterar o equilíbrio econômico entre as relações esquizoparanoide e as depressivas (Es↔D) com os objetos internos e
na transferência, o sonho pode ser visto como algo com uma estrutura que chamo de estrutura de "junção T" devido a seu tipo
inequívoco de representação nos sonhos. A estrutura de sua frase
seria: "Eu costumava... mas devido a... eu agora...". Nesse caso: "Eu
costumava me sentir à vontade para invadir a relação sexual entre
Mamãe e Papai, tomando emprestada a nádega de Mamãe para
o meu prazer, somente preocupado com que outras pessoas não
pensassem que eu assim procedia sem permissão de Mamãe, mas
devido à morte de seu senso de humor com relação ao meu egoísmo, agora percebo que é mentira quando digo que, pela defecação,
estou devolvendo algo que tomei emprestado dela e, de qualquer
modo, percebo que essas intimidades eram consentidas pela empregada, e não por minha mãe".

A tese de que as crianças chegam a entender e falar a "língua"
antes de entenderem o uso das "palavras" implica que a linguagem
é um processo profundamente inconsciente e não, como Freud se
sentiu inclinado a achar, algo que ocorre entre os níveis consciente
e pré-consciente (falando em termos topográficos) como meio de
ancorar o pensamento no consciente. Ao distinguir o uso da linguagem do uso das palavras, damos a entender que é esta transição
que possui certa significância topográfica, e não o presumível processo de transformar a imagem em linguagem.

Outro modo de expor a mesma ideia seria fazer a distinção
entre o uso da linguagem como modo de operação da identificação
projetiva – ou seja, para a comunicação dos estados da mente, e
o das palavras usadas para a transmissão de informação da mente

para a mente. O primeiro envolve certo grau de regressão ao narcisismo em que os limites do objeto-self são, em certa medida, esvaídos ou obscurecidos momentaneamente.

Isso, contudo, não corresponde à "fala egocêntrica" das crianças, proposta por Piaget, o que na realidade é uma fala interior vocalizada. Pode ser útil, por exemplo, fazer uma distinção entre os dois tipos de ininteligibilidade. Essa fala egocêntrica, em seus estágios iniciais, corresponde ao "balbuciar" infantil, em que a criança espera ser tão entendida por seu objeto externo quanto o é por seu objeto interno. Em contraposição, temos esses equívocos baseados na homogeneidade, na reprodução incorreta dos morfemas, nas inversões dos fonemas do tipo spoonerismo, na substituição de antônimos, nos *double-entendres*, na supressão de partículas e assim por diante. Isso inclui os "disparates" que tanto divertem os adultos. No sonho de "senhorita Spoonerismo", ilustrei a maneira pela qual a fantasia plástica inconsciente e a manipulação verbal estão vinculadas. Nesse caso, o material provinha de um adulto de muito talento e não muito doente. Quando consideramos os pacientes muito psicóticos, encontramos evidência do primeiro tipo de dificuldade – da linguagem balbuciada –, mais uma vez acompanhada por uma certa confusão, mas dessa vez entre os fonemas e o pensamento subjacente. Ela também produz um tipo de humor como o dos "bêbados", muito empregado pelas tiras em quadrinhos.

Como exemplo, teremos uma mulher de uns 30 e poucos anos, de aparência ainda bonita, de aspecto frágil e ainda púbere, que ficara internada durante oito anos, com um diagnóstico variado, que ia do maníaco-depressivo ao catatônico, em diferentes épocas. Sua vida na clínica dividia-se em períodos de total inatividade e de atividade intensa, quando trabalhava como copeira ou faz-tudo, sob o controle tirânico de Millie, outra paciente crônica que estava à frente de uma espécie de camarilha, um círculo social.

No comando desse grupo, minha paciente tinha a impressão de que Millie dominava toda a ala e intimidava os funcionários. A paz só era ocasionalmente interrompida por alguém – inclusive minha paciente – que estivesse "subindo pelas paredes" ou "quebrando tudo". No primeiro caso, a pessoa gritava de maneira desaforada e, no segundo, quebrava pratos e outras peças de louça. Essas crises eram atribuídas a diversas intromissões dos funcionários ou visitantes na *pax romana* de Millie: "Se pelo menos eles nos deixassem em paz", dizia ela amiúde. A análise, para a qual a paciente chegava de carro e acompanhada por uma enfermeira, limitava-se a duas vezes por semana, sendo esta a máxima interferência nesse status quo que ela conseguia tolerar.

As se aproximarem as férias de Páscoa, ela começou a "quebrar tudo" e a "subir pela parede", além de tentar se suicidar ao voltar para a clínica depois de cada sessão. Mas lutava contra essas crises, fazia se trancar num quarto sem comunicação e se mostrava bastante cooperativa nas sessões. Na penúltima sessão, ela trouxe os seguintes sonhos:

1) *Millie cortava e distribuía alface.*[4]

2) *Amy podia quebrar um pequeno tanque*[5] junto à porta de seu quarto.

As associações, por vezes estimuladas pelos sons inquisitivos produzidos pelo analista ou pela repetição de palavras do analista, contribuíram com mais informações. Às vezes eles comiam alface nas refeições, mas não havia nenhuma refeição no sonho. Amy é do tipo "quebra tudo" e fica aborrecida nas férias quando sua ala se esvazia de boa parte dos residentes já que os parentes levam para casa os menos doentes. O "tanque" (*tank*) era de vidro, grande o

---

4 Em inglês = *lettuce*, que também soa como *let us* = deixe-nos [N.T.].
5 Em inglês = *tank*, foneticamente próximo de *thank* = agradecer [N.T.].

168   VIDA ONÍRICA

suficiente para conter cerca de meio litro, com uma graduação semelhante à de um termômetro. Os sonhos foram assim interpretados: se vocês nos deixarem sozinhas (*let us alone* = *lettuce alone* = alface só) e não despertarem nossos sentimentos afetivos (Amy) não destruímos nossa capacidade (comportando cerca de meio litro) de gratidão (*t(h)ank*) = agradecer) quando formos deixadas sozinhas (feriado de Páscoa).

É característico da paciente, quando deixa a sala no final da sessão, ficar murmurando entre soluços à porta *msoy* (*I'm sorry* = lamento, sinto muito), por não ter trazido nenhum sonho, ou *thany* (*thank you* = obrigada) quando efetivamente traz sonhos. Ela chora durante a volta à clínica e é tomada por impulsos suicidas de se jogar do carro, estrangular-se com a echarpe, envenenar-se com comprimidos guardados em segredo.

Surge claramente a imagem de crianças, como a de um campo de concentração, amontadas umas contra as outras e em absoluta aversão pela brutalidade do mundo adulto, numa busca por alimento e o compartilhando, com o estribilho *let us alone* (deixem-nos sozinhos), *lettuce alone* (deixem-nos sozinhos), *ledusalown* (deixem sozinhos), num canto cada vez mais alto, mais desafiador, mais disártrico: *LESALON* (deixem sozinhos).

Atrás da porta do consultório fica o hospício do mundo adulto, por onde andou à deriva de cama em cama durante anos antes da hospitalização, em busca de um objeto amoroso, ou seja, um objeto a ser preenchido com seu amor. Mas este processo deveria ser interminável e ininterrupto, pois a remoção do mamilo de sua boca (o tanque-mamadeira junto à porta de Amy) confronta-a com o fato de ter esvaziado seu objeto. Isto torna sua gratidão tão dolorosa que ela quebra o objeto e, com ele, a percepção do sacrifício que ele fez por ela, sua capacidade de recordar o alimento, sua percepção de um objeto bom.

"Deixem-nos sozinhas" (*Let us alone*). "Diga obrigada" (*Say thank you*). "Deixem-nos sozinhas" (*Lettuce alone*). "Diga obrigada" (*Say thanks*). DEIXEM-NOS SOZINHAS!!! (*LESALON*). OBRIGADA! (*TANK*).

Extrapolando a implicação fonêmica dos dois sonhos dentro da situação social a que se referem, ou seja, a ala da clínica psiquiátrica de um lado, e a situação analítica de outro, espero ter conseguido demonstrar a deterioração da linguagem que é tendência acentuada nesta paciente. Não só a estrutura morfômica parece diluir-se numa confusa homonimidade, mas a concretude da imagem ("alface só", *lettuce alone*, e "tanque", *tank*) parece estabelecer uma relação oscilante, que faz eco à estrutura fonêmica. A extrapolação do balbucio do bêbado, em minha opinião, é uma tendência inequívoca. O fundamental é que a "linguagem", não obstante, é preservada, apesar do fluxo das estruturas morfômica, fonêmica e sintática. Nas duas imagens, Millie distribuindo a alface e Amy com o tanque junto à sua porta, a linguagem de "deixem-nos sozinhas" *(let us alone)* e "obrigada" (*thank you*) se conserva no sentido infantil de que a fala interna desenvolve-se ignorando as palavras e a gramática como manifestações dos estados mentais, ou seja, a retirada e o endividamento, respectivamente.

Sugiro que a linguagem é, em primeiro lugar, uma função da fantasia inconsciente que emprega a identificação projetiva como seu modo de comunicação. A substância de suas comunicações são os estados da mente. Seus meios de comunicação são basicamente primitivos, ou seja, o canto e a dança. Como sua motivação é a comunicação dos estados mentais, o conteúdo de sua informação relaciona-se basicamente com a realidade psíquica e, assim, com o campo da experiência relevante à arte, à religião, ao galanteio e ao combate. É tão grande a sutileza de seu conteúdo no que concerne ao alcance e à intensidade da emoção, da complexidade, dos níveis de abstração e das operações lógicas que só os poetas conseguem aproximar-se dela verbalmente. Evidentemente, sua história deve preceder a linguagem verbal em inúmeros milênios, tendo atingido o nível atual de desenvolvimento durante a pré-história, quando a comunicação da informação sobre a realidade externa ainda se limitava ao ato de apontar. Esta mesma sequência se repete no desenvolvimento da infância, em que a comunicação elaborada entre mãe e filho, consistindo de sons e gestos que se aproxima do canto e da dança, apresenta um marcado contraste com a dificuldade de apontar e nomear os fatos da realidade externa.

Portanto, sugerimos uma teoria do desenvolvimento da linguagem em dois estágios: o primeiro consiste na percepção da criança de sua capacidade intelectual de produzir uma linguagem interna, para a "public-ação" (Bion) externa dos estados da mente; o segundo estágio consiste na adaptação dessa linguagem à descrição da realidade externa, por meio da verbalização, ou seja, a delineação dos morfemas dentro de "cadeias" (Chomsky) de fonemas. Segundo esta concepção, a gramática ou a sintaxe é vista como função da linguagem interna. Assim, sua delineação é necessariamente intuitiva, colocando o gramático na posição de avaliador *a posteriori* da diferenciação entre o gramatical e o agramatical que não tem mais validade de juízo de valor que afirmar que o francês é inferior ao inglês. Creio que esta é a tese que Whorf desejava estabelecer, mas, como lhe faltava o equipamento conceitual para fazer a distinção entre linguagem interna e externa, ele se perde em uma defesa irrelevante da equivalência moral da linguagem primitiva. Chomsky, por sua vez, estando ligado a um conceito da linguagem da teoria da informação, concebe a gramática como algo convencional, portadora de partículas de significado que podem ser introduzidas em seus continentes vazios numa série infinita de variações, dotadas ou não de sentido.

Em nossa teoria, a gramática manteria uma relação absolutamente estreita com a linguagem da fantasia inconsciente, de maneira semelhante à relação de uma escala tonal com o corpo da música ou como um determinado conjunto de axiomas se relaciona com a teoria geral de uma determinada geometria; ou como um determinado conjunto de "direitos naturais" se relaciona com um corpo legislativo e o que os tribunais efetivamente realizam.

Nesse sentido, Chomsky está certo ao imaginar que a gramática "gera" a linguagem, não por causa da existência de um conjunto de "regras" separado do significado. Em vez disso, trata-se de um conjunto de significados básicos relativos ao tempo, espaço, pessoa e operações lógicas que determinam a transformação da linguagem interna em fala interna, por meio da verbalização. Num certo sentido, Freud estava certo ao imaginar que as palavras tinham uma relação especial com o consciente, visto que a atenção, que compete de maneira especial ao consciente, é direcionada pela verbalização para os itens da percepção que, de outra forma, não a comandariam, do mesmo modo que um item de um campo visual estático atrai imediatamente a atenção.

Ernst Cassirer tratou a linguagem como uma das muitas formas simbólicas possíveis, pela qual a cognição pode se auto-objetivar por meio da atividade mental. Dessa forma, ele aplicou os princípios formais de Kant à epistemologia para ir além do preconceito filosófico habitual de considerar a palavra e a ideia como idênticas. Digo "preconceito", pois os filósofos são entes "verbais", da mesma forma que os artistas são "visuais", e os músicos "auditivos", em termos do modo de representação espontâneo que preferem. Parece-me que Chomsky mais tarde também chegou a este conceito. É um conceito que está implícito na teoria psicanalítica da mente, embora o próprio Freud tenha se mostrado um tanto equivocado neste sentido. Pelo menos, não podemos saber realmente como sua primeira visão topográfica da estratificação da mente, em termos de níveis de consciência, e seu posterior conceito estrutural se fundem quanto à relação da verbalização com o pensamento. Há muito pouco a se encontrar além de o "Projeto" (1897) e o capítulo VII de *A interpretação dos sonhos* (1900), que, num certo sentido, são ambos pré-analíticos do ponto de vista do método clínico de investigação. Minha impressão é que a palavra e o símbolo permanecem estreitamente ligados em sua mente como representações do significado num sentido muito mais estrito que o "visto como" de Wittgenstein, e num sentido ainda mais restrito com relação ao significado das palavras que os metaníveis de Russell. O conceito de percepção como processo criativo-ativo só entrou efetivamente para o pensamento psicanalítico com a obra de Paul Schilder. O conceito freudiano da consciência perceptiva foi, por exemplo, uma teoria muito mais fotográfica, uma " 'cópia' teórica".

Até que ponto chegamos em nossa argumentação? Com efeito, apresentei algum material clínico, especialmente os sonhos de um poeta neurótico e de uma pintora psicótica, para expor a tese de que a linguagem, em seu significado mais verdadeiro, é um processo que emerge da fantasia inconsciente; que as representações formais de vários tipos organizam essas fantasias nas formas publicáveis que podem servir como modos de comunicação dos estados mentais. A linguagem é uma dessas várias formas. Qualquer representação formada pode ser utilizada de modo secundário como sistema notacional para a comunicação da informação, por meio de uma espécie de elipse que omite a menção ao processo cognitivo, como, por exemplo, na frase "sou um gato-perceptivo" de Russell, como a forma semântica correta para "é um gato". Isto, por sua vez, pode ser representado como linguagem escrita ou notação musical.

A questão que agora surge é se as palavras são um sistema de notação por meio do qual as pessoas trocam informações sobre a linguagem como fenômeno ou objeto de conhecimento do mundo exterior; ou elas, em si mesmas, contêm uma forma simbólica, pela qual a cognição é representada na mente?

Aceitamos a linguagem como forma simbólica. Mas e as palavras? E os morfemas? Os fonemas? As letras? Os ideogramas? Os hieróglifos? Sugiro que consideremos a "vocalização" como forma simbólica, e a "verbalização" como seu sistema correspondente de notação.

Mas onde isto nos coloca com relação à gramática? Se voltarmos a nossos dois sonhadores, podemos formular uma resposta convincente para essa questão em termos da análise linguística de dois grupos de sonhos. No caso de nosso poeta, o tema global do sonho é que algo que antes divertia sua mãe, não o faz mais, e que, além disso, o próprio paciente começou a entender que não é engraçado no sentido de engenhoso-divertido, mas só no sentido de triunfante-divertido. No nível da linguagem da fantasia inconsciente, a piada envolve um garotinho que é o pequeno penetra tão divertido com relação às nádegas da mãe que ela realmente não precisa de nenhum outro parceiro sexual. Mas a mamãe-com-a--mão-no-peito pôs um fim a essa piada. A forma simbólica, neste nível, é fantasia visual.

Mas o sonho sugere que a mesma piada tem uma representação em outra forma simbólica, a vocalização, tecnicamente chamada de "spoonerismo". As associações do paciente indicam que isto é a justaposição *crushing blow-blushing crow* (golpe esmagador-corvo que cora). Seria como achar que as piadas deste tipo corresponderiam ao tipo de humor disártico dos "bêbados", tão popular entre as crianças, e abandonar a questão, como se já estivesse explicada. Seria como afirmar que a "torta na cara" é divertida "porque é".

174 VIDA ONÍRICA

O estudo de Freud sobre o humor engenhoso descreve de maneira um tanto extensa a emotividade explorada pelas piadas, mas se preocupa muito pouco em explicar por que a piada é engraçada, ou em investigar as diferentes categorias de humor. Mais uma vez, esta obra foi pré-analítica do ponto de vista metodológico. Só o método da psicanálise clínica pode explorar as profundezas do humor de um spoonerismo e demonstrar sua fonte imediata de efeito cômico na picardia pré-verbal de um garotinho.

Em outras palavras, estou sugerindo que, no caso particular do spoonerismo, o humor vem bem abaixo do nível da verbalização e não tem, basicamente, nada a ver com as palavras ou o equívoco do falante, mas com o significado e seu reverso. Em sua forma vocalizada, o humor adotou um contexto verbal para se expressar. Se o sonho de nossa pintora psicótica tivesse sido uma charada proposta como passatempo numa festa, o humor presumivelmente teria sido um jogo de palavras com as expressões homônimas *let us alone* (deixem-nos sozinhas) e *lettuce alone* (alface só). Não se tratava de uma piada, mas uma demonstração de que a regressão na paciente em seus sonhos e na transferência chegou a um tipo pré-verbal de vocalização, característica da infância pré-escolar, em que a homonimidade de sons é tomada como identidade de significados. Poderíamos concluir que a charada hipotética na festa envolve um pouco de humor cuja determinação inconsciente envolve certa justaposição da mentalidade adulta com a infantil, em que a confusão no nível infantil seria cruelmente ridicularizada, como costuma acontecer entre as crianças maiores e as menores, ou ternamente apreciada, como fazem os adultos com relação às crianças.

Parece, portanto, que elaboramos uma teoria da fala com dois níveis; que essa teoria consiste em um sistema de vocalização como forma simbólica publicável de uma corrente da fantasia inconsciente e, por conseguinte, do pensamento, e que esta vocalização se presta, como verbalização, ao sistema notacional de comunicação de informações sobre o mundo exterior. Assim, achamos que a gramática também possui dois níveis. A gramática profunda (inconsciente) inclui os elementos fonêmico-morfômicos da vocalização em todos seus aspectos musicais (incluindo a postura e a mímica relacionadas com a dança e a dramatização), bem como as operações lógicas da sintaxe implícitas nas justaposições contidas na sequência da fantasia inconsciente. A gramática de superfície contém todas as modificações da vocalização exigidas pela comunicação da informação a respeito do mundo externo para minimizar as muitas formas possíveis de ambiguidade e, portanto, de confusão.

A fala coloquial é muito mal equipada para esta última tarefa, sendo notoriamente "agramatical", no sentido da gramática de superfície. Mas, do mesmo modo, a fala gramaticalmente correta neste sentido de superfície é notoriamente pobre para a comunicação dos estados mentais. Poderíamos nos atrever a sugerir que a habilidade técnica do poeta reside exatamente aqui, na união das gramáticas profunda e de superfície?

Curiosamente, é exatamente esta a conclusão a que Noam Chomsky parece chegar quando revê a história do pensamento linguístico (de Descartes, passando pelos gramáticos de "Port Royal[6]", e chegando a Humboldt, Leibniz e à moderna filosofia).

Portanto, qual foi a contribuição deste capítulo para a nossa teoria geral dos sonhos? Sua principal tarefa foi refutar a constatação de Freud de que a linguagem dos sonhos meramente procede dos resíduos diurnos e, de maneira nenhuma, implica o pensamento

---

6 A Gramática de Port-Royal (1660) representa um corte epistemológico e uma ruptura com o modelo latino. Surge como resposta às insatisfações com a gramática formal da Renascença. Com seus elaboradores, inicia-se a busca do rigor científico, na ruptura com o método das gramáticas anteriores [N. T.].

dentro do processo onírico. Também tentamos substituí-la por um conceito de vocalização nos sonhos como forma simbólica linguística que estabelece uma espécie de relação de fuga com a imagem visual do sonho como forma simbólica plástica. Ao escolhermos o termo "fuga" para expressar a relação entre as duas, em lugar de "paralelo", queremos dar a entender uma interação criativa pela qual as duas formas simbólicas se potencializam mutuamente na captura do significado. Isso confere uma nova pungência à delineação que fez Ella Sharpe da "dicção poética" do processo onírico e estabelece uma ponte para o campo da estética em geral. Parece abrir à investigação a área da "composição" do sonho como objeto estético. Mas talvez essa compreensão da estruturação dos sonhos também possa reverter para a estética como uma ajuda para investigar a composição em vários campos da arte, um empreendimento imenso iniciado de maneira abundante por Adrian Stokes em suas muitas publicações.

8. A fronteira entre os sonhos e as alucinações

Ao estabelecer os sonhos como o ponto de germinação do pensamento nascente, Bion desenvolveu uma teoria do pensamento que implica um padrão de interação dos fenômenos a ser ou não descobertos pelos estudos clínicos, e se isso não ocorrer, declarar inútil essa teoria (correta ou incorreta não sendo termos antônimos nesse campo). Creio que a implicação básica da teoria da função alfa e da Grade seja esta: se uma experiência emocional não é trabalhada pela função alfa a fim de desenvolver elementos alfa (símbolos?) que podem ser usados para a formação dos pensamentos oníricos para serem digeridos como alimento para a mente em desenvolvimento, a experiência emocional deve passar por algum outro processo para aliviar o aparelho psíquico de uma acumulação de estímulos. Alguns desses processos são essencialmente evacuatórios; alguns simulam a digestão, mas desenvolvem um sistema de mentiras que são o veneno da mente e inibem seu crescimento; outros produzem uma espécie de enquistamento ou encapsulamento contentivo, ocupando áreas do aparelho mental,

178 VIDA ONÍRICA

que assim se torna indisponível para o processo de crescimento. Essa analogia com os processos metabólicos não é empregada por Bion como metáfora per se, mas como descrição dos trabalhos do aparelho mental que se desenvolveu em si mesmo, segundo ele, com base na analogia com o sistema metabólico.

Deixemos de lado o terceiro tipo de processo, o do enquistamento, para examiná-lo em outro contexto, de momento supondo que ele corresponde ao autismo. São os dois primeiros processos, o de evacuação e o da digestão tóxica, que vão receber nossa atenção, visto que se relacionam com a teoria geral dos sonhos e com a psicopatologia do processo onírico. Bion sugeriu que, se a experiência emocional, ou, mais corretamente, a percepção da experiência emocional, não for trabalhada pela função alfa, seus elementos tenderão a permanecer como partículas dispersas da estimulação psíquica que ele chamou de elementos beta (poderíamos pensar que teria sido mais razoável seguir a ordem inversa dessa designação alfa e beta, mas é provável que Bion tivesse suas razões para propô-la assim). Por exemplo, ele pode ter achado que sempre se produz o intento de levar a cabo a função alfa, mas por vezes é impedido de fazê-lo, dando marcha a ré, por assim dizer, e canibalizando os elementos alfa incipientes, assim produzindo o que ele chamou de "elementos-beta com traços do ego e do superego". (Ver o capítulo final do terceiro volume de *The Kleinian Development*.)

Na primeira exposição de sua teoria, Bion sugerira que os produtos da função alfa formavam uma espécie de membrana contínua de pensamento nascente que funcionava como uma "barreira de contato" para diferenciar o consciente do inconsciente. Creio que seria mais útil dizer "e para diferenciar o interno do externo", caso contrário se pensará que estamos voltando à velha ideia topográfica do inconsciente em contraposição ao uso sistemático do termo. No uso sistemático que Freud fez dela e que mais tarde desenvolveu como a teoria estrutural, o sistema inconsciente corresponde, em todos os aspectos, ao "mundo interno" no sentido kleiniano da geografia dos espaços mentais, na medida em que o termo "consciente" é reservado para os produtos do "órgão da consciência", cuja função é "a percepção das qualidades psíquicas". Não pretendemos aqui pleitear que esse seja um uso melhor do termo, mas queremos enfatizá-lo para manter claro o significado da linguagem técnica que estamos usando. Pois na metapsicologia ampliada que empregamos, a diferenciação entre os fenômenos do mundo interno e os do mundo externo é uma condição sine qua non de sanidade, da mesma forma que a diferenciação entre bom e ruim é básica para a saúde mental.

Conceitualmente muito próximas da ideia de Bion da membrana da barreira de contato, estão as ideias de Esther Bick sobre a função da pele como continente primitivo da personalidade. Ela vê sua integridade e durabilidade como reflexo da capacidade da mãe como continente, um prelúdio para a introjeção do objeto combinado, mamilo e seio, que representa a rigidez interna que serve de suporte à estrutura – um deslocamento de um modelo "invertebrado" para um modelo "vertebrado" da personalidade, por assim dizer. Mas com relação às funções do sonho, estamos mais preocupados com a ação da diferenciação entre os mundos externo e interno que com a questão da contenção, cuja consequência de sua inadequação é o colapso, e não o delírio. Podemos ver que o significado da pele do corpo e sua contrapartida mental aproximam-se da barreira de contato de Bion. De forma correspondente, os orifícios do corpo ou as aberturas reais (ou potenciais) da integridade da pele provavelmente tenham o significado de portas de entrada para o mundo interno e, portanto, para o sistema inconsciente. Tomando ao pé da letra nossa concepção anatômica, em geral não pensamos nos olhos como orifícios, talvez com mais frequência pensemos assim com relação aos ouvidos, de uma vez que a membrana do timpano não está à vista. Mas, sem dúvida, para as crianças – e para o inconsciente – os olhos são portas principais, juntamente com a boca, o nariz, os ouvidos, o ânus, a vagina e a uretra.

Na área da alucinação, os olhos e os ouvidos são os dois focos mais importantes de perturbação, embora não sejam necessariamente os que sofrem com frequência experiências alucinatórias, ou o que Bion prefere chamar de "transformações em alucinose". Provavelmente, os dois sentidos muito mais afetados sejam o paladar e o olfato. Com propriedade, deveríamos incluir também a vasta área das alucinações dérmicas, tais como a coceira, a cócega e a queimação, mas raramente pensamos nelas como alucinatórias, a não ser quando acompanhadas de ideias delirantes, como nos delírios de formigamentos. Em geral, são os receptores à distância que atraem nossa atenção, pois os fenômenos alucinatórios que os habitam dão origem à ansiedade ligada ao problema bem definido da localização e, portanto, da realidade, externo versus interno. Tradicionalmente, a psiquiatria tem estabelecido a distinção entre "ilusão" e "delírio", dependendo da existência de um estímulo externo. Tem havido certa relutância em chamar de delírio ou alucinação uma identificação equivocada na rua ou alguém acreditar ter ouvido seu nome chamado em público, em comparação com o mesmo fenômeno quando não há ninguém por perto. Mas essa distinção não é útil para os nossos propósitos. Por muito comuns que sejam esses acontecimentos entre as pessoas "normais" e por insignificantes que sejam no concernente à saúde mental em geral, não devemos eliminá-los da fenomenologia pertinente a nosso caso. De fato, quando estabelecemos um vínculo entre a alucinação e o sonho, queremos dizer que as alucinações auditivas e visuais são, naturalmente, o fenômeno central objeto de estudo, já que são os meios preeminentes da representação onírica.

De acordo com isso, devemos enfrentar outra ideia inusitada com relação a esses dois órgãos: a reversibilidade de suas funções. Podemos pensar nos olhos como expressivos, no sentido de que manifestam e comunicam estados mentais, mas não é sua função visual que executa essas operações. Podemos pensar em olhares penetrantes – "se o olhar matasse" e assim por diante –, mas normalmente não pensamos, a não ser nos quadrinhos infantis, em punhais sendo emitidos por nossos olhos. Não basta pensar que o mesmo aparelho pode ser adaptado para mais de uma função. Bion dava a essa reversibilidade um sentido mais preciso: os olhos, que podem receber imagens, também podem emitir e projetá-las. O mesmo acontece com os ouvidos, a língua, as pontas dos dedos, o nariz e os orifícios corporais. Ele tampouco se refere simplesmente a uma confusão de função, como se pudesse confundir o ânus com a vagina. O impacto emotivo de uma boca que cospe não pode ser explicado simplesmente pela confusão.

Nossa compreensão do conceito bioniano da reversibilidade da função se ampliará se fizermos uso de sua sugestão brilhantemente simples de classificação das emoções. Ele sugeriu que as tradicionais dicotomias amor-ódio e conhecimento-ignorância deveriam ser substituídas por emoções positivas e negativas, mais e menos amor, mais e menos ódio, mais e menos conhecimento. De maneira análoga, poderíamos pensar que o oposto de ver não é a cegueira, mas a alucinação. Suponhamos, por exemplo, que, no que se refere à percepção visual, esta pudesse ser representada em um sistema de coordenadas no qual o eixo x representa a visualização, e o eixo y o grau de integração ou fragmentação da imagem. O, o ponto de origem, representaria algo como a cegueira histérica; a visão paisagística do artista se situaria no quadrante superior direito; a preocupação do obcecado pelo detalhe, no quadrante inferior direito; a visão do paranoico, no quadrante superior esquerdo; e a do psicótico em estado de confusão, no esquerdo inferior.

182 VIDA ONÍRICA

Essa transformação em funções positivas e negativas está mais de acordo com a teoria da inveja como "o espírito que nega", o elemento satânico da personalidade, a fonte do cinismo, das mentiras, o operador da Grade Negativa e o arquiteto do Pandemônio. É preciso um esforço de imaginação para compreender uma concepção tão extremada que considera, por exemplo, a reversão do funcionamento dos olhos para projetar imagens da realidade psíquica como algo diferente da operação das fantasias onipotentes da identificação projetiva, tal como as descreveu Melanie Klein. Talvez esteja mais próxima do sentido atribuído ao termo "projeção" na psiquiatria tradicional e usado por Freud, com o significado de "atribuição". Mas isso tudo se revela demasiadamente intelectual para apreender a ideia do aparato visual que funciona efetivamente como um projetor de filmes, em vez de uma câmera. É claro que, por "aparato visual", não estamos nos referindo apenas aos olhos, mas aos olhos mais todo o equipamento do sistema nervoso central, no nível neurofisiológico, próximos da operação dos processos mentais. Para traçar corretamente a analogia, temos que imaginar que o equipamento do sistema nervoso disponível para a mente opere da seguinte forma: o olho é a câmera, os corpos quadrigêmeos se desenvolvem e projetam a imagem na zona occipital do cérebro, onde o aparelho mental dela se encarrega. O órgão da atenção rastreia, seleciona, organiza e põe em movimento o aparelho do pensamento, infundindo significado à imagem. Talvez o primeiro passo dessa infusão de significado envolva a decisão entre a imagem onírica interna e a percepção do mundo externo. Nesse ponto, o negativo do desejo por verdade, C negativo, se impõe para gerar a alucinação visual ao reverter a direção da fonte da percepção da imagem (e, de maneira similar, para gerar o delírio, revertendo a localização do significado).

Os trabalhos mais recentes sobre a fisiologia dos sonhos que revelaram os movimentos rápidos dos olhos (REM) durante os períodos do sono em que sonhamos, sugerem claramente que o aparelho ocular está se comportando, durante o sonho, de modo idêntico a seu constante rastreamento durante a percepção da vigília. É interessante observar que a proporção entre os REM e os não-REM durante os períodos de sonhos é muito diferente no adulto e no bebê, sendo cerca de 20% no primeiro, e de 5% a 10% no segundo. Se levarmos em conta que o bebê dorme mais de duas vezes que o adulto, o tempo total em que acontece o sonho, durante vinte e quatro horas, é o mesmo para os dois. Mais uma vez, isso parece sugerir que a analogia entre a função onírica e a função digestiva tem mais que validade poética. Os humanos precisam de tempo para "ruminar".

Antes de passarmos para o material clínico que, como esperamos, vai demonstrar a utilidade dessa formulação, para a nossa compreensão do processo onírico e o que gostaríamos de chamar de psicopatologia, ou seja, a formação da alucinação e do delírio, devemos fazer uma pausa para tentar apreender o significado econômico dessa teoria da reversibilidade das funções. A descrição feita por Melanie Klein dos processos de cisão provavelmente introduziu um firme significado estrutural ao conceito de narcisismo, chamando a atenção para a ideia do "grupo" como princípio organizacional da personalidade, mas Bion foi um pouco mais longe. Ao sugerir que os princípios que, segundo ele, comandam a mentalidade de grupo no mundo externo também podem prevalecer na personalidade, abriu-nos o caminho para reconhecer as evidências do princípio "tribal" ou "político" de organização em operação na esfera interna. O conceito de pensamento de "pressuposição básica" e a sugestão de que uma grade negativa pode estar em operação na mente possibilitaram-nos desenvolver instrumentos para o reconhecimento e a dissecação das operações mentais da criatura política e grupal que está dentro de nós. Também é essencial que sejamos capazes de reconhecer o ponto de impacto dessas

184   VIDA ONÍRICA

duas fontes de irracionalidade. Enquanto o conceito freudiano de "mecanismo de defesa" definiu a operação de modificação da ansiedade, a visão de Klein de uma "fantasia inconsciente" localizou essa operação, assim abrindo caminho para elucidação detalhada desses mecanismos. Bion fez o mesmo com relação aos princípios de organização da personalidade em sua constante mudança, de situação para situação e de um estado psicológico para outro. Nesse contexto conceitual, é crucial considerarmos a consciência como produto de um órgão de atenção que rastreia e seleciona os produtos da função alfa (Coluna C da Grade, a fantasia inconsciente). A parte da personalidade que controla esse órgão teria o poder de desenvolver o pensamento ou o antipensamento. Isso corresponde à situação no mundo externo, onde a liberdade de informação é reprimida pelos meios de comunicação de massa, com o propósito de propaganda. Dentro desse quadro, o conceito de controle do órgão da consciência por partes da personalidade aliados aos objetos internos bons teria o significado de "liberdade da imprensa interna". Aqui se encontraria por excelência a linha da batalha entre a sanidade e os sentimentos e pensamentos civilizados. E, de fato, é onde a encontramos em nossos consultórios! Vamos agora examinar se a experiência clínica realmente demonstra a utilidade dessas ideias.

Max

Maximilian, por todos conhecido como Max, é um garoto africano de nove anos de idade que frequenta em Londres uma escola para crianças com dificuldade de adaptação, onde recebe atenção especializada por parte do pessoal e tratamento psicoterápico por um estagiário da clínica de psicoterapia infantil de Tavistock. Max é um menino estranho, muito ativo e atraente, mas virtualmente mudo, ineducável, inquieto, distraído e quase continuamente tomado por alucinações. Max passou os meses iniciais da terapia enchendo páginas e páginas de um rabisco caótico, em meio ao qual apareciam estranhos e pequenos desenhos que pareciam ser o início de uma escrita cursiva, assim como nomes em letras de imprensa, principalmente de crianças. Ele também ficava olhando para o vazio ou, mais exatamente, os espaços superiores da sala e foi essa atividade que muitas vezes chamou a atenção do terapeuta.

À medida que o contato de Max com o terapeuta se tornava menos esporádico, este começou a lhe indicar certas tarefas relacionadas com uma listagem mais sistemática dos nomes de crianças da escola. Por exemplo, o terapeuta lia os nomes e fazia perguntas específicas, tais como: "Quem vai de ônibus?", ou "Onde está Sharon?"; quando o nome não figurava na lista das crianças que usavam o ônibus escolar, ou na fila ou na aula. Mas ele também tinha que responder: "Sharon não está. Sharon está na Irlanda". Mas "Irlanda" significava "para cima", e Max começava imediatamente a examinar as partes mais altas da sala. Alternadamente, "no-Anthony" (Anthony não está) podia significar, para ele, que o colega estava no *"building school"* (*boarding school)[1]*, numa referência ao edifício da escola, o que fazia com que o olhar se dirigisse para cima, numa atitude de busca. Quando os nomes das crianças não eram muito conhecidos, podiam ser representados por apenas uma letra, e a tarefa do terapeuta consistia em soletrar os nomes. Uma vez apresentado sob forma escrita, o nome nunca mais era incorretamente escrito, e as listas se tornaram bastante longas e corretas, com referência à ortografia e às crianças presentes e ausentes.

Max não se limitava a olhar para o alto da sala, ele também fazia, com o lápis na mão, movimentos como se estivesse escrevendo

---

1 A escola em que Max está é um internato, em inglês *boarding school*, cuja pronúncia se aproxima de *building school*, literalmente "escola edifício" [N. T.].

186 VIDA ONÍRICA

naquela direção. Essas atividades e as limitadas funções do terapeuta pareciam intermináveis, até que um dia Max trouxe dois livros emprestados da sala de aula, ambos sobre um esquilo chamado Bushy. Em um deles, o esquilo era atazanado por *"Bully"* (*'Valentão'*), enquanto no outro era atormentado pela "Mosca Boba". Ela sempre dizia: "Me observe", "Olhe para mim" e "Você não me pega". Então, começou a parecer que os objetos de suas alucinações estavam ligados aos que o intimidavam, mas eram precisamente os meninos valentões como Anthony que, quando Anthony não estava, deviam estar lá no alto, no "escola edifício". O certo é que as crianças muito agressivas que perturbavam as aulas e atormentavam as menores eram suscetíveis de ser enviadas ao internato pertencente à organização. Anthony também havia se submetido à terapia.

Então, outro fenômeno se apresentou, relacionado com "Anthony que não estava", o que possibilitou ao terapeuta formular as histórias de *"Bushy"* para descrever a Max a fonte de suas alucinações e o se sentir perseguido por crianças ausentes. Quando escrevia "Anthony", havia uma tendência a desintegrar a escrita em um "A" seguido por uma linha ziguezagueante. Depois, até o "A" perdeu seu formado e se transformou numa cabecinha arredondada com uma cauda ondulada; depois que Max a desenhava, ficava esquadrinhando o alto. Isso indicava claramente que as listas que haviam dado lugar às histórias de *"Bushy"* possibilitavam que Max "fixasse" os perseguidores de suas alucinações no papel, mas eles tendiam a perder sua definição e escapar do papel. Isso deu sentido ao ato de escrever no ar, como processo de aprisionar o perseguido e capturá-lo com seu nome, preso no papel como uma borboleta. Pôde-se reconhecer retrospectivamente que essas criaturas semelhantes a girinos tinham habitado os rabiscos dos meses iniciais da terapia.

Durante esse estágio da terapia, o comportamento de Max na sala de aula mudou visivelmente, muito menos alucinado, com ele se relacionando mais com as outras crianças e o professor. Pouco depois aconteceu um incidente em que a criança foi objeto de um abuso obsceno por uma gangue de meninos mais velhos, embora parecesse não ter se ressentido disso. Em vez disso, ficou muito mais ligado emocionalmente a seu terapeuta. Um material de natureza transferencial, mais habitual na análise de crianças, fez sua aparição. Uma terapia psicanalítica então teve início.

O idioma bioniano presta-se, quase sem esforço, à elucidação desse material, da mesma forma que se costumava brincar afirmando que as crianças pequenas que eram submetidas à terapia deviam ter lido *Psychoanalysis of children*, de Melanie Klein. Maximilian parece ter sido atormentado pela ansiedade com relação às "crianças ausentes", mas não era capaz de pensar no significado da ausência delas. Em vez disso, essas crianças "que não estavam" eram expulsas de seu aparato mental através dos olhos como homúnculos que invadiam o espaço em que ele vivia. Sua atenção era tão exclusivamente dirigida para esses "nadas circulantes" que ele mal podia atender a outros aspectos do mundo. Mas ao conseguir a ajuda de seu terapeuta para fixá-los no papel por meio dos nomes – em que o nome e a coisa-em-si-mesma eram praticamente indistinguíveis – a ansiedade que engendravam ao invadir seu espaço-vida era momentaneamente contida. Contudo, ele apenas os tinha fixado na superfície do papel, e não os transformado em representações de sua mente, de modo que eles tendiam a lutar para se livrar dessa amarra e tornar a se lançarem em seu campo visual. Foi somente quando assumiram um significado, a se ligar e a "lutar", para finalmente se relacionarem com as figuras do mundo com quem ele começara a interagir, embora de maneira masoquista, que ele conseguiu limpar o ar de inimigos.

188 VIDA ONÍRICA

Essa "fixação" é o processo que atrai nossa atenção, pois parece tão urgente em sua aparição e tão abrangente em termos de suas consequências para Max. Lembramos imediatamente da alegoria bioniana do conteúdo em busca de um continente, a "nuvem de incerteza" e o "retículo frouxo do doutor Jacques", como ele jocosamente o denominava. Não há dúvida de que Max se sentia muito ameaçado por esses objetos circulantes e que as criaturas semelhantes a girinos, ou espermatozoides, também lhe parecessem ameaçadores. Se Karen ou Duncan podiam se converter em "crianças que não estavam", Max também não poderia ser transformado em um homúnculo voador no campo visual de outra pessoa? Não seria imaginativo demais falar da semelhança com as ideias sobre fantasmas e espíritos em relação a um processo mental de uma criança criada numa família ainda permeada de uma cultura tribal. Com isso voltamos a propor uma teoria da mente que inclui a possibilidade de um nível "tribal" de mentalidade, mesmo nas mais sofisticadas personalidades.

O que chamamos de "fixação" seria o mesmo que a referência de Bion ao termo "ligação" como função de "denominação"? Estamos interessados na localização geográfica do objeto, enquanto ele, Bion, talvez esteja mais preocupado com a ligação do objeto com um continente epistemológico sobre o qual o significado poderia então ser adicionado. Já sugerimos que a fixação da geografia pode efetivamente ser o primeiro passo da operação da função alfa e o ponto em que a reversão da função alfa produz não apenas "elementos beta com traços do ego e do superego", mas também o reverso da direção da função do aparelho perceptivo. Talvez nosso exemplo clínico possa tornar mais convincente nossa argumentação, de uma vez que parece sugerir um processo similar ao de Max, mas operando com uma figura onírica para transformá-la em alucinação da vigília.

Abdul

Abdul é um rapaz indiano de 18 anos, inteligente e de complexão forte, proveniente de uma devota família muçulmana, tendo duas irmãs mais jovens. Desde que chegou à Inglaterra três anos atrás, foi ficando cada vez mais retraído, indelicado, exigente e agressivo, incapaz de dar continuidade à sua educação. Passa os dias cada vez mais absorto por seus sonhos diurnos e figuras imaginárias, como um "cunhado" chamado Arnold e outros facilmente reconhecidos por ele como partes de si mesmo. Os sonhos diurnos não conseguem se distinguir com certeza de outros eventos do mundo externo, nem os do momento nem retrospectivamente. Com certeza, seus sonhos diurnos lhe são mais vívidos que o restrito contato com a realidade externa, limitada a sua família e sua casa até ele iniciar uma análise com um psicoterapeuta de crianças cinco meses atrás.

Numa sessão de meio de semana, ele trouxe o seguinte sonho: *Eu estava assistindo a uma partida de futebol que parecia estar se transformando em uma luta entre os dois times. Os espectadores, todos crianças e jovens, incluíam minha irmã e dois garotos, que reconheci como pertencentes aos meus tristes dias de escola, correram para uma sala escura. Um rapaz ligou um projetor e mostrou um trecho da partida, mas a máquina quebrou. O rapaz fez piada com essa falha. Então, alguém se virou para mim e me chamou de "assassino", e um cara louco (Arnold, o cunhado imaginário do paciente) se aproximou e me disse: "Meu pai me disse que você pode me ensinar caratê".*

Associações e descrições posteriores indicavam que, pela primeira vez, seu mundo de sonhos diurnos havia entrado em seus sonhos. Recentemente, Arnold tem se mostrado mais louco em seus sonhos diurnos, mas ainda bastante agradável. No sonho, o paciente sentiu-se perdido entre outras pessoas, sem "saber seu lugar". A resposta bem-humorada do rapaz quando o projetor quebrou surpreendeu-o por contrastar com a raiva e o impulso que tomaram conta dele no dia anterior ao bater na mãe que lhe havia gravado um programa de televisão errado enquanto ele estava na análise. Não ficou claro se esse programa estava ligado ao recente plano de Arnold de falsificar bilhões de dólares americanos para alterar ou comprometer a economia capitalista, assim beneficiando os pobres; o paciente achava que os motivos de Arnold não eram nem políticos nem altruístas, mas que ele apenas buscava se divertir. Esse plano estava ligado com a impressora usada por seu pai em casa para o seu trabalho; também tenha alguma conexão com o pagamento pela análise que provinha de um fundo familiar.

Os cinco meses de análise parecem ter evitado que esse adolescente, lutando com uma nova cultura, entrasse numa crise psicótica grave. Ele se apegara avidamente à análise e se mostrava bastante cooperativo, confiante, atento e até corajoso com relação à humilhação e à vergonha provocadas por seus sentimentos e preocupações. Ao que parece, ocupamo-nos dele no momento de rechaçar a atração pelo delírio e a alucinação, reavendo, por assim dizer, seu sentido de um mundo onírico interno. O ponto crítico do sonho é o momento em que a partida de futebol ameaça se degenerar em luta, ligado ao fato de quase ter batido na mãe por ela ter gravado o vídeo errado. Vemos que ele é capaz de refrear esse impulso graças ao que no sonho é representado pelos espectadores correndo para uma sala escura onde um trecho na partida está sendo projetado numa tela. Parece-me que isso é uma representação da recém-descoberta capacidade de sonhar e, portanto, de pensar em seu sistema quase deliberado de sonhos diurnos.

Observemos o que acontece: a máquina encrenca, e a loucura começa a se reinstalar – sob a forma de o paciente ser chamado de "assassino", e o louco Arnold pedir aulas de caratê. Isso parece ter acontecido apesar de o rapaz que projetava o filme ter encarado a quebra da máquina com bom humor. Isso sugere claramente o delicado equilíbrio entre o sonho e o pensamento, de um lado, e o delírio e a alucinação, do outro. A erupção da violência, na mente dele e no campo de futebol do sonho, revela claramente a possibilidade ameaçadora de agir violentamente contra a mãe se ela não funcionar como seu aparelho de pensamento, representado pelo gravador de vídeo que ela deve operar em sua ausência. Podemos parafrasear a situação da seguinte forma:

> *Quando estou observando duas pessoas que mantêm uma intensa relação entre si, a excitação que a cena desperta em mim não se distingue da violência destrutiva que há em mim e no casal. É necessário retirar-me para dormir e tentar sonhar para ser capaz de descobrir o significado dessa experiência. Mas se minha mãe interna e seu seio-vídeo falham, não posso sonhar ou pensar e desperto com impulsos violentos. (O sonho, de fato, havia despertado o paciente à 1h30 da madrugada.)*

A significação transferencial do sonho é fortemente sugerida pelo material do plano de Arnold de falsificação, e também pelo impacto da recente interrupção da análise pelo feriado de Páscoa sobre o paciente. Sua dependência com relação ao analista para ajudá-lo a pensar sobre suas experiências nesse ponto concentra-se em prevenir a tendência de essas experiências se aglomerarem, como diria Bion, numa massa de elementos beta, formando uma barreira de pseudocontato do sonho diurno, beirando o delírio e a alucinação. Poder-se-ia dizer, com razoável certeza, que esse é o maior êxito dos cinco meses de análise, ou seja, o estabelecimento da dependência com relação ao terapeuta para desempenhar as funções do pensar, visto que sua mãe interna e seu seio-aparelho-vídeo falham devido às excessivas exigências feitas por ele.

PARTE 3:
A prática da investigação dos sonhos

9. A fronteira entre os sonhos e as ações

Se queremos ser fiéis ao modelo da mente definido pela metapsicologia ampliada de Klein e Bion, devemos pressupor que o processo onírico é a base não apenas de nossa visão de mundo e, portanto, de nosso caráter, mas também que todo sonho é uma tentativa de solução de um conflito que, embora basicamente é matéria do mundo interno, tem implicações para o comportamento no mundo externo. É evidente que os indivíduos se diferem amplamente em sua capacidade de utilizar o pensamento como mediador entre o impulso e a ação; alguns, efetivamente, parecem superestimar sua utilidade e substituem a ação pelo pensamento, de modo que o impulso não encontra nenhuma expressão no mundo externo. Desse ponto de vista, o objetivo da ação, que tende a modificar o mundo externo de modo que possa melhor adequar-se às necessidades do indivíduo, ou pelo menos de seus desejos, se perde na modificação do mundo interno.

196   VIDA ONÍRICA

Para compreender o lugar que ocupam os sonhos em nossas vidas ou, mais adequadamente, a relação entre nossa vida onírica e nosso total processo vital, precisamos nos dedicar aos dois aspectos desse problema: a negação da realidade psíquica com sua dependência da ação experimental, e o retraimento da realidade externa com suas muitas formas de retirada. Em algum ponto entre esses dois extremos do espectro da mediação pelo pensamento entre o impulso e a ação, fica o campo da arte e da ciência, em que o pensamento se contenta em agir a serviço do conhecimento do mundo externo sem necessariamente objetivar sua modificação. Existe uma boa razão para pensar que a prática amorosa, em sua forma mais desenvolvida, pertence a essa área da arte e da ciência. Escolhi esse meio-termo entre o *acting–out* e o recuar, entre uma transformação excessiva e uma transformação inadequada da vida onírica em ação, como a área mais promissora para a investigação do problema. Mas em que efetivamente consiste o problema?

Neste capítulo, vou me referir principalmente aos problemas técnicos da prática da análise. De que maneira a análise dos sonhos nos capacita a ajudar o paciente a buscar a evolução da experiência transferencial sem mergulhar no *acting–out* ou no isolamento em sua vida fora do consultório? Outra maneira útil de abordar o problema seria a seguinte: como podemos ter uma vivência da transferência-contratransferência com um paciente sem que o processo escape da contenção da situação analítica para nenhum dos dois membros envolvidos? "Ele já não pensava nisso como um tratamento. As razões que o haviam levado à análise tinham se desvanecido há muitos anos; era assim que ele vivia." (Alvares, 1982).

Esse tipo de transformação de um tratamento em um modo de vida pode ser duplicado nos analistas cujos relacionamentos em seus consultórios gradativamente se tornam não apenas os mais íntimos, mas os únicos íntimos de sua vida.

Em primeiro lugar, vou ilustrar com material clínico essa área do espectro arte-ciência-prática amorosa dessa fronteira entre o sonho e a ação, para depois voltar à discussão do problema técnico.

Um cientista estrangeiro, que se fixou em Londres para passar um ano sabático, a fim de terminar um livro, veio para análise em novembro, depois de três meses estéreis, em que ele não escrevera sequer uma palavra. Fizera uma análise prolongada em seu país natal, e achava que ela o capacitara a se casar e dar início a uma família; agora um segundo filho era desejado, mas seu impulso sexual perdera o ímpeto, apesar de uma poderosa e consciente atração pela esposa e um profundo desejo de que uma garotinha completasse o quadro familiar. Ele tinha fortes suspeitas de que as duas áreas envolviam uma inibição de criatividade com uma base comum.

Desde o início da terapia, que ocorria quatro vezes por semana, sua excelente cooperação foi marcada por uma característica especial: ele falava não só com a língua, mas também com as mãos, numa combinação muito eloquente. A teatralidade com que seus gestos ampliavam e esclareciam sua maneira inadequadamente expressiva de falar era muito impressionante. De nenhuma forma seus movimentos revelavam expressões culturais da emoção, mas me lembravam dos "teatrinhos de colo", que as crianças eletivamente mudas frequentemente criam. Esses gestos pareciam ser uma parte tão importante de seu sistema de comunicação que não me ocorreu pensar neles como fenômeno a ser investigado, embora eu estivesse ciente de que, desse modo, ele me obrigava a observá-lo continuamente (e também escutá-lo), o que não é meu costume. Estou mais habituado a fechar os olhos enquanto ouço, com um monitoramento periódico das posturas do paciente ou de suas expressões faciais do lado que posso vê-lo de minha posição em diagonal com relação ao divã.

A primeira interrupção de nossas sessões, devido aos feriados de Natal, provocou nele um sentimento de falta da análise surpreendentemente intenso, que parecia estar estreitamente ligado com a morte de seu pai. Por sua vez, sua inibição para escrever deu-lhe uma trégua, fazendo com que seu trabalho tivesse um bom rendimento. Contudo, sua mulher não estava grávida nem sua potência estava aumentando. O trimestre seguinte foi produtivo e interessante para nós dois, mas, de alguma forma, faltava-nos uma direção, e a aproximação da interrupção pelo feriado de Páscoa não provocou nenhuma tensão. Ele havia planejado uma viagem à Escócia com a mulher e o filho, que se realizou com grande alegria, sem ele pensar nem em seu livro nem na análise – em contraste com a interrupção de Natal.

Ao retornar para a análise em janeiro, teve grande dificuldade para voltar a se concentrar no trabalho, até que teve um sonho que, pela primeira vez, chamou nossa atenção para o papel de suas mãos na análise. Ele sonhou que *estava de férias e em seu carro, que estava estacionado. Percebeu então que não conseguia dar a partida porque a bateria arriara; pediu a alguém que lhe empurrasse o carro. Um homem vestido de mecânico apareceu e o empurrou para fora do estacionamento, dizendo-lhe que engatasse a ré para fazer o motor pegar. O mecânico lhe deu um forte impulso e o motor começou a funcionar*, mas, nesse ponto, ele acordou num estado de grande ansiedade, pois havia atropelado seu filho. Essa foi nossa primeira indicação de que suas mãos "mecânicas" tinham alguma coisa a ver com a frequente queixa quanto à sua escrita, ou seja, que as formas mecânicas de pensamento o impediam de se alçar num voo mais alto de criatividade e abstração. Também sugeria que a divisão de trabalho entre a língua e a mão em suas comunicações na análise poderiam empobrecer, em vez de enriquecer, seu conteúdo. Embora suas mãos parecessem ser de grande ajuda para superar certa inibição verbal (o motor parado devido à bateria arreada), o drama mecânico que elas produziam talvez empurrasse seu pensamento numa direção retrógrada que ameaçava destruir o que já havia sido criado em sua mente, em vez de restaurar sua criatividade cambaleante.

Nós dois ficamos tão impressionados com esse sonho, ele particularmente devido à severa carga de ansiedade que o havia despertado, e ele decidiu que suas mãos deveriam permanecer imobilizadas, deitando-se sobre elas. A urgência dos últimos e poucos meses disponíveis para a análise parecia justificar esse insólito procedimento. O resultado foi surpreendente. Sua fala ganhou em termos de colorido e fluidez, e a análise recobrou vida. O mesmo aconteceu com sua escrita, mas não com sua vida sexual – para sua grande decepção. Ela teve que esperar sua elucidação quando ocorreu outro sonho, quase no último momento: *Ele estava andando de bicicleta com o filho no pequeno assento atrás dele, mas o garotinho estava se queixando dos maus-tratos que o pai infligia à bicicleta. Ele não só pedalava depressa demais, mas também abusava dos freios de mão. Ele os girava até o fim.* (Aqui ele teve uma grande dificuldade em expressar o que desejava, e suas mãos escaparam de baixo dele para fazer o gesto: as mãos segurando o guidão horizontalmente, as palmas para baixo e, então, um movimento rápido para trazer as mãos juntas para a posição vertical.) A referência ao clichê hollywoodiano para representar a guerra submarina foi inconfundível, e nós dois o reconhecemos: o capitão esquadrinha pelo periscópio; o navio inimigo aparece no ponto de mira; ele ordena "Fogo um" e dobra as alças do periscópio para baixá-lo.

Ele associou imediatamente o nome de um ator representando o capitão de um determinado filme visto na infância. Ficou em silêncio, pensativo, e então ele próprio começou a conjeturar sobre a significância dessa imagem para sua vida sexual. Percebeu que,

200   VIDA ONÍRICA

desde que não pusesse as mãos sob as nádegas de sua parceira durante a relação sexual, teria bom controle de sua ejaculação, mas a urgência de fazê-lo era muito grande, e a perda do controle quase imediata. A ligação com o sonho do "mecânico" ficou evidente; mais uma vez suas mãos interferiam em suas relações amorosas e o empurravam em direção ao sadomasoquismo, torpedeando os bebês e também os atropelando. A regressão ao sadismo anal parecia implícita.

Este exemplo clínico, em que se associam a atividade sexual e a criatividade artística tão intimamente, também poderia servir como paradigma da relação entre a vida onírica e ação no mundo externo, com a ação implicando a participação na criatividade do mundo, e não a modificação do mundo para atender às necessidades ou desejos do indivíduo. Se o examinarmos com cuidado, o caso vai nos revelar alguns dos segredos da arte que estamos tentando desenvolver.

O primeiro problema que nos chama a atenção é a distinção entre o *acting-out* e o *acting-in* na transferência. O sonho do "mecânico" foi fruto da investigação de um episódio de *acting-out* que transformou o feriado de Páscoa nas férias familiares para evitar uma repetição da reação de separação, relacionado com a dor da perda do pai, que havia ocorrido no Natal. Sua investigação, ou talvez sua simples ocorrência, impulsionou novamente a análise numa direção útil. Isso chamou minha atenção para algo que eu talvez já tivesse que ter reconhecido muito antes como fenômeno a ser investigado: a atividade de suas mãos. Poderia alegar, como fator atenuante, a urgência da situação, devido ao acerto que fizéramos quanto ao final da análise, sentindo-me talvez reconfortado por estar no mesmo barco que a Melanie Klein da *Narrativa da análise de uma criança*, com seus vários e perdoáveis pecados técnicos. Mas acho que a verdade é que, na contratransferência, compartilhei com meu paciente tanto sua admiração como sua gratidão por essas mãos "mecânicas".

Talvez um aspecto mais importante do problema esteja num nível conceitual, ou seja, uma ideia limitada demais do alcance do conceito técnico do "acting-in de transferência". Talvez tenhamos nos excedido em considerá-lo apenas como diferenciação geográfica do acting-out, ou como formulação da diferenciação entre ação e comunicação no consultório ou na sala de jogos. Esse tipo de material me traz à mente a necessidade de lembrar que, como já foi exposto antes com certa amplidão, uma importante distinção precisa ser feita entre a vocalização do paciente (o nível do canto e da dança em que os métodos de identificação projetiva são empregados para a comunicação dos estados mentais) e o nível verbal, com sua dependência essencial dos meios lexicais de comunicação da informação, que, nesse caso, se refere ao estado mental e seu conteúdo.

Esta conceituação mais ampla do *acting–in* na transferência é um fato implícito em nosso trabalho clínico e na aceitação tácita desse modo de comunicação por meio do contato emocional direto na contratransferência. Por outro lado, o *acting–out* é visto pela maioria dos analistas como indesejável, a ser evitado pela interpretação oportuna sempre que possível. Quando se consegue evitá-lo, sua subsequente investigação pode, no mínimo, ser facilitada pela interpretação apriorística, quando o material permite isso. O *acting–in* que se mantém dentro dos limites geográficos da situação analítica sem ameaçar a segurança dois membros ou a de outros pacientes é basicamente aceitável, embora nem sempre suportável.

Nas poucas horas semanais em que o prolixo processo da transferência-contratransferência acontece, não há tempo para dar atenção a tudo que poderia abarcar razoavelmente esse conceito

202 VIDA ONÍRICA

ampliado do *acting-in*. Nosso problema técnico não é apenas o reconhecimento da existência desses fatores idiossincráticos do funcionamento da personalidade (nos pacientes e em nós mesmos, à medida que respondemos a eles individualmente), mas no reconhecimento de um determinado fator quando se torna significativo e exige uma investigação, pois começou a funcionar como obstáculo (eu não diria "resistência") à investigação em andamento.

O material que apresentamos ilustra o papel essencial que a investigação dos sonhos desempenha nesse processo de localização. Contudo, como fica evidente, seria idealizar a nós mesmos se pensarmos que captamos a referência assim que ela aparece. De fato, tendo captado a referência às mãos do paciente no sonho do "mecânico", não pude deixar de perceber que ela podia ser reconhecida retrospectivamente nos sonhos anteriores, mas na ocasião havia passado despercebida.

Outro fator relacionado com a atmosfera do consultório também merece nossa atenção. É muito difícil para o paciente permitir-se ser levado pela emotividade da transferência e sua fenomenologia se for constantemente lembrado da presença do analista como observador, e não apenas como ouvinte. Não se trata de que ele realmente não saiba disso e espere que o analista o observe, mas o fato de ser lembrado disso por meio de comentários a seu comportamento tem uma notória influência inibidora sobre sua relaxação. Por esse motivo, raramente me disponho a comentar uma ação do paciente que possa me parecer portadora de uma fantasia, até me sentir em posição de sugerir certa significância para ela, com base no material colateral. Aqui, mais uma vez, não há nada que sugira de maneira tão intensa a integração de uma ação significativa como um sonho que contenha uma referência a ela, ou que, pelo menos, pareça contê-la. O fato óbvio de que o analista tenha se posto a pensar, que se interpôs entre o impulso e a ação no que se refere à observação, elimina da comunicação com o paciente o estigma persecutório de sentir-se submetido a um escrutínio.

Para fechar este capítulo, seria conveniente fazer, pelo menos, uma tentativa de investigar o problema teórico e o técnico com relação à fronteira entre os sonhos e as ações no mundo externo. A literatura moderna apropriou-se dessa tese que, primeiro por José e, depois, por Próspero, foi proclamada com tanta clareza: a de que os nossos sonhos são as bases de nossas ações no mundo externo na área de nossas apaixonadas preocupações (em oposição às nossas necessidades animais e nossos ajustamentos sociais). A experiência psicanalítica da investigação dos sonhos poderia nos dizer algo com relação à estrutura desse espectro que se estende da ação irreflexiva experimental aos estados de retiro e delírio? Bion provavelmente nos ofereceu o equipamento conceitual para abordarmos o problema, e ele próprio avançou bastante em direção à resposta, em uma extremidade do espectro, com seu conceito de prova da realidade por meio da multiplicação de testes. Ou será que essa multiplicação de nossa capacidade de imaginar realmente pertence a esse terreno intermediário do amante-artista-cientista? Inclino-me a pensar assim, e o material de nosso cientista parece corroborar o que penso. Se este for o caso, o problema do espectro será consideravelmente reduzido. Poderíamos reafirmá-lo como problema da imaginação empobrecida. Gide afirmou mordazmente que as pessoas que se orgulham de seu autocontrole na verdade padecem de uma pobreza de imaginação. A experiência analítica certamente o confirma, pois essa é base da ampla gama de perturbações do caráter fundamentada na negação da realidade psíquica. As pessoas que mergulham no retiro ou no delírio não parecem padecer de um empobrecimento, mas de uma superfluidez nessa área da imaginação.

Por sua vez, um breve estudo, como o *Diário de um louco*, de Gógol, sugere a mesma tese que o conceito bioniano do grupo de assunto de base, ou seja, a constrição equivalente à irracionalidade da *idée fixe*[1] ou do pressuposto básico. O contato com a vida onírica parece o antídoto para a digressão do espectro em qualquer direção. Temos que viver nossa vida onírica, pois ela é a nossa imaginação. Por vezes, um paciente nos apresenta um sonho que desejaríamos nós mesmos ter tido. Um dos que nunca me esquecerei apareceu no final da análise de um jovem escritor que, na época, estava escrevendo um livro que acabou por lhe trazer fama e, incidentalmente, fortuna. No sonho, ele estava sentado frente à sua máquina de escrever numa pequena cabine em cujas paredes seu nome aparecia escrito repetidas vezes, e ele estava com seus fones de ouvido anotando um ditado, como no "verso não premeditado" de Milton.

---

1 Em francês no original, ideia fixa [N. T.].

10. Exploração e análise dos sonhos

Como ciência, a psicanálise dedica-se à descoberta da verdade quanto aos eventos que ocorrem em nossas mentes e também da verdade quanto às nossas ações. Tornar pública qualquer uma dessas duas intenções requer a superação de uma imensa ansiedade, tanto persecutória quanto depressiva. O que revelamos ao "grupo" provavelmente seja o mais aterrorizante; o mais intimidante é o refém que entregamos a nossos "inimigos", mas o que revelamos a nossos "irmãos" ameaça demonstrar a disparidade de nossos objetos internos e, com isso, o fato de que somos, quando muito, irmãos e irmãs "adotivos". A solidão que isso envolve é, sem dúvida, um dos maiores impedimentos para revelar a nossos colegas nosso verdadeiro comportamento em nossos consultórios. Antes de tudo, impede-nos de descobrir o que efetivamente fazemos, em contraposição com o que acreditamos estar fazendo, com o que gostaríamos de fazer, com o que sentimos que deveríamos ou aspiramos fazer. O que se segue é uma tentativa de informar acerca de meu trabalho com os sonhos de meus pacientes e que não pode ser considerado como método recomendado para nenhuma outra pessoa.

Sua crueza como exposição, quando comparada com a grande complexidade do que realmente acontece, ficará imediatamente visível, mas é o melhor que posso fazer de momento. Talvez ajude outros psicanalistas a monitorar e descobrir o que efetivamente fazem; não tem nenhuma importância se isso se revelar similar ou diferente do que sou capaz de expor.

Não tenho nenhuma dúvida de que sinto prazer e alívio quando um paciente conta um sonho, pois sinto que ele está "jogando o jogo em meu próprio campo", por assim dizer. E, de maneira correspondente, sei que começo a me sentir com dúvidas quanto à natureza do trabalho que venho desenvolvendo quando não consigo obter material onírico durante um período prolongado. Isso se modifica no caso de pacientes que mantêm uma forte negação da realidade psíquica e, consequentemente, uma consistente relutância em entrar em contato com sua vida onírica. Penso que contar um sonho é um ato de grande confidencialidade e inerente confiança, tornado possível pela opção do narrador de se distanciar do ciclone emocional do sonho de acordo com as exigências de seu bem-estar. Consequentemente, o problema do tato e da modulação da dor mental do sonhador ao relatá-lo para mim já significa meio caminho andado, uma grande ajuda para o relaxamento.

Além disso, sinto-me confiante, quando um sonho me está sendo relatado, em que estou recebendo os meios para discernir como o trabalho da sessão anterior foi "digerido". Do ponto de vista da necessidade no trabalho analítico de seguir a continuidade do processo, minha tarefa de reconhecer erros de todos os tipos fica mais fácil, sejam eles de compreensão, de apresentação, de modulação da situação, de modulação da situação ou transgressões técnicas. Uma consequência é um sentimento de gratidão para com o paciente, que, de muitas formas, como uma experiência de contratransferência, é paralelo ao sentimento do paciente de estar oferecendo um presente, manifestando gratidão, enquanto, ao mesmo tempo, está pedindo por mais atenção e tenta entender quais são os alimentos para o pensamento da dependência analítica com sua necessidade infantil.

Quando estou ouvindo um sonho, me dou conta de que sempre cerro os olhos, aparentemente para melhor acompanhar a imagem que a descrição do paciente evoca em minha mente. Isso torna possível observar as áreas ambíguas ou vagas dessa descrição facilitando a investigação dos detalhes, amiúde do marco (poderíamos dizer "cenário") do sonho, pois o paciente normalmente está mais concentrado nos aspectos narrativos e na descrição da emotividade. Esse preenchimento da cena, com sua decoração e vestuário, também suscita um material associativo por parte do paciente em seu próprio intento de transformar em linguagem verbal a linguagem visual de seu sonho. Assim, ocorre com frequência que o trabalho cooperativo entre o analista e o analisando, nesta publicação da experiência do sonho, produz um entrelaçamento do sonho com as associações que é preciso desentranhar antes que qualquer exploração sistemática do sonho seja empreendida.

Hesito diante da expressão "exploração sistemática", imaginando se não se trata de uma descrição pomposa demais do que realmente acontece. Penso, e acho que a maioria dos meus pensamentos também o faz, que a exploração e análise dos sonhos constituem uma espécie de jogo, durante o qual o calor da transferência-contratransferência fica em suspenso, em parte devido ao próprio "distanciamento" do paciente com relação ao sonho como experiência de vida, mas também, com certeza, em parte por causa de minha suspensão do que Bion chama de "memória e desejo". O "divertido" desse grande jogo inventado por Freud e que ele jogava tão bem é, sem dúvida e em certa medida intelectual, como a resolução de um enigma ou sua própria analogia com um quebra-cabeça. Mas, como o esporte, o relaxamento é, com certeza, um estado mental necessário para se "jogar" bem. Tem algo da qualidade dos "lances de abertura" do xadrez ou do bridge, e a tensão só se instaura quando os vagos contornos do esquema do jogo começam a emergir. Isso costuma ser anunciado pela primeira e tímida tentativa do analista de fazer um comentário interpretativo; e eu notei, com o passar dos anos, que meu trabalho tende a prolongar esta fase agradável da exploração, postergando a da interpretação. Talvez isso também se fortaleça por uma crescente tendência a esperar que algo surja na captação intuitiva do sonho que carrega uma carga emocional de excitação; considero isso essencialmente estético, algo que tem a ver com a apreciação dos aspectos formais e composicionais do sonho como evento de proporções teatrais.

Contudo, com frequência a exploração do sonho não evoca nenhuma captação intuitiva nem excitação. Então, uma sensação de desapontamento pode ser amiúde observada no paciente, acoplada a certo desassossego. O analista estaria dormindo? Ele terá se distraído? Ele não estaria bem ou cansado – ou perdido o interesse? Essas mesmas perguntas aparecem na contratransferência de uma maneira muito angustiante, que parece centrar sua atenção na maneira de ouvir "com os olhos cerrados". Acho que isso se deve ao fato de que a dissociação da atenção que tem lugar nesse momento, ao ter que observar a imagem que está se formando dentro de si enquanto, ao mesmo tempo, se ouve o relato do paciente, ameaça, mais que o de costume, o analista com confusão. Por exemplo, ele se sente inseguro quanto às palavras precisas do paciente, pois a imagem que se forma em sua mente também é frequente e imediatamente descrita em termos verbais dentro de si mesmo, e estas duas descrições – a primária do paciente e a secundária do analista – nem sempre estão em concordância. No campo da atenção, as próprias associações, provenientes de material prévio do paciente ou, o que é pior, da experiência pessoal, também se acumulam no campo da atenção. Essa saturação do campo mental do analista tende a provocar uma confusão que, de alguma forma, se justapõe à crescente excitação quando começa a tomar forma uma intuição interpretativa. O agradável jogo da exploração agora começa a ceder terreno para o crescente desassossego e a angústia do analista, e a atmosfera do consultório pode ficar pesada com a expectativa ansiosa de um incipiente desapontamento. Este, sem dúvida, é um momento em que a "Coluna 2" de Bion se torna muito concreta: ou seja, a tendência a fazer afirmações que sabemos serem falsas para esconder nossa ignorância de nós mesmos e do paciente. Descobri que é meu costume – já que dificilmente se poderia chamá-lo de "técnica" – começar a falar, apenas para rever o material, ordenando com o paciente o texto do sonho, as associações, as relações com um material prévio, à espera de que algo aconteça em minha mente, mas mantendo a situação num estado de tranquilidade para dar à minha mente espaço e tempo para trabalhar. A partir do momento em que as noções interpretativas começam a se formar e a confusão dá lugar à excitação, o trabalho cooperativo com o paciente recomeça. Mas agora a situação é tensa, a ansiedade e a resistência são incipientes e a fase de tranquilidade possibilitada pelo distanciamento do paciente chega ao fim.

Utilizo a expressão "noções interpretativas" para descrever a indefinição com que a formulação do sonho começa a emergir. Observo que, à medida que a excitação da compreensão e uma sensação de estar em presença de um objeto estético aumenta, a tendência a falar com o objetivo de manter em suspenso a situação dá lugar a um diferente tipo de conversa, a que o paciente se sente menos inclinado a aderir até se sentir um experimentado intérprete de sonhos. Esse tipo de conversa tem um desenvolvimento um tanto em espiral, pois o material dá voltas, expondo noções interpretativas, esperando pelo momento em que se produza uma resposta, passando para outro aspecto e outra noção, sucessivamente, até que uma trama de interpretação comece a ser tecida. É claro que tudo isso se perde quando é posto por escrito, pois a classificação do material para a exposição exige que a interpretação se suceda "como a noite ao dia", sem esforço, sem coação, perfeitamente ajustada. No consultório isso não acontece em absoluto, nem tampouco ocorre necessariamente em uma sessão, pois um sonho rico é constantemente revisitado, em um aspecto ou outro pelo material e os eventos das sessões que se sucedem.

Não gosto muito da palavra "interpretação", visto que é um processo de formulação, pois sugere que um certo incremento do significado foi acrescentado pelo analista. "Formulação" provavelmente seja uma palavra melhor, pois o processo – em minha opinião, que, afinal, é a tese central deste livro – é de transformação de uma forma simbólica para outra, de uma linguagem predominantemente visual para verbal. Longe de um incremento do significado, um empobrecimento é certamente imposto por esse processo; a "dicção poética" do sonho é reduzida à prosa da psicanálise. Nas mãos de alguns, como Freud ou Bion, esse jargão pode se elevar a um nível poético. Este por vezes pode ocorrer nos momentos líricos de nosso próprio consultório. Em geral, porém, este não é o caso.

A formulação de um sonho é apenas a base do trabalho interpretativo. A tarefa mais árdua, em que o analista está sozinho com sua capacidade de pensar construtivamente e, em geral, abandonado pela intuição, exceto nos momentos de inspiração, é a de discernir a significância de um determinado sonho. Para alguns analistas, isso significa concretamente sua referência ao processo de transferência; para outros, sua contribuição para a reconstrução; e apenas para alguns significa as duas coisas. Esse aspecto do trabalho com os sonhos pertence a um volume de metodologia psicanalítica, e por isso aqui vamos deixá-lo de lado.

O que mais podemos dizer sobre a formulação? Embora admitindo que a maioria das formulações terminam em prosa, isso não deve nos dissuadir de lutar para reproduzir a dicção poética do sonho como objeto estético, mediante uma adequada transformação em linguagem verbal, em nossa própria poesia. Nosso primeiro esforço é no sentido da ordem, pois o material chega a nós, como analistas, de uma maneira tão confusa e "carente de significado", da mesma forma como chega ao sonhador desperto, provavelmente de forma ainda mais intensa. Esse esforço não é para pôr ordem no caos do sonho, visto que este tem sua própria ordem. Em vez disso, buscamos pôr ordem na confusão de nossas próprias mentes, na imagem da comunicação que faz o sonhador e suas próprias lembranças, agora rodeada por associações, relações com um material prévio, noções interpretativas incipientes e vários retalhos de ideias pessoais alheias ao caso – ou não? Tudo isso é imbuído de uma inefável atmosfera emocional do relato do sonho, em primeiro lugar, e depois a crescente ansiedade e resistência do paciente diante da excitação do analista.

Como isso acontece? Descrevi num nível puramente externo o comportamento que observo em mim mesmo, essa conversa em torno do material, expressando em voz alta retalhos de noções interpretativas etc. Mas o que se passa interiormente? Existe uma ordem dos eventos que pode ser descritível, uma lógica interna do processo? A abordagem mais interessante desta questão precisaria de duas fases: primeiro, eu teria que produzir minha impressão geral retro e introspectiva; depois, teria que deixar este capítulo de lado e esperar que ocorresse uma experiência no consultório para analisá-la ainda "quente" para verificar se as duas impressões são concordantes. Qual é, então, minha impressão retrospectiva geral?

Não acho que seja uma experiência particularmente ordenada. A impressão mais vívida, como já mencionei, é a de lutar para sair de uma confusão um tanto sonolenta à medida que aumenta a excitação e a ansiedade do paciente e começam a inundar o consultório de expectativa. Uma coisa é evidente: trato a imagem clarificada do sonho do paciente como se fosse do meu próprio sonho e mergulho nela exatamente como faria em meu próprio sonho ao despertar. Minha tendência a considerar a matéria em termos teatrais parece produzir uma espécie de resposta como uma crítica jornalista de teatro. Existe uma história e, por vezes, uma "trama", como as denominaria E. M. Foster. E enredado nessa história e nessa trama, está um elenco de personagens, alguns bons, alguns ruins, alguns velhos, alguns jovens, homens e mulheres, alguns são partes evidentes do self, alguns estão claramente alienados como objetos. E existe um cenário, cuja referência à geografia da vida psíquica é amiúde claramente indicado pelo modo de apresentação do paciente.

Voltemos ao sonho da "senhorita Spoonerismo". A representação teatral que se apresentava era clara: uma reunião de adultos presidida pelos belos e famosos pais era invadida por um garotinho que desejava o corpo branco da mãe (o carro), mas sua confusão entre querer seus seios (o jardim da frente) para alimentar-se e suas nádegas (jardim dos fundos) para possuí-la sexualmente deixaram-no inquieto e se comportando de maneira furtiva, inseguro se teria uma boa acolhida (presumivelmente no quarto dos pais), desviando o olhar de semelhante beleza para não expor sua luxúria. Quando questionado sobre seus motivos para entrar no quarto deles, sentiu-se inclinado a mentir (a dizer que precisava ir ao banheiro, por exemplo). É uma cena de que qualquer criança de 3 anos, por exemplo, poderia participar no que se refere a ir ao quarto dos pais, repetindo-se posteriormente quando os pais recebiam convidados à noite. Até aqui, tudo muito banal.

Voltando ao processo de formulação: tendo reconhecido a cena dramática e sua referência infantil, certos elementos começam a surgir que não são "cobertos" pela simples narrativa. Parecem misteriosos, até sem sentido, por vezes triviais, como o pequeno pavilhão que estava sendo usado como posto de pequenos socorros. Mas é evidente que a formulação da narrativa não os cobre, sendo exigida uma intuição mais criativa. Nesse ponto, acho que posso, se não ocorrer nenhuma noção interpretativa, pedir uma descrição mais detalhada desses detalhes "não compreendidos". No caso de um pequeno pavilhão/posto de primeiros socorros, este estava ligado com a morte da senhorita Spoonerismo, de modo que a linha de investigação seguiu nessa direção, produzindo a associação *blushing crow – crushing blow* (corvo corado – golpe esmagador).

Esta fase do processo da formulação pode não produzir nenhum fruto imediato. O sonho pode ser posto de lado com certo grau de decepção, mas pode retornar em futuras sessões se uma nova luz for lançada sobre as facetas não compreendidas. Acredito firmemente que, na formulação do sonho, a "compreensão" é essencial para uma concepção satisfatória, em que "satisfatória" provavelmente signifique "no reino da estética". Em algumas ocasiões, sinto-me impressionado pela beleza da formulação, e não é raro que um paciente também tenha esta experiência. Embora seja relativamente rara, constitui uma experiência tão impressionante que estou convencido de que esse elemento estético é crucial para o desenvolvimento de qualquer sentimento de convicção quanto ao "correto" da formulação. Palavra traiçoeira este "correto"; que significado podemos atribuir-lhe que não tenha o matiz de "exclusividade"? Poderíamos querer dizer, por exemplo, tão somente "válida" ou "ponto de vista conveniente" ou "hipótese sustentável". Ou apenas "interessante", a palavra mais misteriosa de todas. Com certeza, não queremos dizer *a* formulação correta, mas apenas *uma* formulação correta.

214 VIDA ONÍRICA

Uma vez que uma formulação "satisfatória" que "cobre" foi alcançada e certo sentido estético surgiu, a fase de formulação parece chegar ao fim, e o trabalho de discernimento da significação do sonho se inicia.

Antes de tentar investigar os processos pelos quais a formulação de um sonho se eleva à categoria de interpretação por meio de uma investigação de sua significância para a transferência ou a reconstrução (ou ambas), seria oportuno empreender a segunda fase dessa descrição, o exemplo "quente". Dois meses depois de escrever a seção anterior, selecionei um sonho, em parte porque parecia relativamente simples desvendá-lo, mas muito misterioso para começar com ele. Também tive certo tempo para tomar algumas notas e sabia que seria capaz de registrá-lo com mais detalhe à noite.

Mais tarde, comecei a anotar a sessão que envolveu o sonho com um resumo dos meus processos mentais que resultaram nas questões, comentários e, finalmente, na formulação que propus.

A sessão aconteceu numa quinta-feira à tarde, no final de setembro, o vigésimo mês de análise de cinco vezes por semana deste jovem rapaz. Embora ele tenha sido um frequente contador de sonhos nos primeiros meses de análise, depois eles foram ficando mais raros. Na verdade, nas quatro semanas desde as férias de verão, ele só conseguira contar um sonho (na primeira semana) antes do presente exemplo. Isso representou uma decepção para ele, pois achava que a discussão dos sonhos era a parte mais esclarecedora do trabalho que eu conseguia realizar em prol dele. Cinco ou seis sonhos já formavam os marcos de seu progresso analítico, que, até este ponto, tinha sido igualmente satisfatório para o paciente e o analista.

DIÁLOGO DA SESSÃO

Paciente: A noite passada tive um sonho de que tinha me esquecido até um minuto atrás. *Era uma rua na Austrália, com muitas subidas e descidas. Eu estava esperando em um cruzamento, no meio da rua secundária, com minha maleta apoiada sobre uma dessas protuberâncias de metal – provavelmente elas não existem mais –, quando apareceu um homem num veículo semelhante a uma bicicleta. Quando eu o vi, automaticamente fiz uma careta, mas quando ele parou algumas dezenas de metros adiante, eu percebi que era o transporte que eu aguardava. Tinha quatro cestos de arame branco, dois de cada lado, na frente e atrás, e eu devia ir no da direita. Já havia alguém no da esquerda, um irlandês do sul, e eu precisei pôr meus pés no apoio no cesto dele – parece que esses cestos se chamavam*

OS PENSAMENTOS DO ANALISTA

Ultimamente estivemos ocupados com sua hostilidade com os outros alunos da escola, para a qual retornara depois de um intervalo de três anos devido a seu baixo rendimento escolar e um ano na Austrália, durante o qual teve uma crise.

Evidentemente, o sonho se relacionava com sua "volta" da Austrália, seu retorno de um período de separação de suas amizades íntimas. Sua hostilidade "automática" era um sério obstáculo e estava acompanhada por pensamentos desdenhosos e irritabilidade. Mas, nesse ponto, eu não conseguia obter uma imagem clara do sonho, nem me vinha à mente nenhuma configuração já conhecida pela análise. Pensei que encruzilhada[1] se referisse a seu estado de ânimo quando se aproximava o fim de semana,

---

1 Em inglês, *cross road*, mas *cross* também significa "bravo, mal-humorado" [N. T.].

"módulos" – *enquanto ele punha os pés no apoio do meu.*

(Silêncio)

É tudo o que eu lembro.

Analista: Como era a careta?

Paciente: A que sempre faço. Acho que de desdém ou de zombaria.

Analista: E o veículo semelhante a uma bicicleta?

Paciente: Acho que era mesmo uma bicicleta. Como a Moulton que fica aí fora quando saio daqui de manhã. Não sei por que no sonho os cestos se chamavam "módulos", ou talvez "nódulos". Veículos espaciais, componentes de computador?

Analista: O aeroporto de Paris?

Paciente: Ah, sim! Fiquei parado lá quando voltei da Austrália. Eu levava duas malas e a minha trompa, e eles perderam as duas malas – ainda bem que não lhes confiei a trompa. A do sonho

que ele ainda acha vazios e difíceis, por não ter amigos nem ser capaz de participar da vida familiar das pessoas com que convive.

Eu tinha que determinar a natureza de seu estado de ânimo, pois o paciente fazia muitas caretas, que, em sua maioria, pareciam posturas defensivas diante da hostilidade ou do desprezo que espera das outras pessoas, baseado na inexistência de sua "gordura". É característico que suas descrições sejam ambíguas, sendo assim necessário determinar o significado com perguntas como estas. Ele sabe que a Moulton pertence a uma moça que visita minha esposa, e nós dois sabemos que o ciúme e a competitividade com seus irmãos, de orientação bissexual, é um tema central. Lembrei-me de alguma coisa do relato de sua volta da Austrália, tendo que esperar no aeroporto de Paris, e estava confundindo "módulo" com "satélite". Contudo, parecia ser o caminho certo para uma linha de associação. Agora eu era menor que essas duas. Eu estava contente, achando que ia comprar roupas novas, que ia juntar os comprovantes e receber dinheiro da companhia aérea. Mas as malas apareceram no meu quarto duas semanas depois. Acho que meu irmão as recebeu e as colocou lá. Eu estava fraco demais para carregar qualquer coisa além da trompa, e muito magro.

(Silêncio)

Eu estava pensando em como eu ri quando ouvi falar desse boxeador que está em coma há seis dias, depois de seis horas na mesa de operação. Mas era porque não estava pensando nele, mas na polêmica que ia acontecer sobre os perigos do boxe. Mais tarde, quando pensei nele e como era triste sua situação, eu pensei "também, de todo modo, não vão encontrar muita coisa dentro da cabeça dele", lembrando que era pouco inteligente e egoísta, incapaz de articular uma

podia ver que o sonho tinha alguma coisa a ver com espera, com estar demasiado fraco para proteger seus objetos internos (as duas malas) e estar disposto a renunciar a elas em troca de uma sensação de triunfo e superioridade. Contudo, ele se apegava a algo estético (a trompa, talvez a voz da mãe, ou mesmo a vivência completa do seio). Uma vez tudo isso esclarecido, pude ver o fundo emotivo do sonho. O conflito entre as atitudes ternas e desumanas para consigo mesmo parecia indicar claramente também o material do "boxeador", pois ele era o "forte" da família já que havia superado em estatura seu pai e seu irmão mais velho.

Então comecei a me sentir seguro de que o personagem do veículo semelhante a uma bicicleta era eu mesmo, e que as seis horas na mesa de operação correspondiam à análise. É evidente que ele tem medo de que sua mente seja infantil e desprovida de talento, de que toda sua inteligência seja desperdiçada com sua habitual pose de única sentença e falava de seus pais com uma gratidão infantil.

Analista: A desumanidade automática da careta no sonho, o sentido imediato do ridículo e o desprezo que afugenta os sentimentos humanos parecem estar relacionados com o material de ontem, relativo às suas discussões com sua patroa australiana, porque ela não atendia a suas necessidades como somente sua mãe costumava fazer em casa. Também se relacionam com nosso exame de sua hostilidade para com seus colegas de estudo.

Paciente: Acho que sim. Estava lembrando agora do desprezo que senti pelo professor por explicar coisas tão simples como as analogias, apesar de que o fazia realmente bem, pois eu não seria capaz de fazê-lo tão bem se alguém me pedisse, embora saiba perfeitamente o que é uma analogia.

Analista: Poderíamos voltar à "protuberância de metal" da rua? Não consigo ter uma crítico das ações alheias. Mas tudo isso já era bem conhecido e não parecia ser o tema central do sonho, mas seu fundo. A passividade em relação à mãe, que havia produzido o gravíssimo estado de retiro na identificação projetiva de sua crise, continuava a ser um mistério para mim, visto que se manifestava como uma paralisia de seu interesse e iniciativa. Agora que retomara os estudos, sua capacidade de trabalhar se via constantemente ameaçada por essa paralisia recorrente.

De imediato, soou um sinal de alerta em minha cabeça. A cena do sonho em que sua mala se apoiava na "protuberância de metal" estabelecia uma analogia entre ele e a protuberância. Então, voltei minha atenção para esse elemento.

A ideia começava a adquirir consistência. Ele ainda não havia mencionado a cor "amarelo"[2], e fiquei imaginando qual

---

2 Em inglês *yellow*, que também tem o significado de "medroso", "covarde" [N. T.].

clara ideia do que ela representa.

Paciente: Elas são colocadas no meio dos cruzamentos com as ruas principais, pintadas de amarelo e são salientes para impedir que as pessoas as pulem e cruzem fora do lugar certo. É uma estupidez.

Analista: Você faz essa crítica porque as pessoas pulam as marcas ou não obedecem aos sinais de trânsito?

Paciente: Sim, não servem para nada. Tudo está no Código de Trânsito. Já temos linhas brancas e sinais de "Dê passagem".

Analista: Parece que existe uma analogia entre a "protuberância", que castiga quem cruza fora do local certo e sua careta. Você está disposto a castigar o homem do "veículo semelhante a uma bicicleta" porque espera que ele se mostre hostil, "corte" você ou o ignore.

Paciente: (Silêncio)

Os cestos chamados de "módulos" pareciam um pouco seria o papel da covardia nesta atitude defensiva. Mas também me pareceu que, no sonho, revelava-se o tema central da ação versus comunicação nas relações humanas. Isso parecia estar vinculado à incapacidade do boxeador de "mal pronunciar uma sentença" e sua própria tendência a tiranizar a família com suas explosões de violência ou de ameaças. Então fiquei pensando na distância percorrida pelo homem do veículo semelhante a uma bicicleta para parar e recolher o paciente. Está claro que, num primeiro momento, ele entendeu a postura do paciente como uma indicação de que não queria um transporte. Também achava que "cortar caminho" fazia referência à ambição e à impaciência, pois ambas desempenham um papel importante na facilidade com que o paciente tende a se desanimar. Isso se soma à sua sensação de inutilidade e, com certeza, vir par a análise lhe parecera, para começar, uma humilhação, daí a associação com a "coleta de lixo". Neste os que existem nas camas dos hospitais para os frascos de transfusão.

Analista: Talvez você esteja se referindo aos frascos para colher urina de pacientes cateterizados.

Paciente: Ah, sim. Claro. Os quatro juntos poderiam parecer os carros que o pessoal da limpeza usa para recolher o lixo.

Analista: Então, ao que parece esse aparelho Moulton-Meltzer para recolher seu lixo parou para você, a despeito de sua careta ou talvez porque reconheceu-a como manifestação de algum golpe em sua mente, posto que você, como o boxeador, estava tão magro e desamparado ao voltar da Austrália em plena crise. Também pode estar relacionado ao menino agressivo daquele sonho, que foi expulso da maternidade decrépita e estava tão enraivecido que batia em todo mundo.

Paciente: Acho que ele, se sobreviver, será apenas um vegetal. Todo mundo ria dele. Ele

ponto, a confusão entre "frasco de infusão" e "frasco de urina" parece, portanto, ligar-se à sua incerteza na transferência entre jogar o lixo de sua mente em mim e me infundir com suas brilhantes críticas ao mundo que nos rodeia.

O sonho agora assumiu uma clara estrutura narrativa em minha mente, relacionando-se com as últimas sessões, bem como com a história da enfermidade do paciente e sua evolução familiar. Suas notas baixas tinham sido um golpe terrível, embora não totalmente inesperado, pois ele deixara de conseguir estudar pelos menos seis meses antes dos exames. Ele perdera muito peso por ser incapaz de procurar comida na Austrália, até ficar tão debilitado que mal podia parar em pé. O primeiro ano de análise o havia tirado desse estado de abandono, mas também o havia obrigado a enfrentar a grande dificuldade de viver no mundo exterior, provocando nele um ressentimento que tinha sido o tema desse sonho cavou sua própria cova. Acho que minha família sempre me *respeitou* principalmente porque, por algum motivo, me considerava o mais brilhante dos irmãos.

Analista: Assim, talvez até a cor amarela se encaixe na analogia entre você e a protuberância de metal, pois há algo de covarde na conduta desumana que exige a submissão dos demais, pois é preciso uma certa coragem para se mostrar amável, para dizer "por favor" quando se quer alguma coisa, já que, quando nos comunicamos, podemos ser rechaçados ou receber um não. Em compensação, não corremos riscos quando atuamos de modo automático, ameaçador e desumano. O irlandês que já estava no cesto poderia ser seu irmão mais velho, e o homem que atendo antes de você logo cedo pela manhã. Mas o que é essa história de que cada um punha o pé do estribo do outro?

Paciente: (Silêncio)

transcendental do "menino enraivecido". De fato, ele quase havia cavado sua própria cova, e o medo da humilhação se transformou na principal ansiedade em seu relacionamento com as pessoas, com medo de ser considerado gordo, infantil, estúpido, inútil, ignorante ou destituído de atrativos sexuais segundo a ocasião.

Assim, agora era possível começar a explorar a significação do sonho para a situação transferencial imediata. Pareceu-me que esta se concentrava em sua atitude básica com relação à análise e à dependência financeira com sua família, agora que havia retomado os estudos e de novo precisava de ajuda. Ocorreu-me que o fato de "um colocar o pé do apoio do outro" tinha uma significação importante com relação à rivalidade entre irmãos, interferindo e sofrendo interferência, mas não fui capaz de detectar isso nesta sessão, pois o paciente agora estava imerso em sentimentos depressivos de compaixão por ele mesmo e, por extensão, às

Era terrível vê-lo caído ali, com os braços estendidos ao longo do corpo, enquanto lhe aplicavam golpes e depois o acertavam na cabeça, depois de cair ao chão. Parecia tão magro e desamparado, um peso galo. Estava vencendo o campeão quando pareceu desabar depois de ter sido nocauteado no nono assalto. Suponho que me identifiquei muito com ele quando vi as fotos da luta.

crianças em geral. Então, permiti que chegássemos ao fim da sessão sem tentar investigar mais nada.

Não consigo evitar a impressão de que o relato retrospectivo e introspectivo de minha experiência de trabalhar com sonhos é algo pálido se comparado com este relato "quente". Mas qual é o resultado de compará-los em linhas gerais? A narrativa do sonho, na verdade, levou cerca de cinco minutos e, embora eu estivesse apreciando a vívida narrativa, com certeza me senti completamente no escuro no final da descrição. Se tivesse que formular alguma coisa nesse ponto, só teria me limitado a relacioná-la com a recente discussão de seu comportamento antissocial "automático" na escola. Senti-me aliviado quando a associação com a "Moulton" ligou o sonho à sessão anterior, realizada pela manhã. É curioso que tenha tido uma impressão tão distinta de uma referência ao aeroporto de Paris, quando ele falou de "módulos", considerando que são, na verdade, chamados de "satélites", por sua disposição em torno do terminal central; mas alguma coisa com relação à disposição dos cestos e a imagem da era especial que me ocorreu com tanta clareza pareceu-me, seguramente, uma conexão correta. Nesse momento, eu estava na pista certa e comecei a sentir que uma excitação permeava a brumosa confusão que sentira ao ouvir o relato do sonho. Fiquei decepcionado e não menos perplexo quando o paciente ficou em silêncio após o relato da perda das malas, mas o desvio para o boxeador ferido pegou-me de surpresa; no final dessa associação, tive a certeza de que estávamos próximos de algo relacionado com seu pessimismo, mas minha atenção ainda estava dividida entre a "protuberância de metal" e o "veículo semelhante a uma bicicleta", até que soou o sinal de advertência com a associação da analogia.

A partir desse momento, o trabalho de formulação teve início, tomando como base o estado de pessimismo e de surpresa no sonho. Minha mente começou a entrelaçar o material, o paciente se juntou à minha excitação e ajudou-me com suas ulteriores associações, agora não tão diretamente incitadas pelo sonho, mas por eu estar começando a trabalhar com ele. Desde o momento em que associei o sonho atual com o de seis meses antes, sobre o "garotinho enraivecido", o humor do paciente mudou. Se eu tivesse notado isso antes, não teria insistido com minhas tentativas de interpretar o sonho com base na formulação a que havia chegado. Provavelmente, o paciente agora estava tão imerso em sua identificação com o sonho que pouca atenção me dava. Quando percebi isso, deixei que prosseguisse com suas preocupações e emoções.

No conjunto, eu diria que este material "quente" concorda razoavelmente com a descrição retrospectiva geral. Somados, parecem-me bastante convincentes como esboço da experiência de trabalhar com sonhos, sujeita a variações.

Antes prometi dedicar um certo tempo com a discussão da questão da interpretação propriamente dita, em contraposição com a formulação do conteúdo do sonho. Como já afirmei, isso pertence ao tema mais amplo do método psicanalítico, pois não afeta de forma específica o tópico da análise do sonho. Meu próprio método

224   VIDA ONÍRICA

baseia-se principalmente na investigação da transferência, enquanto a reconstrução da história de vida do paciente é considerada um produto secundário de interesse, mas não, em minha opinião de importância terapêutica. Com certeza, tenho como princípio central de meu uso do método que a informação, vinda das lembranças do paciente, derivada dos pais ou mesmo de registros escritos da primeira ou da segunda infância, não deveriam ser usadas como prova para a construção da transferência. O movimento deve ser sempre no sentido anti-horário – a construção da transferência deve ser usada para a interpretação do significado dos assim chamados fatos da história. Considero esta reconstrução da "mitologia" do desenvolvimento da pessoa como produto, e não como raiz, do impacto terapêutico do processo psicanalítico.

Deve-se observar que, no exemplo clínico da análise do sonho, a sessão nunca atinge efetivamente um estágio de interpretação da transferência. Quando estava prestes a empreendê-la, do ponto de vista do papel que desempenhava a rivalidade entre os irmãos na origem de sua intolerância da dependência, com sua consequente tirania e ingratidão, notei que o paciente estava imerso emocionalmente em sua identificação com o boxeador ferido. Este problema, com suas manifestações externas de frieza, comportamento arrogando e aparente hostilidade, acabou se convertendo na questão central da transferência durante os dois trimestres seguintes. O sonho selecionado para este capítulo, quase ao acaso, tornou-se, na verdade, o marco de uma nova orientação na transferência, constituindo uma referência em inúmeras ocasiões posteriores.

Não obstante, podemos utilizar o material para uma breve investigação do processo de interpretação propriamente dito, de interpretação da significância desse sonho em particular. Talvez fosse útil tentar reconstruir o que eu estava a ponto de interpretar quando notei que o paciente não estava realmente comigo, ou seja, que sua atenção não estava concentrada em mim, mas absorta em uma emoção forte e seu conteúdo de identificação com o boxeador. Provavelmente fosse alguma coisa nesse sentido: "O sonho parece sugerir que sua relação comigo na análise começou quando reconheci seu comportamento hostil como função da timidez para estabelecer relações com outras pessoas. Quase imediatamente, qualquer sentimento de gratidão sofria a interferência do reconhecimento de que você não era meu único paciente, mas que outras já haviam sido antes de você. A julgar pelo seu forte sentimento de identificação com esse boxeador, que, como você disse, mal conseguia articular uma sentença, o golpe de descobrir outras crianças supõe forçosamente ao efeito provocado em você na primeira infância, antes de conseguir articular uma sentença, pela existência de seu irmão mais velho. A ligação com o acidente no aeroporto de Paris sugere que isso pode ter coincidido com seu desmame, a perda do seio".

Salta à vista que essa formulação integrada da transferência não é muito diferente das várias noções interpretativas que apareceram durante a fase de divagar pelo material, levantando associações e, no geral, enriquecendo o próprio relato do sonho. Todo ele fica focado na situação transferencial, que serve de base para uma referência reconstrutiva. A alusão à primeira infância é aqui apresentada mais pelo esclarecimento da natureza infantil das emoções que pela reconstrução. A partir do momento em que a "associação" da analogia apareceu, esta formulação interpretativa começou a se formar em minha mente. Tentei duas vezes embarcar nela, mas em ambas a investigação preliminar do material tropeçou na evidência de que o paciente era incapaz de ouvir porque tinha se ensimesmado num estado depressivo de identificação com o boxeador.

226   VIDA ONÍRICA

O que gostaria de ressaltar com relação à minha técnica de intepretação propriamente dita é que ela possui uma evidente estrutura em espiral; parece que dou voltas no material anterior, unindo os elementos do sonho e as correspondentes associações e noções interpretativas até que todas formem um conjunto coerente. A formulação definitiva então surge como um sumário do que veio antes. Isso amiúde leva apenas alguns minutos e existe uma espécie de "ficar firme" diante das várias tendências do paciente. Em geral, a esta altura, o paciente está ansioso, e até impaciente, pela interpretação, mas também tem uma boa ideia do que está vindo. Pode até desejar fazê-lo sozinho, ou pode começar a zombar numa atitude de desafio, pode "pegar a bola e correr na direção contrária", ou tentar impedir o processo com uma súbita introdução de um material novo ou de outro sonho. No presente caso, com esse rapaz muito inteligente e de raciocínio rápido, acho que ele já o havia conseguido e superado, reagindo à depressão que o insight provocava nele.

A necessidade desta etapa da formalização da interpretação pode ser questionada. Não estou convencido de que a resposta seja "sim", mesmo no que diz respeito à minha própria técnica. Mas, em longo prazo, existem razões para levarmos em consideração que certos sonhos com um significado transcendental para a análise sejam acoplados com uma interpretação formalizada que, no mínimo, cubra os fatos apresentados, embora sujeita à expansão ou modificação por um material ou acontecimentos posteriores. Quando a "compreensão" do material apresenta notáveis exceções (não consigo detectar nenhuma delas no presente material), estas provavelmente tenham que ser levadas em consideração e reservadas para esclarecimento por meio de um futuro material.

Vale a pena fazer um breve comentário. Nesse enfoque do trabalho analítico com os sonhos, as duas fases a exploração do sonho e a análise do sonho se diferenciam claramente, tanto com relação à sua natureza como experiências emocionais para o analista e o paciente, como ao papel no trabalho realizado por analista e paciente juntos. Estou seguro de que das duas, a exploração é o aspecto mais importante e artístico do trabalho. A progressiva identificação do paciente com o método exploratório do analista é uma base muito mais importante para o seu gradativo desenvolvimento da capacidade de autoanálise do que qualquer esforço de formulação que ele possa empreender.

11. Narrativa e continuidade nos sonhos

Uma das provas mais impressionantes da continuidade intrínseca do processo da fantasia inconsciente encontra-se nos vínculos marcantes entre os sonhos da mesma noite ou de noites sucessivas. A observação dessa continuidade desempenha um papel considerável no uso criativo do material onírico no trabalho analítico e abre a investigação de muitos problemas, não só no campo da psicanálise, mas também em áreas relacionadas, como a linguística, a estética e a política. Ao falar de continuidade, não me refiro à continuidade do significado, mas da forma. Os sonhos amiúde dão a impressão, quando dispostos numa continuidade, de serem esboços de um artista feitos durante a organização de uma composição maior, ou de serem desenhos de crianças durante a análise. Podemos ver que certas estruturas formais centrais estão sendo justapostas numa certa ordem para criar um espaço que é animado por um significado em potencial. Por vezes, as palavras e as formas visuais parecem interagir, como em breve vou demonstrar. Outras vezes, espaços estão sendo criados como continentes do significado. Em outros casos, os movimentos de um tipo de espaço para outro, bem como as dificuldades emocionais de execução desses movimentos, ficam evidentes.

Com este preâmbulo em mente, gostaria de apresentar uma breve sequência onírica para examinar uma questão em particular: que incremento das nossas ferramentas de compreensão é obtido ao considerarmos os sonhos como uma narrativa de cuja continuidade podemos obter amostras periodicamente?

O paciente é um homem de quase 40 anos, um engenheiro que mora numa pequena cidade cerca de duas horas de Oxford e no início pôde vir para análise duas vezes por semana. Uma mudança em sua vida provocada pela separação da esposa e o começo de um novo relacionamento o desequilibrou de maneiras variadas e sutis, fazendo-o aceitar o conselho de um clérigo para salvar seu casamento. Este havia se deteriorado lenta mais irremediavelmente nos anos que se seguiram ao nascimento de seu segundo filho, uma menina, e sugeria marcadamente uma ligação entre uma suposta mudança nele e o nascimento de sua irmã mais nova, que também o tornara um segundo filho. O material do primeiro mês da análise sugeria fortemente que ele fizera uma relação entre sua amante, Beryl, e sua irmã – cujo aspecto mais divertido era sua repentina paixão por essa moça que fazia parte de um grupo de alpinistas, enquanto almoçavam no pico de uma montanha no País de Gales. Ele parece ter sido tímido e indolente quando menino, mais disposto a brincar com sua irmã e as amigas dela, em vez fazer seus próprios amigos até um período passado numa nova escola na idade de 10 anos, que o transformou em estudante e atleta de certa notoriedade. A repetição dessa transformação ficou clara no segundo mês de análise por meio da exploração da sequência onírica que se segue.

Na segunda semana depois dos feriados de Natal, trouxe o seguinte sonho: *ele estava agachado num jardim ornamental com pedras, de costas para uma casa que se elevava acima da charneca, e alguns metros ao longe seis mulheres de meia-idade pareciam olhar para ele com certa desaprovação, enquanto ele manuseava distraidamente uma flor alpina, uma* (stone-crop) *erva pinheira pensando com muita alegria que agora estava divorciado, livre, que não era mais o "homem só de uma mulher".* Baseado principalmente em material anterior (e uma vez encerrada sua palestra instrutiva, embora paternalista, sobre flores alpinas), eu sugeri que a interrupção de Natal o havia liberado do analista como mãe possessiva e controladora (as mulheres desaprovadoras como coleção de objetos parciais) em favor de uma relação íntima com seu traseiro e ânus (a erva-pinheira) e suas fezes (as pedras do jardim), da mesma forma que, no passado, Beryl representara a libertação dele de sua mulher, e o nascimento da irmã, a libertação de sua mãe. Ele era um "homem de duas mulheres" e conseguia jogar uma contra a outra. Uma pergunta sobre hemorroidas confirmou tudo isso.

Na sessão seguinte, ele trouxe um sonho precedido pela informação de que chegara a desenterrar uma "erva-pinheira" de seu jardim e a colocara num saco plástico para me mostrar antes de perceber que isso não era apropriado para o método que eu lhe havia explicado no começo da análise. Ele tivera um sonho muito complicado e peculiar: *Ele estava na igreja da vila onde nascera, mas esta havia sido removida pedra por pedra para ser erigida em outro local. Ele assistia ao serviço dominical com Beryl. O clérigo surgiu alegremente com paramentos brancos e um capuz com enormes olhos verdes de gato pintados de cada lado. Ele distribuiu a congregação de modo que homens e mulheres ficaram separados. O paciente se sentiu ofendido por ter ficado separado de Beryl e saiu da igreja; mas, para sua surpresa, viu-se no corredor de sua escola primária usando um apertado colete marrom que o clérigo deixara*

232 VIDA ONÍRICA

para ele. O paciente então me fez um relato um tanto longo de como uma mudança em sua vida, na idade de 10 anos, havia sido ocasionada pelo diretor de seu colégio, de nome "Whacker" Hill, que lhe infundia medo e admiração. Parecia clara uma renovação dessa experiência na transferência. A interpretação do sonho com a "erva-pinheira" estava representada como translado de "pedra por pedra"[1] da igreja onde havia sido batizado e também pela "surra"[2] recebida por brincar com seu traseiro-irmã-Beryl que acrescentava a cisão em sua bissexualidade (a escola de meninos e o colete apertado).

Contudo, longe de estimulado ao trabalho por "Whacker Meltzer" na sessão seguinte ele se apresentou num estado de ânimo um tanto desconexo e contou distraidamente que havia sonhado *estar na encosta da montanha galesa, um pouco abaixo do cume, mas um seixo começou a se desprender, e ele se viu arrastado para o fundo do precipício, encarando a morte com indiferença.* À sugestão de que essa era uma representação da rebeldia contra a autoridade do pai ao se apaixonar por seu traseiro,[3] o paciente respondeu com a informação acerca do almoço na montanha e de ter se apaixonado por Beryl, e como foi diferente da breve corte à sua esposa. Mais uma vez, ele pensara em me trazer uma erva-pinheira, mas decidira não o fazer.

Na sessão de quinta-feira, trouxe um sonho fascinante que abriu uma nova perspectiva de exploração, ou seja, a sedução do analista-pai para que idealize suas fezes-sonhos. (O *actin–in* da

---

1 "Erva-pinheira", em inglês, é *stone-crop*, e *stone* significa pedra. *Crop* também é "colheita" [N. T.].

2 *Whacking*, em inglês, significa "surra", "tabefe" etc., de onde provém o nome do diretor "Whacker" Hill [N. T.].

3 "Apaixonar-se", em inglês, é *fall in love*, que podemos traduzir literalmente por cair em amor; "traseiro", por sua vez, é *bottom*, que também significa "fundo" (no caso, "do precipício") [N. T.].

contratransferência pode, afinal, ser uma força motora de certa literatura analítica.) No sonho, *ele estava outra vez na encosta abaixo do pico da montanha, e mais uma vez um seixo começou a deslizar. Mas, desta vez, saltou apressadamente sobre uma pedra aflorante para se salvar. Quando o deslizamento terminou, seu amigo Wilfred galgou a pedra aflorante, e juntos foram até a borda e viram que as pedras ao cair tinham adquirido uma perfeita forma geométrica. A cena então mudou e ele estava andando alegremente pela estrada com duas das secretárias de seu escritório, beijando-se e acariciando-se enquanto uma delas levava um prato de comida para sua velha mãe.* O paciente acordou com uma ereção. A implicação é que ele agora é um "homem-de-quatro-mulheres", que ele não tem que se apaixonar para justificar o fato de ter abandonado a mãe, mas pode aferrar-se a seus seios. Isso lhe permite ser amigável com o pai que admira suas fezes e, ao mesmo tempo, brinca privativamente com seu belo traseiro redondo, enquanto suas fezes estão sendo preparadas para aplacar o pobre e velho analista-mamãe.

É claro que não desejo defender o "caráter correto" dessas interpretações; elas são apenas uma maneira determinada de rever o material, ligada a um determinado quadro de fantasia sobre a fantasia e a uma determinada poesia para sua descrição. Selecionei esse material porque parecia prometer uma exploração frutífera quanto à ideia de continuidade na vida onírica. Assim, iniciemos nossa exploração. Para evitar confusão, vamos começar pela nomeação dos sonhos: a) erva-pinheira; b) pedra-por-pedra; c) seixo de pedra; e d) pedra aflorante.

Meu primeiro passo será investigar as diferentes imagens de "pedra":

a)   Existe um jardim de pedras em que o paciente está agachado e manuseando uma flor, uma erva-pinheira (*stone-crop*).

O conceito se divide em duas porções um tanto idealizadas: as pedras inanimadas, embora decorativas, e a flor terna e animada.

b) A pedra é novamente cindida, mas agora geograficamente, tendo sido idealizada em um lugar, desmantelada e rejuntada em outro, assim avançando o tempo de seu batismo para o presente.

c) A pedra é fragmentada num seixo e se move, levando-o a outro estado mental, caindo, talvez apaixonado, talvez para a morte; é seu estado mental que assim também passivamente se fragmenta ou se reintegra pela análise.

d) A pedra é novamente cindida em duas formas, no seixo e na pedra aflorante, uma que o põe em perigo e a outra que o salva; mas o seixo fragmentado é reintegrado como uma forma geométrica digna de admiração.

Agora estou em posição de investigar a relação entre as vicissitudes da "pedra" e os estados de ânimo no sonho.

a) Ele se encontra num estado triunfal com relação às mulheres que exibem desaprovação, divorciado de sua esposa e delas, do mesmo modo que a charneca agreste está divorciada do disciplinado jardim de pedras.

b) Esse triunfo é desfeito pelo clérigo encapuzado que introduz um novo divórcio, entre ele e Beryl (que agora podemos associar à erva-pinheira), fazendo-o retroceder no tempo do presente para sua escola primária, a meio caminho, por assim dizer, entre a igreja de seu batismo e a atual. Seu estado de ânimo finalmente é de submissão admiradora, como acontecia com "Whacker" Hill.

c) O estado de submissão prossegue, mas agora é submissão ao movimento no espaço da pedra fragmentada, o seixo; ao se abandonar à morte, ele se apaixona pela vida, como no almoço no pico com Beryl.

d)   Porém, mais uma vez, essa idealização (ao divorciar-se da vida, ele encontra uma nova vida com que se apaixonar) é desfeita pela cisão da pedra, desta feita sob a forma do seixo e da pedra aflorante. Agora se põe em marcha uma nova idealização, com a ajuda do amigo Wilfred, e isso o leva de volta à posição na "pedra aflorante", amplificada para a promiscuidade (homem-de-uma--mulher, de-duas-mulheres e de-quatro-mulheres).

Aonde chegamos? Levantamos a possibilidade de que os estados de ânimo do sonho têm uma forte correlação com os estados da "pedra", mas não temos certeza quanto ao significado e a significância da "pedra". Vamos, se for possível, esclarecer isso. Inclino-me a relacioná-los da seguinte forma: a pedra (do jardim de pedra), as pedras (da igreja) e a pedra aflorante formando a série um (devido à sua referência à igreja de seu batismo, a apaixonar-se no pico e a ser salvo pela pedra aflorante) para representar o conceito do seio materno. A série dois (a julgar pelo fato de estar agachado e manusear uma flor, pela fragmentação e o deslizamento do seixo, bem como o olhar para baixo para a forma geométrica) poderia representar suas fezes. Podemos acrescentar a essa série as qualidades táteis da erva-pinheira (*stone-crop*), Beryl e as duas secretárias. Elas sugerem que seu próprio ânus e nádegas servem como alternativa narcisista para o seio da mãe. Esse é um homem que ama as montanhas, um alpinista para quem elas são, ao mesmo tempo, belas e perigosas; ele também as vê de forma muito possessiva e gostaria de ter sido guarda florestal, e não engenheiro. O sonho do "seixo" sugere que a queda para a morte e o ato de se apaixonar estão perigosamente ligados, enquanto os sonhos da "erva-pinheira" e da "pedra aflorante" sugerem que cair do seio para morrer pode se transformar por meio de uma série de etapas: apaixonar-se por seu próprio traseiro-irmã, enquanto continua se agarrando ao seio; mas essa união narcisista com o traseiro-Beryl, enquanto ainda se agarra ao seio-pedra aflorante ou à nova igreja

236 VIDA ONÍRICA

pedra por pedra, opõe-se ao papai-clérigo e ao novo "Whacker" Meltzer-papai; fica evidente que a coisa a fazer e seduzir o papai para que se transforme no amigo-Wilfred mostrando-lhe a geometria fezes-sonhos e a beleza de seu traseiro pedra aflorante. Por sua vez, sua história sugere que ele foi um menino indolente e efeminado até encontrar "Whacker" Hill; a relação com Beryl estaria ameaçada pela contaminação por essa configuração infantil, capaz de se deteriorar em um jogo impotente com as amigas de sua irmã (as secretárias).

As pedras da igreja e a pedra aflorante como objetos de sua educação e salvação parecem se metamorfosear facilmente nas pedras do jardim e no seixo como suas fezes, presididas por seu ânus idealizado (a erva-pinheira) e por suas nádegas (Beryl ou as duas secretárias). Esse avanço da dependência do objeto para o narcisismo autoidealizado poderia ser interferido não obstante, pelo clérigo-papai (e o "Whacker" Meltzer na transferência). Mas se suas fezes poderiam ser idealizadas sob forma geométrica (sonhos) para fazer um admirável amigo-Wilfred do analista-papai, então a dependência do seio e a frustração sexual que a acompanha (homem de uma só mulher) poderiam ser evitadas em favor de uma animada promiscuidade.

Ao seguir esse processo de alternância entre as relações objetais e o narcisismo, pudemos vislumbrar outros aspectos interessantes da relação do paciente com o tempo (a nova e a velha igreja) e o espaço (para cima e para baixo, dentro e fora, perto e longe) como dimensões para a representação por meio da fantasia inconsciente vários níveis do desenvolvimento (adulto-escolar-bebê) e as correspondentes percepções de seus objetos com seus correspondentes estados da mente e do corpo (o alegre clérigo, as desaprovadoras mulheres de meia-idade). O material, em conjunto, parece centrar-se na questão de quem tem que se divertir nas férias: o paciente-bebê ou o analista-pais? Somente em suas associações com o efeito benéfico sobre seu desenvolvimento da amigável, porém firme, disciplina do "Whacker" Hill-Meltzer, podemos encontrar evidências do desejo do paciente de que a experiência analítica prossiga. Também observamos a interessante tendência a colocar o sonho em ação ao trazer um exemplar de erva-pinheira para a sessão, com seu sutil *acting-out* da transferência, assim fornecendo uma colheita[4] de sonhos interessantes para que o analista sucumbisse de admiração.

Esse tipo de material parece ilustrar bem um processo contínuo de solução de problemas operando na mente do paciente, na transferência, lutando para libertá-lo dos opressores laços da transferência materna e paterna. Nesse estágio inicial da análise, nosso engenheiro, apesar de achar o método fascinante, sentiu que o analista, como o clérigo, inclinava-se a fazê-lo voltar às obrigações do casamento e da paternidade para repetir o que para ele parecia o modelo de uma vida monótona e improdutiva de seu pai. A forma com que a palavra central "pedra", com suas referências a flores, igrejas, montanhas, amigas e diretores da escola[5] foi escolhida como núcleo da série parece lembrar o "fato selecionado" de Bion em seu papel como cristalizador do pensamento.

O próximo exemplo clínico é muito diferente, tendo muito menos a ver com a oscilação entre o narcisismo e as relações objetais, também se concentrando mais na formação de um objeto de um tipo primário que pode conter a depressão do paciente.

Um rapaz solteiro, em seu terceiro ano de análise, fez um considerável progresso com relação aos estados de confusão, períodos

---

4   Lembramos que "erva-pinheira", em inglês, é *stone-crop*, e *crop*, sozinho, significa "colheita" [N. T.].

5   *Beryl,* o nome da amante, também equivale, em inglês, a "berilo", uma pedra. O diretor da escola tem o sobrenome de Hill, que é "colina", "monte" [N. T.].

238 VIDA ONÍRICA

de apatia e imaturidade psicossexual que o haviam trazido para o tratamento, mas estava achando os fins de semana e as férias cada vez mais assustadores devido ao fato de sua dependência com relação ao seio analítico estar lentamente substituindo sua ilusória independência baseada em sua superioridade intelectual e riqueza pessoal. Ele estava tendo toda uma série de sonhos em que o seio era arquitetonicamente representado como cúpulas, tendas, moinhos de vento etc. Na quarta e na sexta-feira de uma semana ele teve dois desses sonhos, mostrando sua relutância em abandonar sua onipresente intrusão no seio.

Na quarta-feira, sonhou que *estava no picadeiro de um circo sobre um tablado que, repentinamente, começou a subir como uma escada rolante, levando-o em direção a um topo, e ele sentiu muito medo de cair.*

Na sexta-feira, sonhou que *estava na rua junto a uma estrutura como as que são usadas para os cartazes de anúncios em Paris. Parecia ser a sede do Partido Comunista, e um homem estava entrando com seu filho pequeno. Quando a porta se abriu, dentro parecia muito quente e aconchegante, e o sonhador se deu conta de que fora estava muito frio.*

Na quinta-feira, tivera um sonho cujo significado não entendi até que o sonho da sexta-feira sugeriu que os sonhos dos três dias podiam ser dispostos juntos espacialmente. Ele sonhara que *estava numa sala retangular, ou antes, uma sala em que os dois extremos se uniam, formando uma convexidade. No centro, havia uma piscina que lhe pareceu negra, até notar que não havia teto, mas apenas o céu noturno lá em cima. A voz do analista fez-se ouvir, dizendo que a princípio poderia parecer solitário, mas que ele gostaria dali assim que se acostumasse com o lugar.*

Este sonho parecia representar, em forma espacial, o período de espera com a lembrança de estar sendo colocado ao seio (o objeto ausente) e a perspectiva de sua repetição – isto é, a estrutura linear do passado-presente-futuro.

É difícil dizer por que achei esta sequência de sonhos tão extraordinária. Com certeza, o sonho de sexta-feira que fechava a *"Gestalt"* pegou-me completamente de surpresa, e a interpretação foi igualmente inesperada para o paciente. É verdade que o paciente era pintor e escritor de talento considerável, porém a ideia de formar um espaço dessa forma negativa, um espaço "inferido", e não construído, parecia extraordinária e cheia de implicações estéticas. Do ponto de vista da compreensão de como o processo onírico opera, isso parecia esclarecer o fator da continuidade das formas e seu acoplamento em justaposições de natureza significativa. Poder-se-ia dizer que era genuinamente "composicional", em um sentido pictórico. Mas o fator excitante é a maneira pela qual a construção da forma negativa corresponde a seu significado, ou seja, a ausência, o espaço criado pela ausência dos dois objetos adjacentes a ela no tempo. De alguma forma, o passado e o futuro são tornados concretos e dão esse contorno emotivo ao espaço do presente. Trata-se realmente de uma representação concreta da maneira pela qual a memória e o desejo (segundo a terminologia de Bion) se enlaçam e, podemos acrescentar, "dão forma" à experiência do momento presente? Se, como parece haver convincentes razões para assim pensar, essa forma negativa é uma representação da solidão, ela demonstra a maneira pela qual a memória do passado e a expectativa do futuro, um futuro em que o objeto perdido será recuperado, criam um espaço emocional, tendo o significado da solidão, em que nenhuma qualidade intrínseca pode ser encontrada da experiência emocional, exceto a ausência das qualidades do objeto desejado e lembrado. Assim, a negritude da piscina não é intrínseca, mas reflete a escuridão do céu noturno, uma ausência de azul iluminado pelos raios do sol.

240 VIDA ONÍRICA

Como já afirmei, esse segundo exemplo de continuidade do processo onírico tem um caráter mais estético e menos conflitivo que o material da "erva-pinheira". Ele mostra um rapaz, ou melhor, a criança dentro desse homem jovem, lutando para achar um meio de representar e, portanto, de criar um objeto que pode conter o significado de sua vivência pessoal na transferência analítica. Sua ênfase nas qualidades formais é mais clara que a "pedra", que talvez fosse o "fato selecionado" para o pensamento da série anterior. O que têm em comum, e que pode ser um fator principal em sua força estética, é a ambiguidade. Da palavra "pedra" irradiam todas essas linhas de significado associado, nos muitos níveis da abstração. Por sua vez, a ambiguidade da "piscina de solidão" reside mais em sua natureza equívoca, por carecer de uma estrutura positiva. Esse espaço poderia ser os poucos centímetros que separam o seio direito da mãe do esquerdo, a fração de tempo necessária para mudar o bebê de um seio para o outro. Ou poderia ser a distância no espaço, tempo e o campo da experiência do rápido olhar de Dante a Beatriz e seu encontro com ela no Paraíso. Talvez nos sintamos tentados a compará-lo com o maravilhoso espaço criado por uma poetisa solitária:

> *Inebriate of air am I*
>
> *And debauchee of dew*
>
> *Reeling through endless summer days*
>
> *From inns of molten blue. (Emily Dickinson)*
>
> *(Inebriada de ar estou*
>
> *E exuberante de orvalho*
>
> *Cambaleando através dos intermináveis dias de verão*
>
> *De pousada em pousada de azul liquefeito.)*

12. Resistência à análise dos sonhos no paciente e no analista

Embora a prática da psicanálise de Freud comece, mais ou menos, pela análise dos sonhos como "a via régia para o inconsciente", sua história foi se mostrando decepcionante com o passar das décadas. A literatura analítica conta com clareza que o laborioso desentranhamento do material onírico por meio do estudo das associações, no estilo da *Traumdeutung*, foi gradativamente sendo substituído por uma menção impressionista dos sonhos e, por fim, por esquecimento quase permanente, à medida que os autores passavam das investigações psicanalíticas à polêmica quanto à teoria psicanalítica. Mais de uma pessoa de certa notoriedade já afirmou que o ensino da análise dos sonhos é uma questão de interesse histórico, e não técnico.

O renovado interesse pelos sonhos tão característico da literatura kleiniana surge claramente da forte afinidade entre o material onírico e os fenômenos observados na sala de jogos no trabalho com crianças, suas brincadeiras, desenhos, fantasias e manifestações da transferência direta. Embora parte da culpa desse esquecimento possa ser atribuída ao próprio Freud, por sua teoria mais ou menos pré-psicanalítica sobre a mecânica dos sonhos e seu lugar trivial na vida mental, o maior problema provavelmente resida na experiência emocional do trabalho com os sonhos. No capítulo anterior, tentei examinar a natureza do meu próprio método e a experiência emocional com este aspecto do trabalho, talvez sem admitir totalmente que ele passou a desempenhar um papel tão fundamental em meu estilo, porque acho que tenho certa facilidade, ou talvez talento, para isso. Contudo, embora deva ser verdade que os pacientes variam em termos de seu talento para lembrar e relatar os sonhos vividamente, talvez para conseguirem lembrá-los sem uma progressiva distorção, e embora, de maneira similar, seja verdade que os analistas variam em termos de seu talento para imaginar o sonho do paciente ou uma reprodução aproximada dele, provavelmente os fatores mais importantes sejam de caráter emocional dos dois lados – para e contra o uso total desse instrumento particular de nosso ofício.

Não é preciso ter uma longa ou intensa experiência na supervisão de estudantes ou outros analistas, para observar que a frequência com que os pacientes apresentam sonhos varia diretamente de acordo com o interesse, a imaginação e, em geral, a eficiência com que o analista os recebe. É evidente que estamos lidando com um problema da área da transferência-contratransferência. O que já afirmei elimina o tópico da resistência do paciente à análise dos sonhos, mas talvez alguns comentários possam ser feitos em torno desse tema. Contar um sonho provavelmente seja a maneira mais fácil de um paciente ser sincero com o analista, em grande parte porque ele não saberia como falsear o material sem simplesmente diminuir seu conteúdo significativo. Consequentemente, em certos pacientes, ou em certas ocasiões com a maioria dos pacientes, surge uma resistência a relembrar e/ou contar sonhos, que meramente expressa sua resistência em se abrir. Isso provavelmente significa que está em curso uma fase delituosa, provavelmente acompanhada de *acting out*, ou que uma área paranoide foi detectada. Não há muito o que dizer a respeito desses aspectos da "resistência" à análise dos sonhos, pois em geral se trata de formas de resistência à relação de trabalho entre o analista e o paciente, mais que uma resistência a qualquer específico *insight* emergente. Este talvez seja um conceito um tanto arcaico, provindo dos dias da "solução" das neuroses e da "elaboração" dessa solução. Reconhecendo-o tácita ou abertamente, poucos analistas de hoje pensariam em transações em seus consultórios que coincidam com essa descrição. De uma forma ou de outra, uma concepção "processual" da transferência--contratransferência como principal meio terapêutica da análise substituiu a abordagem mais ativa e intelectual, e sua correspondente postura (a "tela em branco").

Como é evidente, os velhos termos sobrevivem devido ao hábito, sem que seu significado alterado seja sempre reconhecido ou admitido. Na psicologia moderna, "resistência" significa, portanto, resistir em aprofundar o envolvimento emocional nesse processo de transferência-contratransferência. Bion descreve a situação de maneira expressiva quando afirma que a maioria dos pacientes não tem que oferecer resistência, pois sabem como mobilizar a resistência do analista a uma participação mais profunda. Nas duas partes envolvidas no trabalho, portanto, a resistência não é mobilizada contra o *insight* incipiente, mas constitui uma atitude variante com relação à realidade psíquica, o reconhecimento das figuras e das transações do mundo interno. Já falamos muito disso nos capítulos sobre a fronteira entre os sonhos e as ações, os sonhos e as alucinações. Precisamos dizer algo sobre a triste situação do paciente que anseia que a análise derrube essa negação da realidade psíquica que o mantém num estado de pobreza de imaginação e

244 VIDA ONÍRICA

emoção, mas não consegue, a despeito de todos os esforços, lembrar os sonhos.

Não pretendo dirigir minha atenção para os pacientes cuja atuação na transferência é tão copiosa que, como crianças pequenas, seus sonhos são diretamente transformados em comportamento no consultório. Existe outro tipo de paciente, que amiúde vem para a análise por motivos profissionais, seja de forma primária ou, no mínimo, ostensiva, cujo nível intelectual, devoção à psicanálise e disposição ao sacrifício para gozar de seus benefícios, parece adequá-los de maneira ideal a este método. Mas depois de algumas semanas ou meses, bem como de algumas experiências com a análise dos sonhos, perdem totalmente de vista sua vida onírica. Esse tipo de paciente tem constantemente a atormentadora convicção de ter sonhado, de ter lembrado seus sonhos ao despertar durante noite, e mesmo de tê-los escritos, mas nenhuma memória viva da experiência pode ser recuperada com a plena luz do dia. Eles padecem de um tipo de privação. Uma espécie de anorexia onírica? Não, estão ávidos de sonhos. Seria um descuido? Seus sonhos lhes foram roubados? Os sonhos parecem ser compostos de um material de vida muito efêmera para que consigam perseverar na memória por mais de alguns minutos?

De acordo com minha experiência, esse triste processo (que não interfere necessariamente no progresso analítico, pois surgem muitas outras evidências para a construção da transferência, sob a forma de anedotas, memórias, do *acting out* e das fantasias) pode normalmente ser remetido a um importante aspecto da organização do narcisismo dos pacientes. Descobre-se que, em seu modo de viver, existe muita delegação de responsabilidade. Não que eles evitem a responsabilidade de pensar ou tomar decisões. Pelo contrário, com frequência são pessoas com grande capacidade nesse sentido, tendo mesmo talento para a organização e a administração. Mas parecem muito inclinados a delegar a ação a outrem, a mobilizar subalternos para levar a cabo o que poderia se denominar "trabalho sujo". Se os sonhos pudessem ser contados de forma equivalente a como se usa um cartão de crédito em vez de carregar dinheiro, a análise estaria cheia deles. Assim, parece existir certa correspondência com o paciente que perdeu sua fatura e sempre está atrasado com o pagamento. Ele não é mesquinho nem relutante em pagar – se pelo menos pudesse pagar por transferência bancária.

Depois dessas breves observações, desejo voltar ao tema principal deste capítulo, que afeta não apenas a prática individual da análise dos sonhos, mas também o lugar geral ocupado por ela em nossos programas de ensino, na literatura de nossa área, em nossos congressos e nos campos colaterais da psicanálise aplicada. Minha tese geral é a seguinte: contrariamente aos ditames do senso comum, que afirmam que a resistência do analista ao envolvimento mais profundo na transferência-contratransferência é mobilizada pelo impacto do *acting–in* da transferência pelo paciente (ou pelo temor das consequências de seu *acting–out*), um exame mais aprofundado sugere que a intensa intimidade da análise dos sonhos é o fator desencadeante. Poder-se-á rebater que a análise dos sonhos pode ser conduzida com o ideal de abstinência que Freud tanto recomendava, sendo um excelente baluarte contra o medo se ver engolfado pelo *acting–in* da contratransferência. Isto pode ser válido com relação ao analista inexperiente, ou o estudante impressionado por histórias de terror e contos alertadores envolvendo o comportamento sexual. Mas para o analista experiente, o grande risco profissional de seu trabalho está na exposição ao material radiativo, para usarmos uma analogia.

Nenhum material trazido por um paciente ao analista é tão poderosamente evocativo quanto seu material onírico. É natural que

246 VIDA ONÍRICA

seja assim, pois ele provém diretamente dos níveis mais criativos e apaixonados de seu funcionamento mental. Só as mais notáveis evocações da literatura e das artes plásticas (não vou incluir a música aqui, principalmente por ignorância) podem se comparar com o material onírico pela capacidade de perdurar na mente. Não é de surpreender que das torrentes de anedotas, fantasias e comportamentos com que o analista é assaltado todos os dias em seu trabalho, o que permanece de maneira muito vívida em sua memória e, portanto, em suas anotações é o material onírico. Embora um analista possa esquecer facilmente os fatos da vida de seu paciente, como a profissão de seu pai, o número de irmãos ou de filhos na escola, a sua formação acadêmica – apesar de os ter ouvido inúmeras vezes –, é pouco provável que esqueça completamente um sonho de seu paciente, a menos que sua resistência o tenha impedido de analisá-lo. Da mesma forma, pode confundir o material anedótico ou histórico de um paciente com o de outro, mas provavelmente não confundirá o dono de um sonho de que se lembra da sessão anterior.

A natureza das ansiedades despertadas no analista pelo forte impacto evocativo do material onírico pode facilmente ser dividida em categorias como o medo da invasão, o pavor da confusão, a intolerância da impotência.

Na exposição que se segue, pressuponho que o analista em questão tem um respeito teórico pela análise dos sonhos como parte de seu equipamento técnico e desenvolveu suficiente habilidade na investigação e elucidação dos sonhos que o fato de não conseguir entender um determinado sonho ou sequência de sonhos o afeta como um fenômeno particular em sua contratransferência.

Medo da invasão

Para os analistas, de uma vez que tenham se acostumado, no curso de suas análises e seu trabalho com pacientes, a ouvir e relatar sonhos, ouvir o sonho de outra pessoa é uma experiência de intimidade em relação à qual talvez já se sintam indiferentes. Esqueceram que narrar um sonho para outrem é o evento mais incomum na vida diária de uma pessoa, particularmente se for um sonho recente, e especialmente se o ouvinte também apareceu no conteúdo manifesto dele. Portanto, também esqueceram o embaraço que esta intimidade extraordinária provoca, bem como o sentimento de invasão que a acompanha. Creio que seja verdade não existir nenhuma outra maneira mais vívida de comunicar um estado de ânimo que a narração de um sonho, mas devido à sua nitidez, a imagem onírica assim expressa também fica de tal modo presa à mente do ouvinte que este pode ter grande dificuldade para se libertar dela. Nesse sentido, é semelhante ao impacto da pornografia. Como o sonho de um paciente tende a permanecer de maneira mais vívida na mente do analista que qualquer material anedótico, ele está sujeito à mesma tendência na mente do analista que na do paciente, ou seja, a de ser atuado. É claro que isso tem a ver com a relação dos sonhos não apenas com a pornografia, mas também com a arte. É mais provável que o poder evocativo do sonho do paciente pertença mais à segunda categoria que à primeira, em razão da ansiedade em operação no momento de sua produção. Isso não é válido, de forma alguma, para todos os sonhos apresentados na análise; com certeza, existem sonhos de resolução do conflito que possuem um poderoso impacto estético, mas, evidentemente, constituem a minoria.

Em outras palavras, o medo da invasão pela identificação projetiva do paciente de uma parte perturbada de sua personalidade pode desempenhar um papel paralisante na forma com que o

248   VIDA ONÍRICA

analista faz a investigação de um sonho. Ele pode constatar que esqueceu o conteúdo manifesto no momento que o paciente lhe contou algumas associações; ou inversamente, que a imagem projetada é tão poderosa que ele não consegue direcionar a atenção para as associações.

Pavor da confusão

Não pretendo me ocupar aqui das vezes em que o paciente usa o formato da narrativa de um sonho com o propósito específico de gerar confusão na mente do analista. Esta técnica é fácil de ser reconhecida; o conteúdo do sonho e as associações estão tão interligadas que a mistura de sonho e realidade resultante deve ser trabalhosamente separada. Refiro-me aos sonhos em que os estados de confusão do paciente estão tão sutilmente representados que o analista, tanto quanto o paciente, não consegue fazer as diferenciações necessárias. Isso se refere particularmente à confusão entre boas e más figuras, e, portanto, entre as partes do *self* e os objetos parentais, assim como às confusões relativas à geografia e as zonas (ver meu *O processo psicanalítico*, 1967). Nessa situação, o analista pode achar que sua mente se desviou do sonho e segue apenas as associações, por vezes até parecendo ignorar o fato de que um sonho foi apresentado. O problema pode ter origem em sua incapacidade de utilizar plenamente a contratransferência na compreensão do sonho. Normalmente é a emotividade que habita o sonho que oferece as chaves mais seguras para essas diferenciações, especialmente quando valores éticos estão envolvidos. Um uso demasiadamente antecipado da faculdade racional para estabelecer diferenciações tende a deixar o analista no ar, da mesma forma que o paciente tende a oscilar entre seus próprios julgamentos éticos quando estes se baseiam mais no argumento que na emoção.

Quando se sente confundido pelo sonho, é necessário que o analista espere que sua intuição emocional se restabeleça com firmeza; então, poderá retraçar a evidência do sonho e das associações para documentar sua intuição. De outro modo, ele poderá se encontrar num estado equivalente ao do "jurado em suspenso", para o qual a evidência é contraditória porque uma das testemunhas está mentindo.

Intolerância da impotência

Uma das armadilhas do uso analítico dos sonhos é a expectativa da assim chamada "interpretação mutativa" (Strachey); o zelo terapêutico do analista tende a assumir a forma de esperança de que a organização do material "convencerá" o paciente, o que está em concordância com o espírito das primeiras obras de Freud, anteriores a seu trabalho sobre a "elaboração". A habitual desconsideração, por parte do paciente, para com o valor testemunhal dos sonhos pode amortecer o interesse do analista pelo trabalho com eles. A persistente atitude do paciente de que "é só um sonho", afinal, não deixa de ter antecedentes históricos; o próprio Freud via os sonhos como de pouco significado além de um emaranhado de restos diurnos e distorções com o objetivo trivial de capacitar o indivíduo a continuar dormindo sem perturbações. Os pacientes com forte tendência a negar a realidade psíquica concordam intuitivamente com esta postura e manifestam seu desprezo pelos sonhos e pelo uso que o analista faz deles. Comportam-se como se o analista os estivesse julgando por algum crime mítico em relação ao qual estão protegidos pelo *habeas corpus*.

Os analistas também podem inconscientemente compartilhar dessa atitude, apesar de ser alheia ao seu arcabouço teórico de referência. Muitas vezes se verifica que o problema se encontra em

250 VIDA ONÍRICA

sua atitude quanto à responsabilidade psicanalítica. O espectro dos processos legais, dos tribunais e dos parentes furibundos pode pesar bastante sobre eles no curso do trabalho analítico. Eles têm dificuldade de aceitar a impotência fundamental do analista vis-à--vis as estruturas psíquicas do paciente. As responsabilidades lhes parecem desproporcionais às faculdades de que dispõem para implementar seus julgamentos. Mas, afinal, este também é o dilema dos pais – não tão claro na infância, mas chocantemente evidente nos seus filhos adolescentes.

Portanto, o paciente que nega a realidade psíquica amiúde não manifesta essa negação por não conseguir lembrar ou relatar seus sonhos, mas por sua atitude com relação ao procedimento, visto por ele como uma mania do analista, talvez geradora de informações para o profissional, mas sem significação evidente para o paciente. Se o analista se deixar intimidar por essa atitude desdenhosa, poderá facilmente abrir mão do uso desse método extremamente eficaz, por penetrar nos significados dos eventos inconscientes, embora careça de poder de convicção. O próprio Freud, com o passar do tempo e como testemunha "Análise terminável e interminável", foi desencorajado por esse aspecto do trabalho analítico. Embora o aforismo sobre "levar um cavalo para o cocho de água" possa parecer idêntico à conclusão de Freud de que, no final, é a economia da mente que dita o resultado, existe uma grande diferença quando isto é examinado em profundidade. Quando o método analítico é visto como um processo com suas origens e formato no paciente, apenas presidido e facilitado pelo analista, é muito provável que a tolerância deste último com relação ao seu posicionamento com o paciente seja bastante fortalecida.

Para fechar esta breve investigação, parece necessário mencionar um aspecto do trabalho analítico com os sonhos dos pacientes que, embora implícito no que já foi exposto, talvez precise ser expresso de forma inequívoca. Segundo minha experiência, a situação emocional entre o analista e o paciente, no nível da não--transferência (como dois adultos trabalhando juntos numa tarefa com seus conhecimentos, habilidades e uma forma acordada de procedimento), em nenhum momento alcança um grau de prazer, intimidade e confiança mútua como no processo único da análise dos sonhos. A razão disto deve ser encontrada no nível estético da experiência de ambos, facilitada pela entrega dos dois à "dicção poética" proporcionada pelos sonhos; esta desperta a criatividade artística nos dois parceiros, produzindo uma obra, o sonho e sua interpretação, que ambos os membros podem experimentar como algo gerado pela criatividade combinada.

13. O sonhar para aprender da experiência no paciente e no analista

Na análise, geralmente estudamos os sonhos para ter acesso aos processos de pensamento ligados aos conflitos emocionais do paciente. Porém, de vez em quando, particularmente com pacientes que são estudantes de psicanálise ou estão profissionalmente interessados no método analítico, surge um tipo diferente de sonho. Trata-se de sonhos que parecem refletir o pensamento do paciente a respeito do funcionamento de sua mente. São o que poderíamos chamar de sonhos "teóricos"; não se referem à psicanálise propriamente dita, mas à teoria pessoal do paciente acerca de sua experiência do funcionamento de sua mente.

Ao longo da história da psicanálise, as chamadas "teorias da mente" têm mudado os modelos do aparelho mental que os analistas creem utilizar para ouvir, observar e tentar entender seus pacientes e a si mesmos. Os próprios modelos de Freud mudaram durante o curso de sua obra. O primeiro modelo por ele postulado lembra um tipo de central telefônica e foi elaborado antes de iniciar seu trabalho psicanalítico, no que conhecemos como o *Projeto para uma psicologia científica*. Foi o modelo de um neurologista e se centrava no aparelho que transmite as mensagens no cérebro; nada tinha a ver com o significado dessas mensagens, apenas com a maneira pela qual elas eram distribuídas e conduzidas através da rede neural. Uma vez iniciado o trabalho analítico, elaborou uma segunda teoria que era, de certa forma, suplementar à primeira, a saber, a teoria da libido. Tratava-se de uma teoria a respeito da distribuição da "energia mental", em que a energia mental era mais ou menos equivalente à excitação sexual. No curso de seu trabalho, descobriu que o problema central era um conflito que tinha várias configurações: o conflito entre o que chamou de ego e o mundo externo; o conflito entre o ego e o superego; e o conflito entre o ego e os instintos. Então, elaborou a teoria estrutural (na década de 1920), em que falou do ego servindo a três senhores. Essa teoria concebia a mente como aparelho conciliador cuja função principal era conciliar as demandas provindas dessas três direções, um instrumento de negociação. Parecia natural, pelo emprego desse modelo, que a parte central da mente, o ego, fosse visto como algo ligado principalmente à função de manter a paz da mente (o princípio de Nirvana). Nenhum dos modelos que ele divisou levava a sério a emotividade e seu significado – isso ficou para Melanie Klein desenvolver em sua teoria do mundo interno. Foi um grande avanço, pois ela via a mente como uma espécie de teatro interno com personagens que estabeleciam relações e conflitos emocionais entre si, o que gerava o significado e o estendia para o mundo externo e as relações externas. O que faltava à teoria era algum interesse ou preocupação pelos processos do pensamento em si mesmos; parecia aceitar sem discussão que a mente era capaz de pensar, de executar as funções do pensamento como se isso não fosse um problema da investigação psicanalítica, mas podia ser deixado para os filósofos e psicólogos teóricos.

Essa teoria era similar a um estágio do desenvolvimento científico semelhante ao que a embriologia havia sido antes do desenvolvimento da genética. Era pura descrição da maneira pela qual a mente elabora suas fantasias e imagens particulares do mundo, pouco preocupada com os meios usados para isso. Tocou a Bion considerar mais a fundo esse problema psicológico para elaborar sua Teoria do Pensamento, que agora estamos começando a explorar. Quando se lê a literatura psicanalítica tem-se a impressão de que os analistas operam em seus consultórios usando certas teorias e delas tiram suas interpretações. Mas é importante lembrar que os trabalhos não se escrevem durante as sessões analíticas; são escritos retrospectivamente e para serem lidos pelos colegas. Devem ser expressos em uma linguagem previamente acordada. Portanto, suas declarações supunham o seguinte preâmbulo: "Se aceitarmos que estamos operando de acordo com teorias pré-existentes, o que acontece em meu consultório poderia ser descrito desta maneira determinada". Contudo, o que de fato ocorre no consultório não é basicamente diferente do que acontece em qualquer ciência: temos um instrumento cuja estrutura é análoga ao objeto que está tentando estudar e que registra certas respostas a esse objeto, seu comportamento ou sua estrutura. Isso é válido se estivermos falando de um instrumento elétrico para estudar o interior do cíclotron ou de um instrumento fotográfico usado para fotografar as seções de uma célula, ou qualquer outro instrumento. Mas qualquer que seja o instrumento de estudo, este deve ter uma estrutura análoga ao objeto sob estudo para que possa fornecer respostas com alguma relação inteligível com o que está sendo estudado. Desse ponto de vista, a psicanálise é a ciência perfeita, pois emprega um instrumento não apenas análogo ao objeto, mas quase idêntico a ele. Estudamos os fenômenos clínicos usando sua resposta harmônica da contratransferência.

256 VIDA ONÍRICA

Por essa razão, qualquer trabalho no campo da psicanálise científica que seja um informe honesto das experiências clínicas é fundamentalmente introspectivo e autobiográfico. Portanto, num certo sentido, aspira a ser uma obra de arte. A pesquisa psicanalítica é essencialmente autoescrutinadora e autodescritiva, sendo seu principal instrumento a introspecção. Portanto, tem uma forte ligação com o método filosófico e pode-se afirmar que assume uma posição metodológica muito confortável no triângulo tradicionalmente formado pela ciência, a filosofia e a arte.

Parece-me que os escritos psicanalíticos também podem ser vistos como obras técnicas a respeito do método psicanalítico e como a mente da analista parece operar na situação analítica. Isso é muito similar ao que ocorre nas artes, em que os pintores estão sempre explorando a tinta como método de representar suas experiências de vida; os músicos exploram o uso do som com a mesma finalidade; e os literatos estão buscando o mesmo pela exploração das palavras. Existe, portanto, uma estreita relação entre o método psicanalítico como investigação da técnica e as artes como pesquisa da habilidade artística.

Para ampliar esse pensamento, volto aos sonhos mencionados no início. Eles são raramente apresentados por pessoas particularmente introspectivas que estejam interessadas no método psicanalítico; são sonhos que parecem uma exploração dos problemas do pensamento.

Os dois sonhos que vamos apresentar ocorreram depois de três anos de análise que provocaram certas mudanças significativas no caráter da paciente, assim como a levaram a uma mudança em seu interesse profissional pela administração para se dedicar à pesquisa em sua especialidade. Esses sonhos ocorreram quando ela estava estudando o trabalho de Bion sobre grupos e sua teoria do pensamento.

No primeiro sonho, *havia uma mesa posta para o jantar, possivelmente com seis ou oito lugares. A paciente estava encarregada dos talheres, que estavam todos misturados numa gaveta. Parecia uma tarefa perfeitamente simples. Contudo, quando deu início a ela, a coisa toda começou a ficar cada vez mais complexa; a mesa ficou maior, o número de lugares aumentou e a variedade dos tipos de talheres aumentava cada vez mais; eles eram de prata ou madeira e havia também instrumentos artísticos – facas para escultura e modelagem, lápis e canetas, pincéis e réguas. Então, ela decidiu que teria que mudar de método. Tentaria realizar a tarefa da mesma maneira que uma pessoa ordenaria papéis que tivessem sido duplicados, digamos cinquenta páginas e em cópias; ela organizaria os implementos e os disporia de forma sistemática. Logo lhe ficou claro que este método tampouco se adequaria à proliferação e que precisava de algum outro método – uma máquina de algum tipo teria que ser inventada. Acabou achando que estava diante de uma tarefa impossível, como Hércules nos estábulos de Áugias. Teria que ser um aparelho extremamente complicado e que fosse capaz de dar conta da crescente complexidade e da proliferação constante do volume de trabalho.*

O segundo sonho era muito diferente. Nele, *ela tinha três tarefas simples a executar e havia recebido um instrumento simples com que trabalhar: um fio. Primeiro, tinha que consertar um dos elos de uma corrente de ouro que lhe tinha sido dada por sua mãe* (e que, na verdade, ela perdera apenas uma semana antes). *O fio também tinha que ser usado para unir todos os elos para que a corrente pudesse ser usada. Em segundo lugar, havia um colar com pequenas pedras polidas* (que ela havia comprado em um mercado ao ar livre durante uma viagem alguns anos antes). *O fio do colar estava frouxo e era necessário enfiar novamente as contas. Neste caso, ela estava*

258 VIDA ONÍRICA

preocupada se seria capaz de fazer os nozinhos que separavam as contas e que as manteriam firmes, de modo que não caíssem se o fio se rompesse. Em terceiro lugar, havia um vestido em que uma das costuras tinha se descosido e tinha que ser consertada.

Este terceiro item tinha um precedente na análise em seu terceiro mês, quando observei que havia um descosido de uns quinze centímetros em sua calça, pois sabia que ela ia para uma reunião e se sentiria vexada se mais tarde o descobrisse.

Estes dois sonhos aconteceram, como já dissemos, numa época em que a paciente estava estudando a obra de Bion. Estava particularmente interessada na Grade, tentando entender o que seria a função alfa. Parece, portanto, uma hipótese razoável que o primeiro sonho represente uma forma de imaginar o que faz a função alfa, enquanto o segundo sonho é uma referência à Grade e ao tipo de funções mentais que o self pode executar, já que estão presentes nas diferentes categorias da Grade. Em outras palavras, os dois sonhos diferenciam as funções mentais inconscientes executadas pelos objetos internos (o seio no nível infantil) e as funções mentais (conscientes ou inconscientes) que podem ser realizadas por partes do self.

Vamos voltar ao primeiro sonho e considerar a situação inicial de pôr a mesa para seis ou oito pessoas. Em termos psicológicos grupais, é possível pensar nas pessoas e classificá-las, como no exército, por exemplo, de acordo com alguns parâmetros simples – nome, graduação e número de série. Pode-se argumentar que esta é uma classificação perfeitamente adequada e que poderia ser realizada pela mente consciente. Contudo, assim que começamos a descrever as pessoas como indivíduos, em vez de simplesmente enumerá-las como membros de uma classe, percebemos que uma complexidade continuamente crescente se manifesta na continuada experiência mental e pessoal de cada indivíduo. Logo nos damos conta de que é impossível pensar nelas e chegar a qualquer entendimento delas como indivíduos com nossa mente consciente; temos que nos entregar a algum outro aparelho sobre o qual não temos nenhum controle. Esse é o contexto em que podemos situar o primeiro sonho.

Por sua vez, o segundo sonho parece ser uma investigação do que uma pessoa pode fazer com sua mente consciente, o tipo de funções úteis que podem ser controladas. Temos nele três exemplos: a corrente de ouro, o colar de contas e o conserto do vestido. Primeiramente, para situá-lo no contexto da obra de Bion, cada uma das três diferentes tarefas do segundo sonhos destina-se a reparar o dano que havia sido feito por "ataques ao vínculo". (O vínculo foi quebrado, afrouxado ou solto.) Também é interessante observar que os três tipos de vínculos são todos diferentes: a corrente de ouro é composta por elos ligados uns aos outros; as contas são todas dispostas num único fio, mas cada uma é separada e mantida no lugar por um nó[1] (creio que este seja também um jogo de palavras: "a não é b, não é c, não é d e assim por diante, mas as contas também são unidas firmemente por algo que todas têm em comum); os dois pedaços de tecido, como as calças, são unidos por um fio, mas se integram de tal forma que assumem uma forma, e a coisa toda se torna tridimensional.

É claro que, de certo modo, o segundo sonho é muito mais interessante que o primeiro, que não vai muito mais além de Bion, quando este fala de "função alfa" – com o que parece se referir a algo de que nada entendemos, algo talvez essencialmente misterioso e provavelmente extremamente complicado. Contudo, essa representação é de particular importância para o paciente que passou a se interessar pelos processos grupais para estudar a

---

1 Em inglês, "nó" é *knot*, cuja pronúncia [nɔt] é a mesma de *not*, cujo significado é "não" [N. T.].

complexidade das relações íntimas do indivíduo. Nesse sentido, é característica de toda uma série de sonhos então presentes em sua análise. Todos representavam, de uma forma ou de outra, a necessidade e o medo de renunciar ao controle e se entregar à experiência emocional; em alguns casos, isso era representado ora como flutuar num rio ora como ser levada por um veículo cujo destino ela desconhecia.

No segundo sonho, se faz presente um importante problema de preservação e reparo do que ela havia recebido da mãe, do analista e de outras pessoas. Fica clara a sugestão de que, se um vínculo se rompe e não nos damos conta disso a tempo, podemos perder o objeto e nunca mais conseguir recuperá-lo. Não estou seguro de que isso seja verdadeiro quanto ao aparato mental, mas certamente o é quanto à natureza da ansiedade que o sonho está tentando resolver. Poderíamos dizer: "Se você notar o dano a tempo, terá os meios de repará-lo com seu pequeno fio do pensamento, que pode não produzir elos de ouro, mas previne a perda do objeto".

Os dois sonhos também se relacionam com outro conceito de Bion: a distinção entre as relações simbióticas e as comensais. Vemos aqui uma representação de pessoas em torno da mesma mesa: a relação comensal. Desse ponto de vista, pode-se ver que a estrutura simbólica dos dois sonhos é bastante similar: os lugares dispostos em torno da mesa e a corrente de elos de ouro ou o colar de contas em torno do pescoço. Enquanto a preciosa corrente da mãe apresenta uma estrutura vinculante, o colar de contas comuns é unido por um fio comum com nós separadores. Compare isso com a representação dos indivíduos sentados ao redor da mesa, tendo algo em comum (cada um é um comensal) ou se descobrirá, quando os utensílios forem todos classificados, que cada um está intimamente ligado a seu vizinho da direita e da esquerda (simbiótica)?

Voltando ao segundo sonho, acho que a costura aberta do vestido é particularmente interessante, pois se poderia considerar que representa uma vestimenta conceitual que realmente se ajusta a ela – sabemos que não se trata da verdadeira pessoa, mas tão somente de uma representação que se ajusta a ela. Mas é preciso saber fazê-lo de modo que se ajuste e não se separe em pedaços. Existe uma relação com a história das "roupas novas do rei".

Poder-se-ia dizer, então, que os dois primeiros exemplos (a corrente de ouro e as contas) têm a ver com o problema da compreensão das relações entre as pessoas como elas estão vinculadas, como se separam, como são similares e como são diferentes; mas o terceiro exemplo, o da costura no vestido, reflete uma abordagem muito mais complicada do indivíduo em si mesmo. Assim, o sonho parece estar buscando uma integração dos antigos interesses sociopolíticos da paciente e os mais recentes, agora referentes à psicanálise.

O primeiro sonho também poderia ter uma conexão com a superação do delírio da independência, não apenas de um objeto interno, mas também de objetos do mundo externo. Se listarmos o equipamento que usamos em nossa vida diária, desde nos levantarmos até retornarmos à cama, incluiremos todo o equipamento tecnológico de nossa cultura. Como o conceito de independência se encaixa nesse contexto? Onde está o *"self-made man"*? O que significa "pensar por si mesmo"?

Assim, temos diante de nós um belo exemplo de uma pessoa lutando para aprender com a experiência: de sua análise, de suas leituras e da vida em geral. Partindo da poesia de Bion (a função alfa, a Grade, os ataques ao vínculo, as relações comensais e simbióticas), ela encontrou suas próprias representações simbólicas sob formas da vida cotidiana. Entrelaçou-as todas com sua apreciação da beleza e do valor da experiência analítica contra o fundo de sua apreciação infantil de sua mãe. O resultado foi uma tapeçaria onírica de surpreendente simplicidade superficial e de profunda complexidade. Nada do que afirmamos até aqui tem o caráter de interpretação psicanalítica do sonho, mas é uma pálida paráfrase disso. A imagem onírica permanecerá na mente do paciente e do analista muito depois de a tradução em prosa que fiz dela ter se desvanecido. Ela tem uma verdadeira "dicção poética", com a simplicidade de um Vermeer.[2] Pode-se afirmar com confiança que, por essa operação onírica, uma moça inteligente e sensível está transformando essas ideias em algo "próprio", no sentido que Bion quer dizer "tornar-se O". Além disso, ao me comunicar seu sonho, a paciente ajudou-me a pensar nesses temas com uma clareza maior que eu jamais tive. Com certeza, nunca havia percebido com tanta clareza a diferença entre a relação comensal e a simbiótica como aqui ocorreu pela distinção entre a corrente com elos de ouro e o fio de contas, ou as pessoas sentadas ao redor da mesa, simbioticamente ligadas por peças distintas, ou comensalmente ligadas entre si por elementos idênticos.

---

2 Johannes Vermeer (1632-1675) foi um pintor holandês, um dos expoentes do Barroco da "era de ouro da pintura holandesa". Sua obra, denominada "pintura de gênero", foi dedicada às cenas da vida cotidiana. É considerado o segundo pintor mais importante do Barroco holandês, depois de Rembrandt. Seu quadro mais conhecido é Moça com brinco de pérola [N. T.].

14. A recuperação pela análise e o método autoanalítico

A afirmativa de que a neurose do paciente se converte numa neurose transferencial que o analista tenta curar pode ser uma simplificação excessiva, mas contém um pouco de verdade. Na medida em que a análise capacita o paciente a unir em uma única relação os diversos fios de suas tendências transferenciais infantis, podemos considerar que dá lugar a uma concentração de necessidades, ansiedades e afetos infantis que se assemelha bastante a uma doença. Quando esta substitui os processos de formação de sintomas que perturbavam as atividades e as relações do paciente com o mundo externo, pode ser considerada benéfica para o observador desinteressado. Mas quando o transtorno emocional da personalidade se integrou ao caráter ou às formas de relacionamento, à concentração e à potencialização dos processos de transparência tornados possíveis pelo enquadramento psicanalítico, pode manifestar-se como enfermidade em uma pessoa anteriormente considerada sã e bem adaptada à família e aos amigos. Isso talvez possa ser observado com mais frequência em pessoas que vieram para a

264   VIDA ONÍRICA

análise não por motivos terapêuticos, mas por motivos profissionais de algum tipo.

Em *O processo psicanalítico* (1967), sugeri a conveniência de se visualizar o tratamento psicanalítico de um ponto de vista processual, ou seja, como uma sucessão de eventos de transferência-contratransferência que o analista controla, mantém em seu enquadramento e tenta facilitar com a interpretação. Nessa concepção, o conteúdo do processo emergia do inconsciente do paciente como externalização de suas relações objetais internas e de sua organização narcisista, enquanto o analista era descrito como alguém que "presidia" sua evolução. Era uma ideia que me havia ocorrido principalmente por meio do trabalho com crianças, mas que se demonstrava igualmente aplicável ao caso de pacientes adultos.

Desde essa época, minhas investigações da técnica estiveram intimamente relacionadas com essa concepção processual e em alguns trabalhos tentei ampliar ou esclarecer suas implicações e descobertas. Talvez a mais importante dessas implicações tenha sido uma visão modificada do papel do analista vis-à-vis dos objetivos ou metas da terapia: ou seja, que ele ficava totalmente liberado dessa responsabilidade. Isso, por sua vez, tinha implicações para o conceito da análise "terminada" e da decisão de quando deveria ter um término. Nessa concepção da psicanálise como "processo", a "história natural" da transferência incluía um processo de desmame que o analista só precisava reconhecer e respeitar. Mas isso frequentemente parecia situar o terapeuta, bem como o paciente, num certo conflito com relação às suas esperanças e expectativas individuais ou, por vezes, compartilhadas, mesmo quando não eram formuladas ou eleitas como objetivos. Notava-se em minha própria obra, bem como na das pessoas que supervisionei, que o resultado da análise, por mais satisfatório que fosse do ponto de vista "processual", era sentido como profundamente decepcionante do vértice descritivo. Os sintomas podiam ter desaparecido, as circunstâncias externas podiam ter melhorado – amiúde o paciente tinha que admitir que toda exigência razoável para a conquista da felicidade agora lhe estava disponível –, mas ainda se sentia doente, talvez de uma maneira indefinível. A consequência era uma profunda relutância em terminar a análise, bem como um foco de desconfiança que se colocava em doloroso conflito com o que de melhor se sentia com relação ao analista. Notei que eu também, com muita frequência, me sentia perturbado, incerto, preocupado e inclinado a procrastinar minha decisão. Isso era particularmente notório quando o processo de desmame se apresentava mais cedo do que seria comum, de acordo com meus conhecimentos profissionais e minha experiência anterior, depois de dois anos e meio ou três, em alguns casos, ou sob a pressão de eventos externos como a gravidez ou a oportunidade de emprego no exterior.

Por alguns anos, a situação se me apresentou paradoxal. Por um lado, eu senti uma crescente convicção quanto à beleza e a benignidade do método psicanalítico, uma crescente confiança em meu próprio método de trabalho, e, por outro lado, uma dúvida igualmente crescente quanto ao valor para os pacientes do processo a que haviam se submetido. Podíamos constatar, e também concordar, que suas vidas haviam mudado, mas havia a grave dúvida se fora uma mudança para melhor. Consequentemente, comecei a ser um pouco mais insistente, embora isso quase nunca fosse necessário, em estabelecer um período de acompanhamento mais formalizado, com cartas ocasionais registrando circunstâncias e uma amostragem de sonho e do trabalho de autoanálise, pontuado por raras consultas. Para minha surpresa, os pacientes sempre, nas raras consultas dos dois primeiros anos, deitavam-se no divã e se comportavam como numa sessão analítica, embora essa não tivesse sido minha intenção. O conteúdo das cartas e das sessões era surpreendentemente padronizado, começando com narrativas otimistas do trabalho ou da vida familiar, seguido gradativamente por um pessimismo que ia se aprofundando com relação a seus estados internos de infelicidade, sintomas, solidão e isolamento, terminando por uma tentativa de me tranquilizar e, ao mesmo tempo, dando a entender que uma retomada da análise talvez devesse ser considerada.

Esses três tipos de comportamento e atitude variavam de pessoa para pessoa e segundo a época, mas o padrão era bastante fixo. Diante disso, decidi depositar toda minha confiança no material onírico e nas evidências da capacidade de autoanálise. Consegui, dessa forma, resistir até à ocasional e clamorosa demanda e retomada do tratamento, incluindo ameaças de ir para outro analista (o que um paciente efetivamente fez durante um tempo). Em tudo isso, e talvez o que representasse o maior apoio para a minha incerteza, era a evidência de um enorme abismo entre os calorosos sentimentos pessoais e uma confiança infantil transtornada, com sua correspondente contratransferência.

Durante essa época, já tendo uma ampla experiência da prática de supervisão, tive a reconfortante experiência de ver que os fenômenos descritos acima não eram uma idiossincrasia do meu estilo de trabalho. Também podiam ser vistos, com impressionante uniformidade, nos casos de meus colegas que, há algum tempo, utilizavam um conceito de "processo" em seus consultórios. E enquanto minhas esperanças eram renovadas, também as acompanhava uma nova confirmação: a de que acabaria por chegar uma época que marcaria uma mudança decisiva no período pós-analítico. O comportamento de meus antigos analisandos mudava e assumia duas possíveis formas: o paciente se afastava ou tentava estabelecer um tipo não analítico de relação. O distanciamento assumia a forma de mais cartas mais superficiais, em menor número e mais espaçadas, com menos informação e uma ausência de queixas, enquanto as consultas tornavam-se entrevistas presenciais e depois cessavam. Minha impressão era muito clara: eu não era mais uma pessoa importante na vida do ex-analisando; uma avaliação mais fria de mim como pessoa ocorria, com o resultado de que a alta estima de meu valor pessoal, meu atrativo, meus padrões éticos e posição no mundo se desvaneciam, não sem desapontamento e aparentemente sem motivos muito específicos para a desilusão. O brilho da transferência e o halo criado por sua bruma haviam desaparecido; o impacto em mim mesclava pena e alívio.

Quando se buscava estabelecer uma relação não analítica, os avanços eram tímidos e não passavam de tentativas, levados a cabo em termos profissionais, gradativamente implementando uma transição da formalidade do enquadre analítico. Tenho a impressão de que os determinantes desse comportamento pertencem, em sua maioria, aos pacientes, a julgar pelo fato de que o grau de movimento em direção a uma amizade social ou profissional amiúde pareciam ter pouquíssima correlação com meu próprio grau de afeição pela pessoa. Ou talvez fosse um pouco paradoxal que, quando minha afeição era maior, meus antigos pacientes achavam urgente manter-se a distância, pelo menos durante um tempo.

Foi durante esse segundo período, que raras vezes chegava a menos de dois anos, que o paciente começava a se sentir bem, e eu a me sentir confiante de que a análise lhe produzira certo bem. Essa confirmação me pegou de surpresa e mudou minha visão de minhas próprias experiências como paciente, a primeira das quais fora interrompida pelo serviço militar, e a segunda pela morte de meu analista durante o processo de término da análise. Lembro que, quando voltei do serviço militar, fui procurar meu analista para lhe dizer que estava indo para o exterior para completar minha formação, quase não pude falar e tive que ir embora

268   VIDA ONÍRICA

após passar meia hora chorando. Eu pressupus que fosse uma manifestação de culpa por minha traição, até nos reencontrarmos socialmente alguns anos depois, quando ele me ajudou a ver aquele comportamento de maneira diferente. Eu também supus que a enorme pena, a sensação de morte e solidão após a morte de Melanie Klein fossem peculiares às circunstâncias, e não ao processo. Mas acabei por mudar de opinião também a esse respeito depois de ter observado, em um paciente após outro, a necessidade de passar novamente pela experiência do bebê durante o desmame.

Não parece provável que o material clínico específico possa trazer grande clareza a essa descrição dos fenômenos. Além disso, a questão da discrição parece particularmente delicada nessa área. Assim, vou prosseguir investigando e discutindo os problemas provocados por estas observações.

Partindo do conceito do método psicanalítico como "processo", podemos considerá-lo, seguindo a formulação de Bion, um caso especial de atividade de grupo, um grupo de dois membros unidos pelo objetivo de estudar a experiência de mundo do paciente como indivíduo. Esse conjunto de experiências se encontra em oposição a um segundo conjunto de transações: seus envolvimentos como membro de grupos humanos maiores, funcionando com base na mentalidade de grupo (valência, fenômenos protomentais etc.) ou cientificamente (aprendendo com a experiência, direcionado para o desenvolvimento e ligado à realidade interna e externa). Nesse grupo de dois membros, três diferentes tipos de eventos que formam uma organização temporal podem ser discernidos: o primeiro é a colaboração no trabalho em grupo com o analista; o segundo, uma "conspiração" narcisista com ou contra o analista; e o terceiro está ligado aos pressupostos básicos de acasalamento, dependência ou luta-fuga e caracterizado por lugares comuns e clichês superficiais numa transferência-contratransferência muito primitiva.

Dentro dessa organização tripartite de relações no quadro analítico, duas formas distintas de movimento podem ser discernidas. Uma delas é um movimento de vaivém da individualidade para a mentalidade de grupo; o outro é um movimento de vaivém da relação objetal para a organização narcisista. As duas áreas estão interligadas no nível da organização narcisista, que possibilita uma transição fácil da mentalidade individual para a de grupo. (Note-se que esta maneira de considerar a situação analítica começa a ter certa semelhança com a abordagem de Lévi-Strauss dos problemas sociológicos.)

Se a situação analítica e o processo forem concebidos segundo esse modelo, a reunião inicial no enquadramento analítico dos processos transferenciais infantis presentes na vida do paciente será naturalmente acompanhada por um esclarecimento de suas relações fora da análise, devido a uma diminuição da confusão dos níveis que operam nesse campo. Isso, por sua vez, será pontuado por um agravamento periódico durante os intervalos analíticos ou nos momentos em que surja o *acting–out*. Apesar desse esclarecimento, que normalmente resulta num incremento de eficácia e prazer nas relações e no trabalho, juntamente com uma diminuição dos sintomas, o paciente, no todo, se sentirá mais doente. Seu conceito de si mesmo como pessoa doente se tornará mais aguçado e intenso, visto que a reunião de suas tendências transferenciais infantis terá criado uma maior proximidade entre os processos previamente dispersos, confrontando-os com um enquadramento em que a convivência entre as fantasias inconscientes e suas correspondentes defesas contra a dor mental será minimizada pelo método (e pela personalidade) do analista.

270 VIDA ONÍRICA

Essa é apenas outra maneira de descrever a neurose transferencial (Freud) e a psicose transferencial (Rosenfeld). A tarefa do analista que preside o enquadramento e a tentativa de modular e até de modificar as ansiedades pela interpretação é, em primeiro lugar, preservar essa concentração dos processos transferenciais infantis. Para fazer isso, o enquadramento deve ser suficientemente satisfatório nessa modulação (quando acompanhado com a cooperação do paciente por meio de um *insight* do método) para competir com as oportunidades que abundam na vida do paciente fora da análise. Essas oportunidades incluem outras formas de tratamento, outras relações transferenciais-contratransferenciais (particularmente com origem nos verdadeiros pais, esposa e filhos), outros sistemas de pensamento (religiões, partidos políticos, estruturas econômicas), métodos de ablação da capacidade mental (drogas, sexo, *hobbies*, obtenção de dinheiro etc.).

O fruto imediato da modulação bem-sucedida da dor mental do paciente é, como já afirmei, uma profunda convicção de ser uma pessoa doente. Isso, de fato, pode ser acompanhado por um menor sentimento de inferioridade frente aos demais quanto a estar doente, mas isso deixa de ser um consolo à medida que a consideração da realidade psíquica se desloca para uma posição mais proeminente dos sistemas de valores do paciente. Ao mesmo tempo que a realidade psíquica se torna mais importante, cresce no paciente um reconhecimento da complexidade da mente e um sentimento correspondente de desespero diante de sua possível infinidade, mistério e impenetrabilidade. Ele não consegue ver aonde a análise o conduz e nem consegue reunir suficiente espírito de aventura para desfrutar dessa insegurança. Começa a chegar à conclusão de que, se tivesse sabido desde o começo que tudo seria tão diferente do que esperava, nunca teria embarcado nesse processo. Agora ele é como um passageiro em alto-mar; não pode pular da borda do navio e cair no mar, nem sente confiança no capitão que fala vaga e loucamente sobre navegar rumo oeste, em direção à Índia.

Contudo, à medida que a análise avança, os estados de confusão começam a se resolver e os problemas de dependência e o conflito edipiano assumem o centro do palco da análise, o amor começa a se erguer em meio à brumosa manhã da dependência infantil. A doença do paciente começa a se revelar para ele como transferencial. Ele agora vem para as sessões com dor e sai feliz repetidas vezes, e a felicidade de se sentir (sem necessariamente ser) entendido e conhecido a fundo parece ainda a maior que já conheceu e superior em qualidade à felicidade de suas outras relações fora da análise. Contudo, isso tem que terminar: "Não podemos continuar nos encontrando desse jeito", como se ouve muitas vezes em outras situações. Da mesma forma que se costuma brincar afirmando que uma gripe sem tratamento vira uma pneumonia com tratamento, a análise parece ter curado a doença persecutória do paciente fazendo-o padecer do mal do amor, mas ele não acredita que isso seja tratável a menos que passe a viver feliz para sempre depois de alguma forma de intimidade, preferivelmente sexual, com o analista ou seu representante contrassexual fora da análise.

A posição do paciente não está muito distante do estado de ânimo do analista, que pode saber, por experiência própria, que a internalização da relação é possível e é, na realidade, a única base para a verdadeira independência. Mas não pode estar seguro de que o paciente seja capaz de consegui-la, nem ele de permiti-la ou estimulá-la incondicionalmente. Isso ocorre particularmente quando o amor parental da contratransferência se compõe de uma crescente afeição na relação colaborativa (trabalho em grupo, aliança de trabalho, nível adulto de relação etc.).

É contra esse fundo que o paciente e o analista são convocados a fazer uma manifestação de renúncia, um salto no escuro

272   VIDA ONÍRICA

(tomando emprestada a frase de Kierkegaard) que é pré-requisito para a operação do processo de internalização em todo seu mistério. Se um deles ou ambos hesitam ou postergam, um processo equivalente à anemia da criança que foi alimentada por tempo demais no seio, o amor transferencial-contratransferencial é azedado pelo sentimento de culpa com relação ao "bebê seguinte" que é deixado esperando, podendo se seguir um término por esgotamento. Para ser capaz de dar esse salto e inspirar confiança suficiente para que o paciente o aceite bem, o analista deve ser convencido de que a transferência é, em primeiro lugar, uma emanação da realidade psíquica, e que a chamada "internalização por introjeção" é uma ilusão induzida pela relutância do paciente em contê-la e, portanto, ser responsabilizado pela preservação de algo precioso. Na verdade, a transferência não é totalmente "introjetada"; sua origem interna na realidade dos objetos internos é descoberta com relutância.

Cerca de dez anos atrás, quando essas ideias adquiriram solidez, uma estranha experiência começou a fazer parte de minha prática profissional. Geralmente começava com a supervisão de colegas, alguns mais velhos, outros mais jovens que eu, mas repentinamente se transformava em um pedido de uma reanálise. Por vezes, o analista anterior estava doente ou havia falecido; outras vezes, a relação profissional havia se tornado íntima demais para que a retomada da análise fosse considerada. Os pedidos raramente envolviam algum ressentimento com relação ao(s) analista(s) anterior(es). Pelo contrário, a gratidão tinha uma parte considerável na relutância em perturbar novamente a pessoa.

Esses pedidos tinham uma notável semelhança com as vezes em que os meus próprios pacientes, na retomada, haviam sugerido um aumento do trabalho analítico, e o resultado satisfatório da resistência a esses pedidos me tornou mais forte para resistir aos que vinham de outras fontes. Em vez disso, sugeri uma tentativa de trabalhar um método de supervisão da autoanálise de sua vida onírica. De fato, muitas vezes ocorria que qualquer trabalho sistemático ou mesmo esporádico, embora entusiasmado, desse tipo havia cessado alguns anos antes, mas era facilmente revivido. O método com que se concordou e foi aceito baseava-se absolutamente na relação de supervisão que tive a tendência a desenvolver de maneira muito informal, por vezes com um convite para um café, evitando completamente qualquer comentário sobre os fenômenos transferenciais ou contratransferenciais. A responsabilidade para o controle das emoções e impulsos nesse nível era explicitamente acordada para que fosse tacitamente exercida por cada indivíduo privativamente. A viabilidade do método dependia inteiramente de que ambos fossem capazes disso, de operar como um trabalho de grupo entre duas pessoas.

Encontros semanais ou quinzenais deviam ter a periodicidade respeitada, exceto em caso de emergência, o que, na verdade, raramente acontecia. Em todos os sentidos, o método envolvia uma supervisão da relação da pessoa consigo mesma como paciente. Com o tempo, as pessoas que eu conhecia apenas socialmente e outras que pertenciam à associação de trabalho com que não havia tido contato prévio também apareceram para pedir uma reanálise, mas desejando tentar esse método menos custoso. Nos últimos doze anos, usei este método com interesse e prazer mútuos, e parece que com muito proveito para quinze amigos e colegas, dois deles já tendo sido meus analisandos. Quando o trabalho começava em um contexto de supervisão com base na supervisão, ele normalmente tendia a voltar a isso, com trechos esporádicos de autoanálise. Em todos os casos, minha amizade com a pessoa ficou notoriamente mais íntima, particularmente no caso de pessoas mais velhas que eu, com quem certo elemento de mutualidade tendia a entrar gradativamente no trabalho autoanalítico.

No método que eu seguia, insistia que o registro escrito de um sonho fosse mantido, e seu texto utilizado nas supervisões. Embora eu não restringisse as linhas de exploração dos sonhos do supervisionado, minha tendência era restringir meus comentários ao sonho em si e particularmente sua formulação em termos da organização infantil do self e das relações objetais. Tentei seguir a continuidade da narrativa do sonho de uma semana para outra, depois de ter me familiarizado com o vocabulário onírico da pessoa.

Evidentemente, todas eram pessoas que haviam tido boas análises, com que desfrutaram um grande prazer e, ao mesmo tempo, com as quais se haviam decepcionado um pouco. A decepção sempre parecia ter um fundo na perda da idealização de um ou dos dois pais ou a perda prematura de um deles. O teor da luta na vida onírica parecia sempre centrado na tentativa de restabelecer uma admiração ou confiança perdidas, particularmente a confiança na tolerância dos pais (ou do analista) diante de um desvio das expectativas expressas ou presumidas. Em todos os que passavam dos setenta anos, cerca de seis, esse problema havia assumido urgência, devido à tomada de consciência de sua própria morte. Consistia num desejo de reparar uma relação primária como preparação pessoal. Das quinze pessoas envolvidas nessa experiência, em apenas uma senti certa dúvida quanto à sua validade, em grande parte porque as análises anteriores não haviam sido nada satisfatórias.

Sinto-me inclinado a achar que todos esses amigos e colegas ainda padeciam da doença analítica da qual não haviam conseguido se recuperar devido a uma inadequada experiência mútua com seus analistas durante o processo de desmame. A duração média da supervisão intensiva de autoanálise foi de cerca de dois anos. O que aprendi com ela fortaleceu grandemente minha convicção de que, quando uma análise volta a pôr em marcha um crescimento, este prossegue na silenciosa crisálida da vida onírica.

Referências Bibliográficas

Bion, W. R. (1962). *Learning from experience.* London: Heinemann.

Bion, W. R. (1963). *The elements of psychoanalysis.* London: Heinemann.

Bion, W. R. (1965). *Transformations.* London: Heinemann.

Bion, W. R. (1970). *Attention and interpretation.* London: Tavistock.

Bion, W. R. (1979). *A memoir of the future.* Book III: The dawn of oblivion. Strathtay: Clunie Press.

Cassirer, E. (1925). *The philosophy of symbolic forms.* Berlin.

Chomsky, N. (1965). *Aspects of the theory of syntax.* Cambridge, Mass: MIT.

Freud, S. (1895). *Project for a scientific psychology.* Standard Edition, I.

Freud, S. (1895). *Studies in hysteria.* Standard Edition, II.

Freud, S. (1900). *The interpretation of dreams.* Standard Edition, IV and V.

Freud, S. (1905). *Three essays on sexuality.* Standard Edition, VII.

276 VIDA ONÍRICA

Freud, S. (1911). *The two principles of mental functioning.* Standard Edition, XII.

Freud, S. (1914). *On narcissism.* Standard Edition, XIV.

Freud, S. (1917). *Mourning and melancholia.* Standard Edition, XIV.

Freud, S. (1919). *A child is being beaten.* Standard Edition, XVII.

Freud, S. (1923). *The ego and the id.* Standard Edition, XIV.

Freud, S. (1937). *Analysis terminable and interminable.* Standard Edition, XXIII.

Freud, S. (1938). *Splitting of the ego in the service of defence.* Standard Edition, XXIII.

Jakobson, R., & Halle, M. (1956). *Fundamentals of language.* Hague: Mouton.

Klein, M. (1932). *The psychoanalysis of children.* London: Hogarth, 1980.

Klein, M. (1946). *Notes on some schizoid mechanisms.* International Journal of Psychoanalysis, 27, 99-110.

Klein, M. (1951). *Narrative of a child analysis.* London: Hogarth, 1980.

Klein, M. (1975). *Envy and Gratitude.* London: Hogarth.

Langer, S. (1942). *Philosophy in a new key.* Cambridge, MA: Harvard University Press.

Meltzer, D. (1967). *The psychoanalytical process.* Strathtay: Clunie Press, 1970.

Meltzer, D. (1978). *The kleinian development.* Strathtay: Clunie Press.

Meltzer, D. et al. (1975). *Explorations in autism.* Strathtay: Clunie Press.

Russell, B. (1940). *An enquiry into meaning and truth*. London: Allen & Unwin.

Segal, H. (1957). *Notes on symbol formation*. International Journal of Psychoanalysis, 33, 196-207.

Sharpe, E. F. (1937). *Dream analysis*. London: Hogarth.

Whorf, B. L. (1956). *Language, thought, and reality*. Cambridge, Mass: MIT.

Wittgenstein, L. (1922). *Tractatus*.

Wittgenstein, L. (1958). Philosophical investigations. Oxford: Blackwell.

Sobre o autor

Donald Meltzer (1923-2004) nasceu em Nova York e estudou medicina em Yale. Depois de atuar como psiquiatra especializado em crianças e famílias, mudou-se para a Inglaterra para fazer análise com Melanie Klein nos anos 1950, e, durante alguns anos, foi associado da Sociedade Britânica de Psicanálise. Trabalhou com adultos e crianças, inovando o tratamento de crianças autistas; no trabalho com crianças, atuou em estreita colaboração com Esther Bick e Martha Harris, com a qual posteriormente se casou. Lecionou história da psiquiatria e da psicanálise infantil na Clínica Tavistock. Também dedicou especial interesse acadêmico por arte e estética, com base numa duradoura paixão pela arte. Meltzer lecionou intensa e regularmente em muitos países da Europa, Escandinávia e das América do Norte e do Sul. Seus livros foram publicados em muitas línguas e continuam a ter crescente influência no ensino da psicanálise.

Seu primeiro livro, *The psychoanalytical process*, foi publicado pela Heinemann em 1967, tendo sido recebido com certa suspeita (como todos os seus livros) pelo establishment psicanalítico.

280 VIDA ONÍRICA

Os livros subsequentes foram publicados pela Clunie Press para o Roland Harris Educational Trust, que ele idealizou com Martha Harris (hoje o Harris Meltzer Trust). A *The psychoanalytical process*, seguiu-se *Sexual states of mind*, em 1973, *Explorations in autism*, em 1975 (com contribuições de John Bremmer, Shirley Hoxer, Doreen Weddell e Isca Wittenberg); *Kleinian development*, em 1978 (suas palestras sobre Freud, Klein e Bion para alunos de Tavistock; *Dream life*, em 1984; *The apprehension of beauty*, em 1988 (com Meg Harris Williams); e *The claustrum*, em 1992. *The educational role of the family: a psychoanalytical model* (comissionado pela OECD, Martha Harris) publicado originalmente em francês em 1976; uma nova edição em inglês foi publicada em 2013. Como resultado de sua atuação pedagógica em várias partes do mundo, existem muitas compilações de seus seminários de supervisão, incluindo *Meltzer in Barcelona* (2002), *Meltzer in Venice* (2016), *Meltzer in São Paulo* (2017), e *Meltzer in Paris* (2017). Outros relatos de pessoas que usam a obra de Meltzer em suas atividades pedagógicas podem são encontrados em *Teaching Meltzer* (2015). Uma seleção introdutória de seus escritos pode ser encontrada em *Meltzer reader* (2012) e alguns de seus artigos, no site do HMT: www.harris-meltzer-trust.org.uk.